LES DISPARUES D'AUXERRE

De Philippe Jeanne

Enfants handicapés et intégration scolaire,
Armand Colin, 1996.

Enfants et adolescents handicapés,
ESF, 1998.

La Formation des éducateurs et instituteurs spécialisés,
Armand Colin/Bordas, 1999.

Dictionnaire de l'éducation et de l'enseignement spécialisés,
Bordas, 2001.

Corinne Herrmann
Philippe Jeanne

LES DISPARUES D'AUXERRE

Éditions Ramsay

« Le monde est trop dangereux pour qu'on y vive,
non à cause des gens qui font le mal,
mais à cause de ceux qui les laissent faire sans bouger. »

ALBERT EINSTEIN

AVANT-PROPOS

Cet ouvrage a été écrit en quelques semaines par Corinne Herrmann, juriste, spécialisée dans les affaires criminelles, qui a suivi le dossier dès les débuts en 1995, et Philippe Jeanne, expert de l'éducation et du handicap, directeur de l'Institut médico-éducatif d'Auxerre, de 1993 à 2000, après les disparitions.

Tous deux, rapidement convaincus par la gravité des faits, saisis par l'urgence d'empêcher un serial killer de nuire, ont travaillé, chacun dans son domaine de compétences, à faire avancer l'enquête et à résoudre l'énigme des disparitions.

Aujourd'hui ils réunissent leurs connaissances et leurs analyses pour donner corps au projet de Pierre Monnoir et de l'Association de défense des handicapés de l'Yonne, l'ADHY, de réaliser un document qui retrace cette histoire au plus près de sa réalité complexe. Ils ont été, ce faisant, les dépositaires de documents appartenant à l'association et de nombre de témoignages inédits.

Les documents cités dans cet ouvrage sont pour la plupart parvenus directement aux auteurs sous forme de photocopies, avant ou pendant la rédaction. Beaucoup avaient été adressés à l'ADHY. D'autres à des personnalités du département de l'Yonne, ou encore à des journalistes, qui les ont communiqués à Corinne Herrmann ou à Philippe Jeanne.

Tous les documents et les témoignages réunis n'ont pu

être mentionnés, pour des raisons diverses ; ils feront peut-être l'objet d'un second ouvrage.

Corinne Herrmann et Philippe Jeanne remercient les personnes qui leur ont ainsi fait confiance et qui ont pensé que le moment était venu de passer d'une ère de silence à un temps où les langues se délient.

L'affaire des disparues de l'Yonne n'étant pas jugée à ce jour, les protagonistes impliqués bénéficient de la présomption d'innocence.

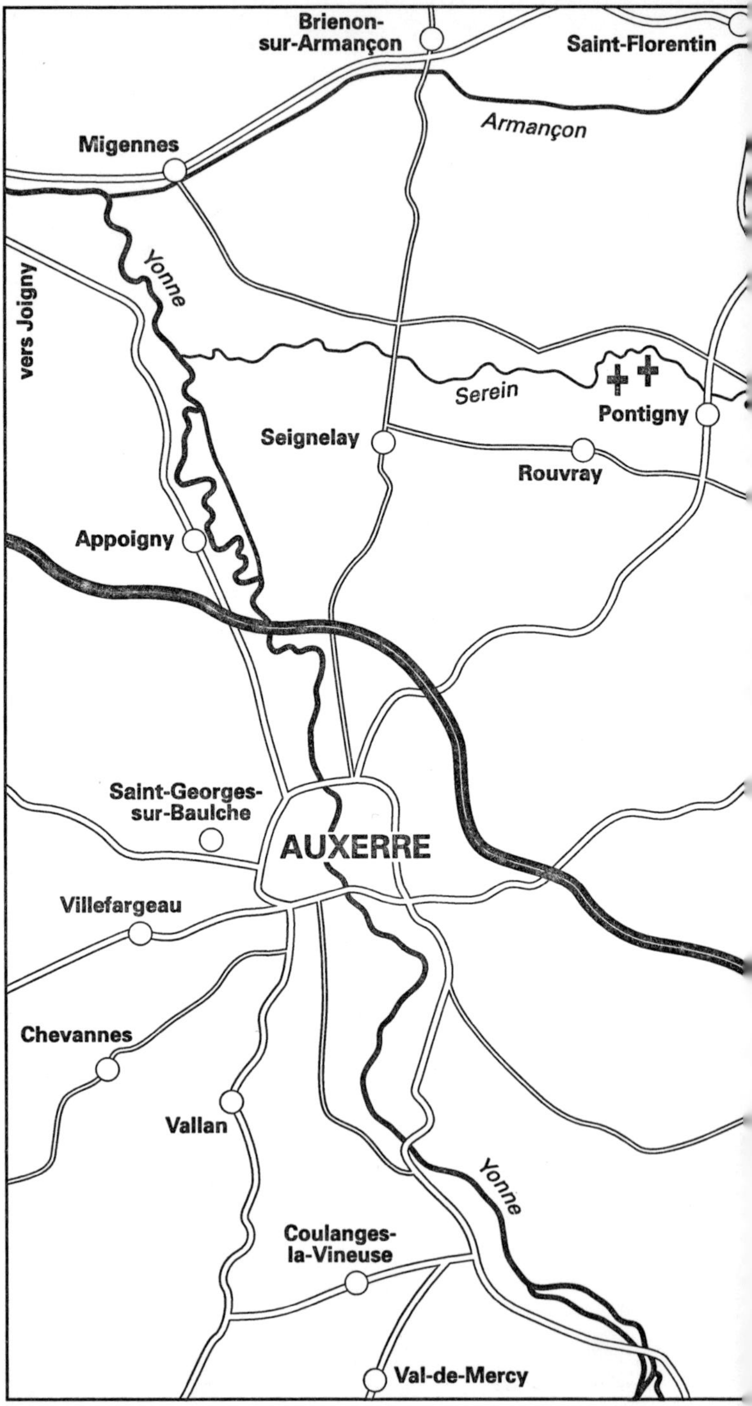

Brienon-
sur-Armançon
Saint-Florentin
Armançon
Migennes
vers Joigny
Yonne
Serein
Pontigny
Seignelay
Rouvray
Appoigny
Saint-Georges-
sur-Baulche
AUXERRE
Villefargeau
Chevannes
Vallan
Yonne
Coulanges-
la-Vineuse
Val-de-Mercy

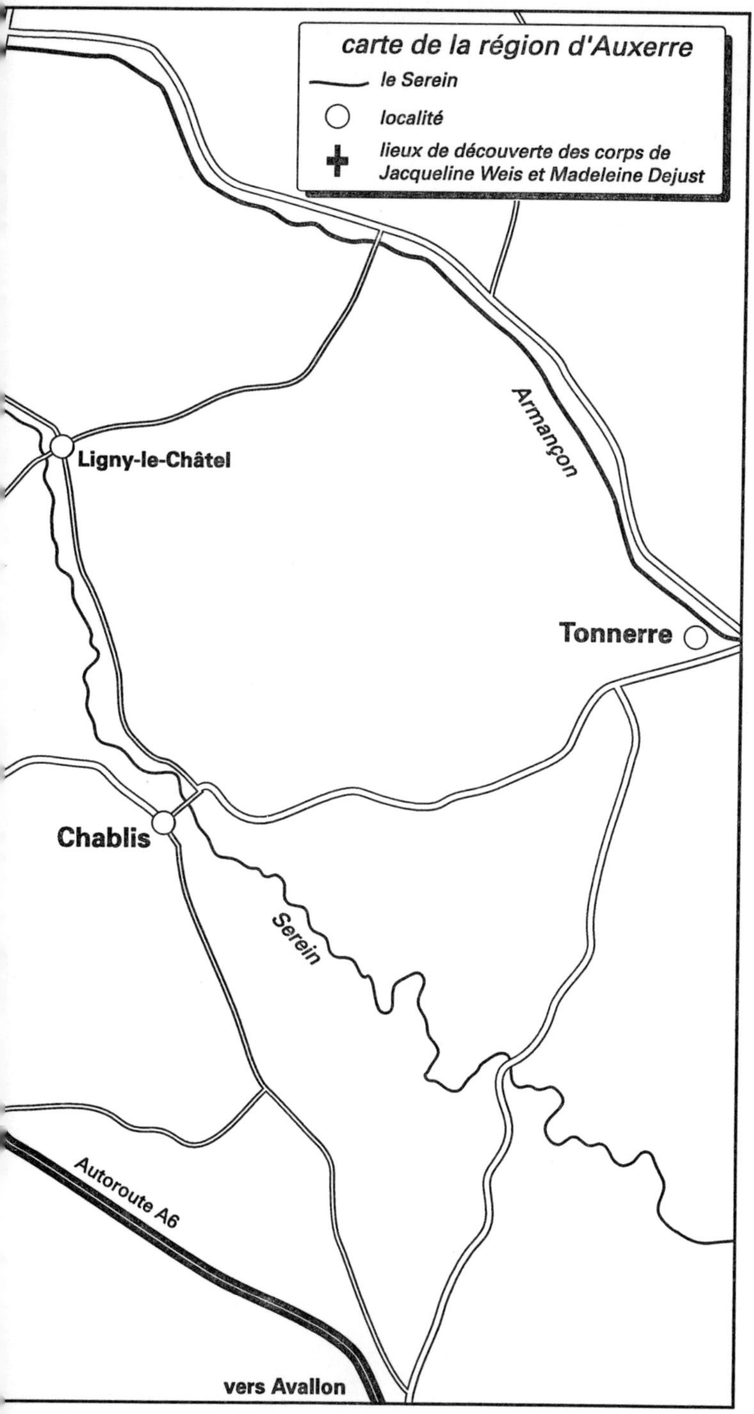
carte de la région d'Auxerre
le Serein
localité
lieux de découverte des corps de
Jacqueline Weis et Madeleine Dejust
Armançon
Ligny-le-Châtel
Tonnerre
Chablis
Serein
Autoroute A6
vers Avallon

L'ENQUÊTE ENTERRÉE

L'AFFAIRE SYLVIANE DURAND-LESAGE

20 février 1981

Auxerre. Il est six heures du matin. Les rues sont encore désertes. Dans l'obscurité et le froid, Sylviane attend un taxi qui doit la conduire à la gare. Malgré le manteau de fourrure synthétique imitation renard prêté par une amie, elle grelotte : il fait moins dix degrés.

Cependant Sylviane a le cœur léger, elle doit se rendre à Paris pour deux ou trois jours, faire la fête avec un ami. Peut-être un amant. Le fils de sa nourrice, ou un autre homme ? Personne n'en saura jamais rien.

Son sac de voyage n'est pas épais, elle n'emporte que peu d'affaires, un déshabillé noir qu'elle vient d'acquérir, quelques vêtements, des papiers... Pour l'occasion, elle a retiré ses économies de la Caisse d'épargne et en a utilisé une partie la veille de son départ pour acheter des escarpins en verni noir.

Elle a manifestement préparé son voyage depuis plusieurs jours, elle a même confié son enfant, Cédric, âgé de deux ans, à sa colocataire.

Mais celui qui devait l'attendre à côté du Casino n'est pas au rendez-vous. Le taxi continue sa route vers la gare et l'y dépose, seule dans la nuit.

Le chauffeur s'éloigne, la silhouette de la jeune femme disparaît peu à peu de son rétroviseur.

Il ne sait pas qu'il est le dernier à la voir vivante.

Dimanche 5 juillet 1981...

Au lieu-dit des Lames, entre la rivière le Serein et la commune de Rouvray, entre le chemin de halage et les champs, dans un pré isolé, se trouve une cabane à bestiaux que tous les pêcheurs, les chasseurs et les promeneurs du coin connaissent. Ils s'y réfugient parfois, lorsque l'orage les surprend. Elle appartient aux frères G.

Ce dimanche-là, en milieu de matinée, Michel G., éleveur, se rend dans la cabane.

Il y règne une odeur insupportable. Intensifiée par la chaleur, elle couvre même la puanteur du fumier qui y est entreposé. Michel G. reconnaît cette odeur, caractéristique d'un cadavre en décomposition. Un veau crevé ? Un animal sauvage ? Il cherche, regarde de tous côtés... et aperçoit quelques os épars au fond de la cabane.

Il avertit son frère qui arrive accompagné d'un commis de ferme. Philippe G. et Alain entrent à leur tour dans la cabane. Ils distinguent au fond, dans la pénombre, des fragments d'os éparpillés et un chiffon rouge. En y regardant mieux, ils constatent que ce bout de tissu est en réalité une jupe déchirée. Cela ne les alerte pas.

Ils remarquent aussi, à proximité des ossements, un trou dans le fumier, sans doute creusé par un animal sauvage ou par un chien. La charogne doit être enfouie là. Ils creusent à cet endroit avec une pique. Alors que l'odeur se fait encore plus forte, presque suffocante, ils en extraient quelque chose de dur et de rond. Ils tournent et retournent la boule recouverte de fumier, l'examinent de plus près. On dirait qu'il y a des cheveux.

C'est une tête.

Ils comprennent alors qu'ils viennent de découvrir des restes humains.

Ils interrompent leurs fouilles, laissent tout en l'état et

avertissent immédiatement les gendarmes et le maire de la commune.

Ce dimanche 5 juillet 1981, dans l'après-midi, les gendarmes investissent la cabane, ils en explorent chaque recoin, creusent le fumier et mettent au jour un corps dans un état de décomposition avancé.

Dès ce moment, ils sont persuadés d'être en présence du cadavre d'une femme, en raison des vêtements retrouvés autour de la dépouille : une gaine, des morceaux de collant, un bout de slip, des bandes de tissu de style jean, des boutons et une jupe rouge.

Ils ont surtout l'intime conviction qu'il ne s'agit pas d'une affaire ordinaire. Un individu a manifestement pris des précautions. Il a eu la présence d'esprit d'enfouir le corps de sa victime sous vingt à trente centimètres de fumier – ce qui accélère la décomposition du cadavre et permet donc une destruction plus rapide des indices. De plus, le corps est ainsi hors d'atteinte des bêtes qui viennent s'abriter dans la cabane. Cela signifie que le criminel a su minimiser les risques de découverte et surtout qu'il connaît les lieux.

D'autant que le corps présente certaines particularités.

Il a été retrouvé les mains liées dans le dos avec un chiffon, plus exactement une bande de tissu. Un bout de slip a été enfoncé dans la bouche de la victime et un bâillon, confectionné avec un collant, reste collé autour du crâne.

D'évidence c'est « une sale affaire ».

C'est l'adjudant-chef Christian Jambert, affecté à la brigade de recherche d'Auxerre, qui est rapidement chargé de l'enquête.

Dans un premier temps, il tente d'établir l'identité de la victime. D'après le médecin légiste qui a autopsié le cadavre, il s'agit d'une femme âgée d'une trentaine d'années. Compte tenu de son état de décomposition [1], le corps peut avoir séjourné dans le fumier de huit mois à

1. Les causes de la mort – strangulation, étouffement... – ne peuvent être établies avec certitude en raison de l'état de décomposition du cadavre.

deux ans. La date de la mort est donc difficile à définir. Christian Jambert demande alors la liste des jeunes femmes dont la disparition a été signalée aux autorités de la région au cours des deux dernières années. Il constate que, dans les communes environnantes, plusieurs d'entre elles sont encore recherchées. En particulier les sœurs Lemoine, Bernadette et Françoise. Mais les empreintes dentaires du cadavre ne correspondent pas à celles des sœurs Lemoine.

L'enquêteur se souvient d'une affaire de disparition sur laquelle il a travaillé deux années auparavant : celle d'une mineure, Martine Renault, disparue d'un foyer dans des conditions inquiétantes. L'enquête à l'époque n'avait pas abouti [1]. Cependant, ni les empreintes dentaires ni la couleur des cheveux ne correspondent.

Christian Jambert étend alors ses recherches sur l'ensemble du territoire national, mais les démarches qu'il entreprend afin d'identifier la victime demeurent infructueuses.

Dans le même temps, l'entourage de Sylviane se demande pourquoi elle ne donne plus de nouvelles. La jeune femme n'aurait jamais abandonné son petit garçon. Inquiète, l'ancienne nourrice de Sylviane, Mme Gilberte Lemenorel, demande à son futur gendre, M. J. M., alors assesseur au juge des enfants au tribunal de grande instance d'Auxerre, de bien vouloir intervenir. Ce qu'il fait. Il parle officieusement de Sylviane à Christian Jambert, qu'il connaît bien puisqu'il le croise régulièrement dans les couloirs du tribunal. Il lui précise que cette disparition n'a pas été signalée aux autorités, par conséquent, Sylviane ne peut figurer sur la liste des personnes recherchées.

Et si le cadavre inconnu était le sien ?

Les empreintes dentaires prélevées sur la dépouille sont comparées à celles de Sylviane.

Elles correspondent.

1. Le dossier avait fait l'objet d'un classement sans suite en décembre 1979.

Le 18 décembre 1981, le corps est enfin identifié : c'est celui de Sylviane Durand épouse Lesage – une jeune femme apparemment sans histoires. Pourquoi a-t-elle été assassinée ?

Dès lors, Christian Jambert et ses collègues s'attachent à reconstituer l'histoire de la victime, puis celle de ses derniers instants.

Ils apprennent que Sylviane Durand est née en 1959. Négligée par sa mère, elle a été confiée à la DDASS [1] de l'Yonne, puis placée en nourrice chez M. et Mme Lemenorel à Villefargeau dans l'Yonne, pendant plusieurs années. Elle s'est mariée en 1979 avec Alain Lesage. Celui-ci prétend être interne en médecine ou médecin. Mais ce n'est pas le cas : en réalité il passe le plus clair de son temps en prison, en particulier pour des affaires de vol. Ce qui est peut-être préférable puisque, lorsqu'il est là, il bat sa femme, l'oblige à voler, menace de la tuer... Elle a peur de lui et demande le divorce.

Ensemble, ils ont un petit garçon, Cédric. Afin de ne pas rester trop souvent seule avec son enfant, Sylviane rend régulièrement visite à sa nourrice, se confie à elle... Elle lui parle de ses nombreux amants, de ses espoirs et de son aspiration à une vie meilleure, à une vie de famille normale... Elle recueille aussi, dans son petit appartement d'Auxerre, une jeune femme rencontrée au parloir. Elle s'est prise d'amitié et de pitié pour cette dernière, qui vit avec ses deux enfants dans une caravane. La plupart des témoins entendus par Christian Jambert décrivent Sylviane comme une personne fragile et vulnérable, accordant facilement sa confiance à autrui. Une victime désignée. Avant de disparaître, elle leur aurait annoncé son intention de se rendre à Paris pour quelques jours avec un ami. Elle aurait même nommé un certain Y [2], le fils de sa mère nourricière, dont elle parlait comme de son amant.

---

1. DDASS : Direction départementale des affaires sanitaires et sociales.

2. Il sera également soupçonné par l'adjudant Jambert pour ce meurtre, placé en détention provisoire, puis innocenté.

Les gendarmes procèdent à une enquête d'environnement, et l'adjudant Jambert remarque tout de suite, parmi les proches de la victime, un homme qu'il a déjà suspecté et interrogé à la suite de la disparition d'une mineure, Martine Renault. De nombreuses rumeurs courent au sujet de ce chauffeur de bus. Selon le maire de Villefargeau, il a tendance à « tripoter » les jeunes femmes, souvent handicapées mentales, dont le transport lui est confié, mais il n'a jamais été pris en flagrant délit. Il s'agit d'Émile Louis, le concubin de Mme Lemenorel, la mère nourricière de la victime.

Selon des proches, Émile Louis était également l'amant de Sylviane, bien avant qu'il quitte son épouse et s'installe avec Mme Lemenorel. Cette dernière, informée par un appel anonyme, s'est expliquée avec Sylviane, puis, par jalousie, elle a surveillé, épié Émile Louis, au point de le suivre en voiture lors de ses tournées pour s'assurer qu'il ne continuait pas à voir Sylviane.

Lui, en revanche, nie avoir eu des relations intimes avec la jeune femme. Pourtant certains témoins racontent que lorsqu'il passait sous les fenêtres de Sylviane, ils étaient convenus d'un code, d'un signe : si elle était seule et qu'il pouvait monter la rejoindre, elle l'avertissait en accrochant un linge à la fenêtre. D'autres les ont aperçus ensemble, en ville ou à la pêche, justement du côté où se trouve la cabane à bestiaux.

C'est suffisant pour que l'adjudant Jambert décide d'entendre Émile Louis et de le placer en garde à vue, le 28 décembre, c'est-à-dire dix jours après l'identification formelle du corps.

Pendant que son concubin est en garde à vue, Mme Lemenorel fouille ses affaires, ses placards, sa voiture. Elle veut en avoir le cœur net. Il lui est impossible d'admettre qu'il ait pu emmener les enfants pique-niquer à vingt mètres de la cabane où a été retrouvé le corps. Elle ne peut croire qu'il soit un meurtrier.

C'est ainsi qu'elle découvre, jeté à terre sous l'escalier de la cave, dans un endroit habituellement inutilisé, l'imperméable d'Émile Louis. Elle s'en étonne, car son compagnon le gardait en principe dans le coffre de sa voiture, avec ses bottes de pêche. Elle examine le vêtement et constate qu'il n'a plus aucun bouton, ils sont comme arrachés. En outre, il est sale, maculé de boue, et présente des taches suspectes... Tout cela intrigue Mme Lemenorel : d'ordinaire son concubin est soigneux, voire maniaque. Alors, elle continue à fouiller ses affaires, en particulier sa boîte de pêche, elle a besoin de savoir... Et elle a raison. Elle y trouve un pistolet d'alarme enveloppé dans un chiffon blanc accompagné de balles lacrymogènes, une combinaison de femme couleur saumon, coupée en deux morceaux comme l'a été le slip retrouvé dans la cabane. Cette combinaison n'est ni à Mme Lemenorel ni à ses filles. À qui peut-elle appartenir ? À la victime ? Elle trouve également cinq boutons métalliques, marron clair. Ceux du manteau prêté à Sylviane ? La couleur correspond. Un témoin croira les reconnaître[1].

Mme Lemenorel décide de remettre ces éléments à l'adjudant Jambert. Elle va ainsi permettre la découverte de nouveaux indices, car les enquêteurs décident de retourner effectuer des prélèvements de terre dans la cabane à bestiaux pour la comparer avec la boue retrouvée sur l'imperméable.

C'est ainsi qu'ils découvrent un escarpin en verni noir, neuf, qui porte encore l'étiquette du prix.

Sur cette chaussure il y a des traces de morsures. Celles d'un animal ? Comme cet indice n'a pas été mis au jour lors de la précédente fouille, les enquêteurs en déduisent qu'il devait se trouver sous le plancher. Selon eux, un animal l'en a sorti afin de le ronger. Ils démontent le plancher et découvrent le deuxième escarpin. Ainsi qu'un corsage blanc taché de sang. S'agit-il des chaussures que Sylviane s'était offertes la veille de sa disparition ? A-t-elle même eu le temps de les porter ?

Les pièces à conviction ainsi réunies font l'objet d'une

1. Cependant la réponse reste incertaine à ce jour, comme la provenance des boutons retrouvés sur le lieu du crime. S'agit-il de ceux de l'imperméable d'Émile Louis, ou du manteau de fourrure ?

planche photographique présentée aux témoins. Plusieurs d'entre eux identifient les vêtements retrouvés dans la cabane : ce sont bien ceux de Sylviane. Rien, en revanche, sur les deux bandes de tissu qui ont servi à la ligoter.

Sur ce point encore, il suffit de s'adresser aux proches d'Émile Louis pour obtenir des informations complémentaires. Ces bandes d'étoffe, dont l'une au moins a servi à lier les mains de Sylviane, sont identiques à un coupon de tissu que Mme Lemenorel a utilisé pour confectionner des vêtements à ses enfants. Y, son fils, reconnaît également ce tissu. Il en aurait aperçu un morceau dans le véhicule d'Émile Louis ou dans le panier de son chien.

C'est ainsi que, très rapidement, et après avoir exploré plusieurs pistes, les gendarmes sont persuadés de la culpabilité d'Émile Louis et de la nécessité de poursuivre les investigations dans cette direction.

Christian Jambert met alors en évidence d'autres éléments à charge contre le suspect. Tout d'abord, ses collègues rapportent que, le jour où la presse a fait état de la découverte du corps, il a marmonné : « Les emmerdes vont commencer. »

Ensuite, Christian Jambert découvre qu'Émile Louis connaît parfaitement les lieux où a été retrouvé le corps : il y a passé son enfance, sa jeunesse, et a même demeuré, avec son épouse et ses enfants, à moins d'un kilomètre de cette cabane.

Or, l'une des questions auxquelles l'adjudant s'efforce de répondre est : « Qu'est-ce qui a conduit le meurtrier à dissimuler le corps de sa victime dans une cabane à fumier ? »

Le 20 février 1981, il gelait. Il gelait même depuis plusieurs jours. Le meurtrier ne peut donc pas se débarrasser du cadavre en l'enterrant. Le plonger dans la rivière n'est pas une meilleure solution – il réapparaîtrait trop rapidement. De plus, l'eau glacée ralentirait la décomposition du corps, le rendant facilement identifiable. Le meurtrier sait que les proches de Sylviane la croient à Paris, occupée à faire la fête. Si son absence se prolongeait, les recherches ne seraient sans doute pas localisées à Rouvray. Ainsi, son véritable sort resterait ignoré et son meurtrier impuni. Il faut donc faire disparaître le corps d'une autre manière... La petite cabane isolée constitue une parfaite alternative. Le meurtrier peut s'y rendre en voiture, y dissimuler le corps sous du fumier, il sait que la décomposition sera ainsi accélérée et l'odeur dissimulée.

Enfin, à la date de disparition de la victime et à proximité de la cabane, un homme de forte corpulence, âgé d'une quarantaine d'années, est aperçu. Des témoins le reconnaissent, lui parlent, il leur dit qu'il revient de la pêche. Il s'agit d'Émile Louis qu'ils surnomment « Marin d'eau douce » – en raison de son passé dans la marine nationale (voir p. 208)... Son employeur confirme qu'il a bénéficié de quelques jours de congé à cette époque.

L'étau se resserre encore lorsque le gendarme Jambert apprend que le lendemain de la disparition de Sylviane, Émile Louis se trouvait à proximité du lieu du crime en compagnie d'Y. et H. Lemenorel, les deux fils de sa concubine. Ils pêchaient. Selon Y, Émile Louis s'est rendu à la cabane avec une bêche sous prétexte d'y chercher des vers pour appâter le poisson. Il a refusé qu'on l'accompagne. Or, habituellement, il ne cherche pas ses appâts dans la nature, il les achète.

Que fait-il réellement dans cette cabane ?

UN ÉVÉNEMENT IMPRÉVU BOULEVERSE L'ENQUÊTE DE CHRISTIAN JAMBERT

Le 28 décembre 1981, Christian Jambert interroge Émile Louis au sujet de Sylviane Durand-Lesage[1]. C'est la première fois que celui-ci est entendu dans le cadre de cette enquête.

Tout au long de l'interrogatoire, Émile Louis nie être l'amant de la victime, l'avoir « emmenée à la pêche », lui

1. Le chauffeur de bus est inculpé d'homicide volontaire pour le meurtre de Sylviane Durand-Lesage le 30 décembre 1981, à l'issue de cette garde à vue. Trois ans après, il bénéficie d'un non-lieu.

avoir rendu régulièrement visite à son appartement. Il écarte tout fait qui permettrait d'établir un lien entre lui et le meurtre.

Christian Jambert n'est pas convaincu.

D'autant que, par ailleurs, Émile Louis raconte longuement l'histoire de Sylviane, sa vie, ses difficultés, son mariage, ses amants. Il la connaît bien, mieux que tous les autres témoins, mieux que sa concubine, pourtant la mère nourricière de la victime.

Le gendarme reste donc persuadé qu'Émile Louis en sait plus qu'il n'en dit, qu'il ment. Il continue patiemment à mener son interrogatoire. Il le questionne au sujet de l'imperméable retrouvé par sa concubine. Selon Émile Louis, cet imperméable ne lui sert plus depuis longtemps, il a séjourné dans le coffre de sa voiture avec une vieille batterie et l'acide qui s'écoulait de cette batterie a brûlé les boutonnières !

Mais Christian Jambert est un homme tenace, il insiste, il multiplie les questions.

L'interrogatoire s'éternise, et Émile Louis finit par craquer. Il passe aux aveux. Mais ces aveux ne sont pas ceux que le gendarme attendait.

Christian Jambert est stupéfait d'entendre Émile Louis lui avouer spontanément qu'il se livre régulièrement à des attouchements sur les enfants confiées par la DDASS à sa concubine : deux petites filles de dix ans et une jeune handicapée mentale de quinze ans, Annie G. Lui-même est chargé d'assurer le transport de l'adolescente entre l'Institut médico-éducatif d'Auxerre, où elle est élève, et son propre domicile.

Sur ces aveux, l'enquêteur est contraint d'ouvrir une procédure séparée. Il entend Émile Louis plus longuement sur cette affaire. Le suspect se pose alors en victime. Il explique qu'il a des problèmes de nature sexuelle, parle d'instants d'égarement, de caresses, de gestes qu'il qualifie lui-même de « déplacés »... auxquels il se livre lorsqu'il donne un bain aux enfants, ou lorsqu'il se trouve seul en leur compagnie. Il justifie ses actes par les troubles sexuels dont il est atteint. Il ne peut en parler à ses proches. Il ne s'est confié qu'à M. J. M. qui lui a conseillé de consulter un psychiatre[1]. Émile avoue avoir obéi parce qu'on le soupçonnait de « tripoter » des enfants.

On peut légitimement se demander s'il n'aurait pas fallu dénoncer à la justice ces agissements. Ceux qui, alors, ne l'ont pas saisie ne sont-ils pas en partie responsables ?

D'interrogatoire en interrogatoire, Émile Louis change sa version des faits, revient sur ses aveux, joue au chat et à la souris avec les enquêteurs. Voyant que le jeu ne prend pas, il minimise les faits, nie tout viol, reparle de ses troubles, dit en pleurant qu'il aime les enfants : c'est la faute de son divorce, explique-t-il, il voulait se suicider... Puis, à nouveau, il reconnaît quelques attouchements, et ainsi de suite[2].

Les enfants sont questionnées, elles confirment les faits et ce qu'elles décrivent s'apparente davantage à des viols qu'à de simples attouchements[3].

Émile Louis n'est pourtant pas poursuivi pour viol, mais pour attentat à la pudeur sur mineurs par personne ayant autorité. Les faits étant ainsi requalifiés, les sanctions encourues sont *a priori* moins lourdes[4].

Émile Louis échappe donc à la cour d'assises. Son affaire est examinée par le tribunal correctionnel d'Auxerre.

Est-ce le procureur qui demande cette requalification ? Pourquoi ?

---

1. M. J. M. connaît les faits dès l'été 1979, tout comme Mme Charrier, mais ils n'en font aucun cas.

2. Lors de son procès, le 17 mars 1983, il déclare : « J'ai avoué parce que j'étais fatigué, je ne savais plus ce que je disais... » En janvier 2001, il se rétracte, il utilise encore cet argument, parmi d'autres.

3. L'une des plaintes sera retirée de manière inexplicable, celle de la jeune handicapée Annie G. qui avait dénoncé des faits de viols répétés à Christian Jambert (voir p. 267).

4. Il en ira de même pour Pierre Charrier, directeur de l'Institut médico-éducatif d'Auxerre, mis en examen en 1989 pour viol sur personne handicapée et jugé en 1992 pour attentat à la pudeur (voir p. 54).

Est-ce en raison de la caution morale apportée au prévenu par des notables locaux – les mêmes qui ont omis de dénoncer les faits d'attouchements ? Y a-t-il eu des pressions ?

Émile Louis est jugé le 17 mars 1983. Il est condamné dans un premier temps à cinq ans de prison ferme, ramenés à quatre ans devant la cour d'appel de Paris le 14 décembre 1983.

Il sort de prison en février 1984 et quitte presque immédiatement la région. Pendant qu'Émile Louis est incarcéré, Christian Jambert, qui continue ses investigations sur l'affaire Sylviane Durand épouse Lesage, restée non élucidée, est amené à ouvrir un autre dossier.

SIX DISPARITIONS SUSPECTES...

L'affaire du meurtre de 1981 révèle en effet une série d'autres crimes qui constituent aujourd'hui, vingt ans plus tard, un fait de société parmi les plus marquants de l'époque.

L'identification du cadavre découvert dans la cabane à bestiaux a été difficile. Le médecin légiste, en faisant remonter la mort au plus à deux ans et au moins à huit mois, a commis une erreur – le meurtre de Sylviane ne remontait qu'à cinq mois – mais c'est grâce à cette erreur que Christian Jambert tente d'établir la liste des jeunes femmes disparues dans l'Yonne depuis deux ans, afin de procéder à une comparaison de leur empreinte dentaire avec celle du cadavre. Il cherche tous azimuts, consulte les dossiers de la brigade de recherche d'Auxerre, découvre des disparitions qui remontent aux années 1970...

L'enquêteur s'aperçoit ainsi que, en l'espace de quelques mois, plusieurs jeunes femmes ont disparu dans des conditions très similaires. Toutes sont pupilles de la DDASS et handicapées mentales – c'est-à-dire hautement vulnérables – et, dans leur environnement, on retrouve systématiquement un même homme, Émile Louis. De plus, ce dernier est invariablement aperçu à proximité des lieux où elles disparaissent.

Christian Jambert répertorie six disparitions troublantes qui lui font redouter une série de crimes : celles de Chantal Gras, Madeleine Dejust, Jacqueline Weis, Martine Renault, Bernadette et Françoise Lemoine. Il constitue alors, parallèlement aux deux précédentes affaires liées à Émile Louis, un dossier d'enquête préliminaire. Dès le 28 décembre 1981, il interroge le suspect au sujet des six jeunes filles.

Le gendarme a reconstitué les circonstances de leurs disparitions.

JACQUELINE WEIS

Villefargeau, le 4 avril 1977. Ce matin-là, Jacqueline Weis est très affairée ; elle prépare sa valise pour quitter ses parents nourriciers, M. et Mme Louis, et aller vivre à Avallon, où Émile lui a trouvé un emploi de femme de service dans un hôtel-restaurant, *Le Champ de foire*.

Elle se dépêche, essaie de ne rien oublier, surtout pas son pull rouge ni ses boucles d'oreilles, semblables à celles de sa « sœur », la seconde fille des Louis [1].

Émile doit la conduire à la gare d'Auxerre. Ils sont en retard [2], il prétendra l'avoir laissée devant la gare aux alentours de dix heures. Elle n'arrivera jamais à destination. Elle disparaît ce jour-là.

Personne ne s'inquiète de cette disparition avant trois semaines : deux jours après son départ, Mme Louis reçoit en effet une carte postale de Jacqueline, où elle précise qu'elle est bien arrivée et qu'elle va commencer son travail. Mme Louis note que la carte postale représente les vieux quartiers d'Avallon mais qu'elle a été postée à Auxerre le lendemain du départ de la jeune femme. Trois semaines plus tard, la seconde fille des Louis envoie un

1. Émile Louis a quatre enfants : deux filles et deux garçons.
2. Jacqueline Weis a raté son train. Elle est censée avoir attendu le suivant, qui arrivait quatre heures et demie plus tard.

faire-part à Jacqueline pour lui annoncer la naissance de son enfant. La lettre revient avec la mention « inconnu à cette adresse ».

Mme Louis contacte l'employeur supposé de Jacqueline et apprend que cette dernière n'a jamais été embauchée. Elle informe aussitôt les gendarmes de cette disparition : mais Jacqueline est majeure, ils ne peuvent rien faire.

Ont-ils même gardé une trace de cette déclaration ?

Quatre ans plus tard, l'adjudant Jambert, dans le cadre de son enquête sur Sylviane Durand-Lesage, cherche des renseignements sur Émile Louis et se rend à son ancien domicile. Mme Louis lui révèle qu'une jeune fille confiée à ses soins par la DDASS a disparu après avoir été véhiculée par son époux. Elle remet à l'enquêteur la carte postale de Jacqueline. Interrogé, Émile Louis maintient qu'il ne sait rien, qu'il a juste déposé la jeune femme à la gare...

CHANTAL GRAS

Le soir du 20 avril 1977, comme tous les jours de la semaine, Chantal Gras prend le car qui la ramène de l'Institut médico-éducatif d'Auxerre à Villefargeau. Elle a sa place réservée à la droite du chauffeur, Émile. Il est gentil, il parle bien avec elle. Elle est sa préférée. C'est à elle qu'il confie le soin d'assurer la discipline dans le car. Elle prend son rôle très au sérieux. Parfois, elle ne descend pas à Villefargeau tout de suite, elle fait tout le circuit assise à côté de lui [1].

Ce soir-là, elle rentre chez elle à l'heure. Sa nourrice, Mme Maudier, remarque qu'elle pose son sac d'école à l'entrée de la cuisine, qu'elle va dans sa chambre et que, contrairement à son habitude, elle s'applique à la ranger parfaitement. À la suite de quoi, Chantal ressort pour se promener. Elle porte un petit gilet à fleurs, une jupe-culotte

---

1. Voir document 4 des annexes.

et des bottes : il ne fait pas très froid. On ne la reverra plus.

Dès le lendemain, Mme Maudier signale à la DDASS d'Auxerre et à la gendarmerie la disparition de Chantal.

Quelques jours auparavant, la jeune fille avait confié à son frère qu'elle ne voulait plus aller à l'école, qu'elle ne supportait plus sa nourrice, qu'elle attendait la majorité pour partir avec « son petit copain qui était chauffeur de bus et plus âgé ».

Mme Maudier se demande toujours comment Chantal a pu disparaître, en plein jour, dans un village comme Villefargeau où, dit-elle, « les gens vivent dehors et auraient dû l'apercevoir ». Si personne ne voit Chantal, Émile Louis, lui, est aperçu à proximité au volant de son véhicule personnel. Interrogé sur cette disparition, il répond que, ce jour-là, il a déposé Chantal comme à son habitude. Des années durant, la mère de Chantal questionne régulièrement les gendarmes au sujet de sa fille.

MADELEINE DEJUST

Le 27 ou 28 juillet 1977, Madeleine Dejust quitte le Centre d'aide par le travail d'Auxerre ; elle vient d'achever sa journée et a perçu sa paye.

Avec d'autres jeunes du CAT (Centre d'aide par le travail), elle se rend à la gare routière de la rue des Migraines où, le chauffeur habituel étant en vacances, M. Louis est censé les attendre pour les raccompagner chez eux. Il n'y a pas de car ce jour-là : pour transporter quatre personnes, M. Louis utilise habituellement son véhicule personnel, avec l'accord de la DDASS qui lui rembourse ses frais au kilomètre. Il est chargé de transporter Madeleine, comme il transportait Chantal Gras, disparue trois mois plus tôt en rentrant à Villefargeau.

Ce soir-là, étrangement, Madeleine quitte en courant la gare routière, abandonnant son sac ; elle tient un papier à la main... Vers quel rendez-vous se précipite-t-elle ? C'est la dernière fois qu'elle est aperçue.

Madeleine n'arrivera jamais chez sa nourrice, Mme Bulcourt [1]. Le même soir, les autres travailleurs handicapés du CAT attendent vainement qu'Émile vienne les chercher... Ne voyant pas rentrer Madeleine, ses parents nourriciers se rendent directement chez M. Louis. Sa femme l'attend également. Elle l'attendra en vain : son mari ne rentre pas cette nuit-là. Interrogé quatre ans plus tard par Christian Jambert, Émile Louis se borne à dire que le transport de retour n'était pas prévu et que les jeunes n'avaient qu'à se débrouiller seuls. Fait pour le moins étonnant car, d'une part, aucun des travailleurs n'en a été informé, d'autre part, lorsqu'on prévoit l'aller, en général on prévoit le retour...

FRANÇOISE LEMOINE

Françoise Lemoine disparaît au cours de l'année 1977 ou 1978. Émile Louis la rencontre à la gare d'Auxerre. Elle est sur le quai, avec sa valise noire [2]. Elle cherche une chambre, un travail. Elle a confié sa fille à ses parents, qui habitent Chablis. Émile Louis la prend sous sa protection. Il lui trouve une chambre dans un petit hôtel et un travail dans une triperie. Il devient son amant. Un soir, elle se sauve de l'hôtel, va se cacher chez son ancienne nourrice, Mme Marceau, et y séjourne durant un mois. Mais sa mère vient la chercher, en compagnie d'Émile Louis. Françoise ne veut pas partir, ils l'entraînent de force dans le véhicule. Elle laisse toutes ses affaires. Plus personne ne la reverra. Le fils de Mme Marceau raconte à Christian Jambert : « La dernière fois, elle est arrivée sans prévenir, en taxi, elle semblait se cacher de quelqu'un. » Il précise que Françoise

1. M. et Mme Bulcourt la cherchent à travers la ville puis informent les gendarmes qui interrogent Émile Louis.

2. Émile Louis récupère les affaires de Françoise puis de Bernadette auprès de la propriétaire de l'hôtel en faisant croire à cette dernière qu'il va les leur restituer. Les fouilles qui ont lieu en décembre 2000 et janvier 2001 sur les indications d'Émile Louis mettront au jour des morceaux d'une valise noire, ainsi que des vêtements.

avait peur d'Émile Louis. Ce dernier, pour sa part, déclare qu'un jour, alors qu'il allait la rejoindre dans sa chambre, elle avait disparu : « Elle a disparu sans raisons, sans donner de nouvelles. »

BERNADETTE LEMOINE

Bernadette Lemoine disparaît au cours du premier trimestre 1978.

Les diverses enquêtes menées n'ont pu déterminer la date exacte de sa disparition. Il est établi qu'elle passe Noël 1977 chez ses parents, avec son mari et son fils. Elle connaît bien Émile Louis : il la transportait lorsqu'elle était élève de l'Institut médico-éducatif d'Auxerre. Il est de surcroît l'amant de sa sœur Françoise. La dernière fois que son mari la voit, il lui rase les cheveux car elle a des poux ! Elle se réfugie alors auprès d'Émile Louis – le seul à se souvenir de cet incident –, qui la loge dans le même hôtel que sa sœur Françoise. Certains aperçoivent Bernadette dans la salle des chauffeurs des Rapides de Bourgogne, la société qui emploie Émile Louis (voir note de la p. 94). On ne la reverra plus.

Son mari, Jean-Pierre Gay-Para, soupçonne Émile Louis et entreprend de suivre ses allées et venues...

MARTINE RENAULT

Saint-Georges-sur-Baulche, 26 septembre 1979. Comme tous les mercredis après-midi, Jacqueline Michat, directrice du foyer de l'enfance de Montmercy, s'absente afin de conduire certains de ses pensionnaires chez le dentiste.

Martine s'amuse dans le parc avec ses camarades, sous la surveillance des éducateurs. Tout à coup elle décide d'aller faire ses devoirs. C'est du moins ce qu'elle dit, mais au lieu de gagner sa chambre, elle se dirige vers la sortie. Une employée l'interpelle pour lui demander où elle va. Martine prétend rejoindre Mme Michat chez le dentiste.

L'employée la croit et lui rappelle simplement d'ôter son tablier avant de sortir. Elle est la dernière personne à lui avoir parlé.

Au même moment, d'autres pensionnaires qui jouaient dans les bois à proximité rencontrent M. Louis. Il est dans sa voiture, à l'arrêt... Ce jour-là il n'assurait pourtant aucun transport pour le compte du foyer.

Informée de l'absence de Martine, Jacqueline Michat ne croit pas à la fugue : Martine n'a jamais fugué. Par ailleurs, cette dernière s'était confiée à des camarades : « Je vais aller voir ma mère, demain, avec le chauffeur du car. » Jacqueline Michat raconte : « Tout ceci est un coup monté car j'ai pour habitude d'être absente tous les mercredis à des heures bien déterminées [...]. Trouvant cette fugue étrange, j'avais téléphoné au directeur de la SES [1] où Martine était élève. C'est là que j'ai appris que Martine s'était confiée en disant qu'elle devait, le fameux mercredi, aller voir sa mère avec le chauffeur du car, M. Louis. [...] Ma conviction [est que] le départ de Renault Martine était prémédité avec la complicité d'une personne [...]. Elle n'était pas capable de partir ou d'organiser son départ seule. D'autant qu'il n'y avait pas de car. »

Jacqueline Michat porte plainte auprès de la gendarmerie. Le soir même, elle profite du repas pour demander aux pensionnaires ce qu'elles ont vu [2].

Le lendemain, le directeur de la SES, M. Suire, agit de même : il met en garde les autres élèves, leur explique les risques encourus à quitter l'établissement sans être accompagné.

Les gendarmes ouvrent une enquête. Ils demandent tout d'abord à la concubine d'Émile Louis, Mme Lemenorel, si ce dernier a ramené une jeune fille à la maison. Elle

1. Section d'éducation spécialisée : classes du collège qui accueillent les élèves en difficulté scolaire.

2. Jacqueline Michat s'interroge sur les disparitions étranges d'autres jeunes filles précédemment confiées à son établissement : Jacqueline Weis, Madeleine Dejust, Françoise et Bernadette Lemoine...

répond par la négative, mais précise qu'Émile lui a raconté s'être rendu à proximité du foyer de Montmercy le jour de la disparition pour y rechercher son chien qui s'était échappé. Elle avoue aux gendarmes sa surprise : le chien n'avait pas l'habitude de se sauver. En outre, il lui semblait peu probable que l'animal ait parcouru une si longue distance. Interrogée à son tour, l'ex-épouse de M. Louis leur apprend que, le jour de la disparition, Émile est venu la voir pour lui demander de prétendre qu'il était chez elle cet après-midi-là. Pressé par ses questions, il a répondu qu'il était allé promener son chien du côté du foyer : une jeune femme a disparu, on va tout lui mettre sur le dos, il pleure, il faut qu'elle mente pour lui... Mais, lorsqu'elle lui parle de coïncidences avec les autres disparitions, il se fâche...

Interrogé à son tour, Émile Louis s'en tient à sa première version des faits : il était à la recherche de son chien. Christian Jambert ne peut cependant s'empêcher de constater, lui aussi, l'existence de coïncidences étranges.

Toutes ces jeunes filles ont bien été en contact avec Émile Louis, juste avant de disparaître définitivement. Christian Jambert note que, à partir du moment où Émile Louis n'est plus chauffeur, les disparitions cessent. Pour le gendarme, il ne peut s'agir de hasard. Le gendarme poursuit son enquête et apprend de surcroît que l'individu est désigné par la rumeur publique comme un « obsédé sexuel » et que son comportement équivoque envers les enfants handicapés dont il assure le transport a fait l'objet de plaintes. Il a déjà été inquiété pour des faits de même nature, des affaires de mœurs sur mineures. Il a même été interpellé par le commissariat de police d'Auxerre. Son ex-épouse confirme les faits et précise qu'il a eu de nombreux problèmes avec les gendarmes et la police, mais qu'il ne s'agissait de rien de sérieux puisqu'il n'a pas été condamné.

Christian Jambert constate effectivement qu'Émile Louis est mis hors de cause à chaque interpellation, souvent parce que, de manière inexplicable, les plaintes sont retirées, comme celle d'Annie G.

L'enquêteur ne parvient pas à retrouver la trace des jeunes filles. Il entreprend des investigations à l'échelon national, consulte des fichiers administratifs, des listes électorales, contacte les services de l'état civil, les caisses d'allocations familiales... Ses investigations le mènent jusque dans les milieux de la prostitution. Il alerte toutes les unités de recherche, celles de la gendarmerie comme celles de la police. À son initiative, les jeunes femmes sont inscrites au fichier national des personnes recherchées. Pourtant, il ne récolte aucun indice, ne retrouve aucune trace d'elles.

Il ne se décourage pas, il fait diffuser des avis de recherche dans les journaux locaux, en vain. Personne ne les a vues... Jacqueline, Chantal, Madeleine, Françoise, Bernadette, Martine, ont été purement et simplement rayées de la carte.

Il tente alors de retrouver leurs corps. Avec ses collègues, il entreprend de nombreuses fouilles, il fait creuser les caves, les cabanons, les terrains appartenant au suspect, ainsi que ses lieux de pêche privilégiés, il fait même draguer le fond de certains étangs, mais aucun corps n'est retrouvé [1].

En définitive, le 23 juin 1984, il établit un procès-verbal de synthèse sur la procédure d'enquête, dont la conclusion est rédigée ainsi (voir Doc. 3) :

De l'enquête effectuée, il ressort que malgré les recherches actives, les femmes objet de l'enquête sont bien disparues. Elles étaient toutes anciennes pupilles de la DDASS. Elles n'ont absolument jamais été revues. Toutes ont tout abandonné en laissant leurs affaires, voire même leurs enfants (pour les sœurs Lemoine) alors qu'elles s'en

1. Selon les informations que le fils de Jambert a confiées aux auteurs, son père aurait fait sonder divers puits et fait vérifier plus d'une centaine de lieux.

occupaient encore. Quant aux quatre autres, elles ont disparu pratiquement de Villefargeau. Il est certain que pour les six connues officiellement[1]*, elles se trouvaient toutes dans l'environnement de Louis Émile. Ces circonstances sont étranges, d'autant plus que la découverte du cadavre de Durand Sylviane, disparue donc dans des conditions identiques aux autres, a amené une fois de plus les enquêteurs vers Louis É.*

Ce procès-verbal est remis au substitut du procureur qui, lui-même, l'adresse le 26 juin 1984 au juge d'instruction déjà chargé de l'affaire Sylviane Durand-Lesage, lequel, contre toute attente, vient d'ordonner un non-lieu pour ce meurtre. L'affaire des disparues est « classée sans suite » alors même que la dangerosité d'Émile Louis est de plus en plus manifeste.

Est-ce d'ailleurs la première fois que la justice donne une suite anormale à une enquête dans laquelle Émile Louis est suspecté par Christian Jambert ?

En effet, dès 1979, l'enquête menée sur la disparition de Martine Renault, alors qu'elle était encore mineure, avait étrangement fait l'objet d'un « classement sans suite » le 4 décembre, malgré des témoignages remettant catégoriquement en doute la possibilité d'une fugue. Sans ce classement, le sort de Sylviane Durand-Lesage aurait-il été différent ?

Il en va de même pour les pratiques sexuelles auxquelles s'est livré Émile Louis sur les enfants confiés à sa concubine par la DDASS : la justice donne là encore une suite surprenante à cette affaire, puisque Émile Louis est simplement condamné pour attentat à la pudeur.

Ainsi, entre les années 1979 et 1984, l'adjudant Christian Jambert aura enquêté quasiment en vain sur quatre affaires mettant en cause Émile Louis et concernant rien moins que le sort de dix victimes !

---

1. Notons qu'à cette époque Christian Jambert n'a pas été informé de la disparition d'une septième victime, Christine Marlot, pourtant déclarée à la police.

L'enquêteur ne comprendra jamais pourquoi les magistrats n'ont pas donné leur suite logique à ces dossiers. Est-ce parce que les victimes sont considérées comme des citoyennes de seconde catégorie ? Parce qu'Émile Louis est effectivement protégé, comme il n'a cessé de le dire en toisant les enquêteurs ? Protégé par ses relations au sein même de la gendarmerie, car non seulement il assure le transport des élèves gendarmes et de leurs enfants, mais il est aussi conseiller municipal à Seignelay, élu sur la liste d'un maire ex-colonel de gendarmerie ? Ou est-ce parce qu'il quitte l'Yonne et que, après tout, on est débarrassé de lui ? Libéré en février 1984, il est en effet déjà parti dans le Var au moment où l'affaire des disparues est classée sans suite.

Est-ce parce que d'autres affaires extrêmement graves surgissent au cours de la même année 1984 : des affaires qui concernent des viols, des actes de torture et de barbarie perpétrés à la suite d'enlèvements et de séquestrations également sur des jeunes femmes confiées à la DDASS [1], des affaires qu'il faut instruire d'urgence, parce que les médias s'en sont emparés ? Une affaire chasserait-elle l'autre ? Ou s'agit-il d'un règlement de compte personnel entre un magistrat et Christian Jambert ?

Durant la seule année 1984, surviennent à Auxerre plusieurs affaires concernant systématiquement des jeunes femmes, pupilles ou anciennes pupilles de la DDASS de l'Yonne. Mais personne ne s'en étonne. Toutes ont été victimes de meurtres, de viols, d'actes de torture, d'enlèvements, certaines ont disparu... Aucun rapprochement entre ces affaires n'est opéré par les magistrats.

Officiellement, l'affaire des disparues en reste donc là.

Mais dans l'ombre, Christian Jambert poursuit ses investigations : il ne peut pas abandonner, même s'il se rend compte qu'il lasse ses proches, que ses collègues le soupçonnent d'acharnement. Sans doute en a-t-il fait une affaire

1. Il s'agit de l'affaire dite d'Appoigny. Voir chapitre « Une ville sans histoires... », p. 39.

personnelle, parce qu'il est lui-même un enfant de la DDASS, parce qu'il est révolté de constater que personne ne s'intéresse au sort de ces jeunes filles, pas même ceux qui sont chargés de leur suivi [1]. Il continue son enquête, seul, pendant ses congés, après sa retraite. Pendant treize ans [2], il traque, poursuit Émile Louis dans son périple à travers le sud de la France, convaincu d'être en présence d'un individu dangereux, qui n'a pas renoncé à ses agissements [3].

Il le soupçonne d'ailleurs d'être impliqué dans d'autres affaires de mœurs, d'autres agressions, d'autres meurtres, notamment à Port-Grimaud, à Nice, à Toulon, à Fréjus... Personne ne semble l'entendre. Pourtant les faits lui donnent raison en 1989, lorsque Émile Louis, soupçonné initialement du meurtre d'un enfant de huit ans dans un camping près de Port-Grimaud, est condamné pour attentat à la pudeur sur d'autres enfants.

Mais pour quelques affaires révélées au grand jour, combien d'autres encore ignorées ? Comme celle, peut-être, de Martine Dufour [4], entrée à l'IME [5] de la place Saint-Pierre le 7 juin 1966, et à propos de laquelle Nicole Charrier, éducatrice-chef à l'Institut médico-éducatif d'Auxerre, déclare à Christian Jambert : « Une certaine

1. La tâche de Christian Jambert est rendue plus difficile par le fait que Pierre Charrier, directeur de l'Institut médico-éducatif par lequel sont passées certaines des disparues, refusera toujours de le recevoir. Pourquoi ?

2. Il noircit des cahiers entiers de notes sur cette affaire, mais ceux-ci sont pour l'instant introuvables.

3. C'est ce qu'il précisera aux auteurs lors du dépôt de plainte des familles le 3 juillet 1996.

4. À l'heure où paraît cet ouvrage, les vérifications concernant cette jeune fille ne sont pas terminées. S'il s'avérait qu'elle n'a nullement disparu, les auteurs lui présentent par avance leurs excuses pour le désagrément qu'elle pourrait éprouver à la suite de leur intervention basée sur le témoignage de Nicole Charrier.

5. IME : Institut médico-éducatif.

Mme Dufour, domiciliée à Leugny, m'a fait savoir que sa fille, que je ne connaissais pas, avait disparu... » Mais pourquoi n'ajoute-t-elle pas à la liste des disparues le nom de Christine Marlot ?

Auxerre est assurément une ville sans histoires...

UNE VILLE SANS HISTOIRES...

AUXERRE

Comme l'écrit le *Figaro Magazine* en juin 2000 :

Auxerre, l'art de vivre y est une longue tradition [...]. *Ville reine du football, vingt siècles ont coulé au fil de l'Yonne. Si aujourd'hui Guy Roux donne son renom à Auxerre, personne ne fait fi des trésors de la préfecture de l'Yonne...*

Auxerre est une ville agréable et facile à vivre avec ses églises, ses rues piétonnes et pavées, ses maisons à colombages, sa circulation modérée, ses dimensions humaines. Lorsque vous ne démarrez pas rapidement à l'instant où un feu rouge passe au vert, nul ne vous klaxonne. On vit tranquillement, dans la quiétude d'une campagne sans aspérités.

Le centre-ville d'Auxerre est marqué par l'histoire et possède des monuments élégants et réputés, notamment, la cathédrale Saint-Étienne, de style gothique, construite sur des cryptes du XIe siècle.

Auxerre est silencieuse. Parler de ses concitoyens est plus difficile dans une ville de quarante mille habitants que dans une agglomération de quelques centaines de milliers, *a fortiori* de quelques millions d'habitants. La taille d'une ville contribue au maintien d'une omerta. Si vous dénoncez les travers de certains, d'une part vous allez croiser ceux à propos desquels vous vous êtes livré, leurs amis ou leurs relations – et cela peut vous porter préjudice ou vous faire craindre un revers –, d'autre part, vous vous désignez à la collectivité comme celui qui dénonce un scandale, celui qui sonne le tocsin [1], et c'est rarement une activité profitable...

L'abbaye Saint-Germain est un complexe monastique quasiment intact qui existe depuis plus de mille ans, ses cryptes du IXe siècle sont ornées par les plus anciennes peintures murales découvertes en France à ce jour.

Au cœur de la ville domine la tour de l'Horloge (XVe siècle) dont le cadran indique l'heure solaire et les cycles lunaires ; elle est entourée par d'élégantes maisons à pans de bois (XVIe-XVIIIe siècles).

Les statues des personnages célèbres d'Auxerre : Marie Noël, Cadet Roussel et Restif de La Bretonne, réalisées par un artiste local et distribuées au fil des rues, ressemblent aux personnages d'une crèche de Noël.

Le centre-ville est commerçant, l'ombre d'un grand magasin abritait, à la fin des années 70, les pas perdus de femmes prostituées dont certaines auraient été d'anciennes élèves de l'Institut médico-éducatif, l'IME d'Auxerre.

La ville, rurale, s'endort tôt. Elle est déserte à dix-neuf heures trente. On ne manquerait pas d'y repérer une jeune fille en fugue.

Dans une telle ville les gens sont peu mobiles, ils demeurent sur place leur carrière professionnelle durant. Ils sont différents des anonymes des métropoles qui peuvent vivre indifféremment à Paris, Montpellier ou Bordeaux. À Auxerre, tout le monde finit par se connaître, sans pour autant souffrir d'une promiscuité et d'une absence de visages neufs comme dans certaines petites villes ou certains villages.

1. « On m'a dit l'autre jour : "Vous avez sali le département !", ceux qui l'ont sali ce sont ceux qui n'ont rien fait avant » (interview donnée au journal télévisé de TF1 en décembre 2000 par Pierre Monnoir).

Les notables concernés par les disparues sont restés en place depuis les années 70. Ils sont toujours là, vieillis mais présents et actifs.

Certains ont fait la une de la presse locale pour divers délits et malversations. D'autres sont toujours à leur poste. C'est ceux-là dont nous parlons, ceux qui résistent à tout, se reconnaissent, se rassemblent à la tête d'un club, d'une association... Ils sont là où leurs compétences sont reconnues, là où il y a du pouvoir à prendre, de ce pouvoir dont on peut parfois abuser.

Pourquoi tant de personnes âgées à la tête des associations ? Par disponibilité, certes, par solidarité sans aucun doute, mais aussi, pour certains, par goût du pouvoir – le pouvoir dont vous a privé la retraite... Un ancien dirigeant de l'ARC, à la tête de la plus importante et de la plus riche association de France (cinq cents millions de francs de budget annuel), a démontré, des années durant, que l'arrogance, l'autorité abusive, les manœuvres n'étaient pas étrangères au monde associatif pourtant destiné à rendre service à autrui. Le secteur associatif tient parfois lieu de masque aux démembrements publics et autres « activités lucratives sans but » régulièrement dénoncés par la Cour des comptes.

Les principaux dirigeants de l'APAJH[1] de l'Yonne étaient là il y a vingt-cinq ans, ils y sont toujours. Ils règnent sur leur univers. Univers clos qui n'en rencontre pas d'autre de peur de s'y dissoudre, d'en voir surgir des concurrents. Pour vivre heureux, vivons cachés. On peut tout cacher, même des disparitions de personnes. Qui réclamerait des orphelines ? Leurs parents ?

Auxerre est une ville agréable, oui, mais... pas pour les handicapées mentales confiées à la DDASS.

1. APAJH : Association pour adultes et jeunes handicapés.

L'AFFAIRE DU PAVILLON D'APPOIGNY

Vendredi 20 janvier 1984. Une jeune fille, H., s'échappe d'un pavillon situé à Appoigny, petit village à six kilomètres d'Auxerre. Elle se rend chez sa mère. Celle-ci appelle un médecin qui la fait immédiatement hospitaliser dans un service psychiatrique. Compte tenu des blessures qu'elle présente, l'hôpital informe les services de police. H. est entendue par des inspecteurs qui, dans un premier temps, ne la croient pas. Elle se plaint d'avoir été séquestrée, violée et torturée depuis trois mois, dans un pavillon situé au 12, allée des Violettes, à Appoigny. Elle montre ses blessures. Les inspecteurs préviennent le procureur de la République, René Meyer. Une autre fille y serait encore détenue. Ce n'est que trois jours après que le SRPJ de Versailles, sur ces indications, investit le pavillon[1]. Ils découvrent au sous-sol une autre jeune fille, M., enchaînée nue sur un lit et couverte de lésions profondes, dont l'une en forme de croix gammée gravée sur un sein.

Cette maison appartient à M. et Mme Dunand. Lui, est employé dans une entreprise de produits surgelés. Portant moustache et lunettes, il a la physionomie commune d'un quinquagénaire quelconque. Son pavillon lui ressemble, comme il ressemble à des milliers d'autres dans toutes les banlieues de toutes les villes ; il a cependant une caractéristique : les fenêtres du sous-sol sont calfeutrées.

Les surgelés ne sont pas la passion de Claude Dunand, alors il crée une sorte de club – qu'il baptise poétiquement « le club amour » – et reçoit à domicile des clients avec lesquels il a en commun les mêmes désirs et les mêmes pratiques[2]. Il commence par partager sa femme.

1. En trois jours, Claude Dunand avait le temps de prendre ses dispositions... H. pense que Dunand n'a pas recours à ces précautions particulières parce qu'il est certain qu'elle ne parlera pas : elle avait participé au recrutement de la seconde victime et il lui avait expliqué qu'elle était aussi coupable que lui.

2. Lors de son procès, Dunand explique que son goût pour le sadomasochisme remonte à son enfance.

Mme Dunand aime se prostituer[1], chez elle, mais aussi à l'extérieur, notamment dans le centre d'Auxerre, près du grand magasin de la ville. M. Dunand parle ainsi de son épouse : « Ma femme gagne plus à se faire baiser et enculer qu'à se faire fouetter. » Il lui reproche de l'avoir incité à pratiquer le sadomasochisme : « J'ai voulu la punir, je l'ai torturée. Mais elle ne comprenait rien. Même après une séance elle trouvait les moyens d'être désagréable avec moi. [...] Ma femme ne m'a jamais compris, elle n'a rien compris à la manière dont je l'aimais [...]. C'est elle qui m'a demandé de lui procurer une jeune fille enchaînée et de la mettre à ses pieds... »

Le sous-sol du pavillon des Dunand est aménagé en une succession de salles de torture. Des policiers dressent l'inventaire. La première salle est équipée de matériel sadomasochiste : anneaux, croix, pinces, boîtes d'épingles, aiguilles à tricoter, tournevis dont l'extrémité est brûlée, transformateur électrique, bouteille de révulsif, vaseline, paquet de gaze et rouleaux de sparadrap, boules Quiès. La deuxième salle est équipée de matériel de torture : des chaînes, des madriers disposés en croix de Saint-André et sur lesquels on distingue des traces de griffures et de morsures, une cagoule rouge, des gants, deux cravaches, quatre fouets en cuir, un écarteur, une laisse, un collier étrangleur, un carton rempli de phallus en bois ou en plastique et un bidon de lavement avec des tuyaux, un seau hygiénique contenant des excréments, une affiche représentant une femme suppliciée à l'aide d'une pince à charbon rougie à blanc. Dans la troisième salle se trouvent des malles métalliques contenant divers objets de torture et des vêtements, des revues pornographiques et des affiches portant la tarification des supplices à infliger :

Deux cents francs : cravachée, fouettée,

Trois cents francs : pose de pinces, d'aiguilles,

Six cents francs : brûlures au fer rouge ou à la cigarette, décharges électriques.

1. Ordonnance de transmission du dossier d'instruction au procureur de la République.

S'y ajoutent : suspension, flagellation, application de révulsif, lavement, coprophagie, introduction d'objets dans les orifices naturels, piqûres, ainsi que la vente aux enchères d'une femme comme esclave. S'y trouve également annoncé un spectacle de torture, au prix de quatre cents francs la place. Pour trouver des clients, le couple Dunand passe des annonces dans une presse très spécialisée : « Venez m'enchaîner, me fouetter, me violer... Esclave totale, habituée à tout subir pour le plaisir de mes maîtres, je suis à vous, enchaînée sans défense, pour une heure, un jour, un mois ou plus... Je préfère être esclave que faire le trottoir... »

Pour Claude Dunand, l'horreur est devenue ordinaire.

En février 2001, un journaliste du *Nouveau Détective*, Éric Belahouel, interroge la jeune évadée :

– Combien de temps Dunand vous a-t-il laissée attachée à cette croix de Saint-André ?

– Je suis incapable de vous le dire, à force de vivre dans le noir on perd la notion du temps, tout ce que je sais c'est qu'un jour il m'a dit : « Si un jour tu veux retrouver un peu de liberté, tu dois m'aider à capturer une autre fille. »

[...]

– Dans quelles conditions M. a-t-elle fait la connaissance de Dunand ?

– Elle avait répondu à une offre d'emploi bidon[1]*. Dunand et moi, on est allés la voir chez elle.*

– Pendant le trajet vous n'avez pas pu vous enfuir ?

– Impossible. Dunand me tenait en laisse.

– En laisse ?

– Oui, je portais un collier étrangleur, auquel il avait accroché une chaîne. Le tout dissimulé par un foulard et un manteau...

[...]

1. H. a répondu à une offre d'emploi parue dans *L'Yonne républicaine* et M. à une annonce de l'ANPE, qui sont ainsi rédigées : « Recherche jeune fille pour s'occuper d'une personne âgée ».

– Et vous avez réussi à vous enfuir ?

– Oui, le 20 janvier. Dunand était sorti. Je suis allée chercher les clés de mes chaînes... [...] Ensuite, je suis allée voler des vêtements. Et, au passage, j'ai pris des photos [...]. Dunand avait toute une série de photos de filles nues et enchaînées dans un tiroir de son bureau[1].

Quant à M., elle raconte aux auteurs : « Appoigny... ça a été les coups, ça a été les brûlures, ça a été les viols... J'étais cagoulée, je ne voyais pas les visages, mais [je devinais qu']ils étaient plusieurs, des fois trois, des fois cinq, six... Quand une personne te donne un coup, une autre personne t'en donne un, c'est pas le même... La force n'est pas la même et la respiration n'est pas la même... C'est comme quelqu'un d'aveugle, les odeurs, il les sent, les bruits, il les sent davantage, et moi j'étais aveugle... Ils ne parlaient pas, je sentais des gestes entre eux... Si j'avais entendu un nom je l'aurais retenu. »

Les policiers saisissent le matériel de torture ainsi que des carnets[2] comportant la liste des clients du couple de tortionnaires. Les voisins signalent de grosses voitures qui, la nuit, stationnent à proximité, jamais devant le pavillon, plutôt sur la nationale, derrière un petit bois que l'on peut traverser en toute discrétion. Cependant, seuls deux « clients » du couple Dunand sont inquiétés.

Les victimes font l'objet de soins médicaux et chirurgicaux importants, pendant des semaines après leur libération. Compte tenu des blessures constatées, on peut émettre l'hypothèse qu'elles n'auraient pas pu être libérées intentionnellement par leurs tortionnaires car n'importe quel médecin se serait inquiété et aurait signalé ses observations au procureur. Que seraient-elles alors devenues ?

---

1. Elle explique aux auteurs que, n'ayant pas trouvé les clés des chaînes qui retenaient M., elle décide, en accord avec cette dernière, de se sauver seule et d'alerter les autorités.

2. On prétendra que ces carnets – il y en aurait eu au moins cinq selon les victimes – ont été perdus ou écartés de la procédure. Qu'en est-il vraiment ? Et s'ils avaient toujours été là ?

Et que dire des traumatismes psychologiques ? Meurtries dans leur corps (cicatrices indélébiles, limitation de l'amplitude d'une épaule, déformation de la cage thoracique, perte de l'acuité visuelle, etc.), les jeunes femmes restent également meurtries sur le plan moral (plusieurs tentatives de suicide pour chacune). Elles n'étaient pas les premières victimes, alors que sont devenues les précédentes ? Isabelle P., par exemple, n'a plus donné de ses nouvelles depuis 1985.

M. raconte : « Normalement, je devais passer la Méditerranée [...] aller dans un harem... Ou je devais faire comme les autres, bouffer les pissenlits par la racine... [...] J'ai toujours dit aux flics : y a des cadavres [1], je sais pas où, mais je suis sûre qu'il y en a... [...]. Dunand disait : "J'arrive pas à te vendre... si j'arrive pas à te vendre tu finiras comme les autres..." » Claude Dunand est libre de 1989 à 1991. Il a été libéré grâce à l'intervention du président de l'association Fraternité Notre-Dame qui a pour objet la réinsertion d'ex-détenus. Notons que celui-ci est membre du comité de gestion de l'un des établissements de l'APAJH de l'Yonne.

QUI SONT LES VICTIMES ?
QUELLES ANALOGIES AVEC L'AFFAIRE
DES « DISPARUES DE L'YONNE » ?

H. était confiée au foyer de l'enfance de Montmercy, elle a donc croisé certaines des jeunes filles disparues. Née en 1965, elle n'a que dix-huit ans à l'époque des faits et est sous tutelle de la DDASS. Elle disparaît pendant au moins trois mois. Mais est-elle seulement recherchée ? Sa mère, par ailleurs, ne s'inquiète pas : elle reçoit des lettres expédiées du Liban. Selon elle, une trentaine de personnes

1. L'une d'elles dit avoir aperçu un crâne, l'autre avoir entendu parler de deux corps. Des fouilles ont-elles été menées dans le pavillon, aux alentours... ou dans la maison dont disposait le couple en Normandie ?

aurait commis des sévices sur sa fille et c'est sous la contrainte qu'elle aurait écrit ces lettres.

Portons notre attention sur le cas de M. Née en 1962, elle est pupille de l'Aide sociale à l'enfance de la Seine. C'est une ancienne élève de l'IME d'Auxerre. Elle a fréquenté l'établissement à la même période (1977-1979) que les jeunes femmes disparues. Elle se souvient de certaines d'entre elles, puisqu'elles empruntaient les mêmes transports. Elle se souvient également d'Émile Louis et de Pierre Charrier, le directeur de l'IME.

De celui-ci, elle dit qu'il allait régulièrement surveiller les douches des jeunes filles, à l'IME. Son intention était-elle pédagogique ?

Elle raconte d'autres choses encore à son propos : « Mes souvenirs de lui... C'est que moi je ne me laissais pas approcher parce que c'est un gros dégueulasse... Il pelotait les filles... Comment je pourrais dire ça... On voyait qu'il était pas bien dans sa tête... Dès que je le voyais je me planquais car j'en avais peur... »

Elle évoque aussi le fait que ce dernier battait les élèves.

M., à la date de sa disparition, relevait encore du service de suite de l'IME[1].

Autre analogie entre l'enlèvement de M. et l'affaire des « disparues ». M. est une jeune femme disparue.

Nous verrons qu'il y a les mêmes connotations nazies dans l'affaire des disparues que dans l'affaire Dunand.

En outre, le souteneur le plus puissant de la région ne possède-t-il pas un bar à Appoigny ? Françoise Lemoine n'a-t-elle pas travaillé dans ce bar avant sa disparition ? Émile Louis ne s'y rend-il pas avec son gendre ? N'a-t-il pas un couple d'amis à Appoigny, qui le reçoivent avec ses conquêtes féminines ?

La presse n'hésite pas à établir un lien entre les différentes affaires :

1. Son dossier comporte la mention suivante : « ne peut guère compter sur un soutien efficace, c'est pourquoi il sera nécessaire qu'une action soit entreprise par le service de suite... »

La chape de plomb se fendille à peine et, derrière les disparues de l'Yonne, Auxerre se débat contre les lourds secrets qui empoisonnent ce coin de Bourgogne depuis vingt ans. Trois affaires, dont les crimes avoués par Émile Louis, laissent la pénible impression qu'une partie de la vérité a échappé à la justice. Les trois dossiers n'ont juridiquement rien à voir. Si ce n'est qu'à chaque fois les victimes étaient des jeunes filles de l'Assistance publique, parfois légèrement handicapées mentalement, et toujours abandonnées socialement. Les institutions ne se sont pas vraiment avisées que, pour les pupilles de la DDASS, la région d'Auxerre tournait au triangle des Bermudes[1]. [...]

M. Dunand est condamné à perpétuité en octobre 1991. Lors du procès, il est reconnu responsable de ses actes. Mais peu de temps auparavant, il a bénéficié d'une courte période de remise en liberté qui lui a suffi pour se remarier. À ce jour, Claude Dunand est toujours incarcéré ; il est cependant question de le remettre en liberté.

Mme Dunand, elle, est décédée en 1996 – dans des circonstances peu claires – après quelques mois de prison. Elle s'était remariée avec le père de l'une des victimes après avoir divorcé de Claude Dunand en 1986.

Notre conclusion à propos du pavillon d'Appoigny reste à ce jour en forme d'interrogation : les similitudes qui peuvent être observées entre ces deux affaires permettent-elles de les amalgamer ?

Il existe à Auxerre d'autres lourds secrets connus de nombreuses personnes qui se taisent depuis des années. Mais un jour, une victime parle...

L'AFFAIRE CHARRIER

L'affaire des disparues de l'Yonne s'enracine dans une autre, « l'affaire Charrier », qui surgit en 1989. Pierre Charrier, ancien directeur de l'IME d'Auxerre, secrétaire

1. *Le Monde*, 27 décembre 2000, article de Franck Joannes.

général de l'APAJH de l'Yonne, mari de la directrice du foyer Guette-Soleil, est arrêté pour viol sur la personne d'une jeune handicapée mentale, Nathalie P.

En 1989, Pierre Charrier est un notable incontesté. Instituteur puis directeur au service des personnes handicapées, il a attendu l'âge de la retraite pour abuser de l'une d'entre elles, âgée de vingt-trois ans. Cela surprend-il tout son entourage ? Il le semble. Ce crime crée en effet une fracture parmi ceux qui le connaissent, entre ceux qui continuent de lui accorder leur confiance et leur amitié, et ceux qui jugent l'acte suffisamment inacceptable pour prendre leurs distances avec son auteur.

Né en 1928, Pierre Charrier fut, à la fin des années 50, l'un des premiers instituteurs de l'Yonne à enseigner dans une « classe de perfectionnement ». Ces classes créées en 1909 sont composées d'enfants « arriérés ». Elles ont pour mission de lutter contre l'échec scolaire. Pierre Charrier est ainsi, dès le début de sa carrière, au contact des enfants en difficulté. Il s'intéresse à cette population.

En 1963, il fonde l'antenne icaunaise de l'Association pour adultes et jeunes handicapés (APAJH) avec des parents d'enfants en difficulté et un médecin auxerrois. Dans la foulée, il fonde une classe de perfectionnement professionnel, structure rare en France, qui n'aura qu'une existence brève, et dont le but consiste à prendre en charge les adolescents issus des classes de perfectionnement qui ont atteint l'âge de devenir apprentis.

En 1966, dans la même lignée, Pierre Charrier crée au centre-ville d'Auxerre, avec l'APAJH, un institut médico-professionnel destiné à accueillir une soixantaine d'élèves « débiles légers et moyens ». Il explique que « l'objectif était de les insérer professionnellement. Tous ces jeunes étaient déficients sur le plan psychoaffectif. Ils étaient tous en situation d'échec scolaire. Nous ne voulions pas qu'ils deviennent des assistés. Nous avions pour but de leur donner une autonomie et une responsabilité de citoyen [1] ».

1. Émission *7 à 8*, TF1, reportage de Michelle Fine.

Secrétaire général de l'APAJH depuis sa création, Pierre Charrier est à l'origine de la création des huit établissements qui existent encore aujourd'hui, dont :

– l'IME d'Auxerre, situé avenue de Grattery, qu'il dirige pendant neuf ans, de 1974 à 1983 ;

– le foyer Guette-Soleil, situé rue de la Haute-Moquette, que sa femme, Nicole, dirige de 1986 à 2000.

Christine Marlot, Chantal Gras, Madeleine Dejust, Bernadette Lemoine [1] disparaissent du premier établissement. Du second il extrait régulièrement une victime pour la violenter.

Mais, tant que ces faits demeurent dans l'ombre, Pierre Charrier fait figure de notable : créateur de l'APAJH, pédagogue d'avant-garde, promoteur de huit établissements, homme voué à la cause du handicap, homme de pouvoir aussi...

C'est pourquoi l'affaire Charrier déclenche un bouleversement durable à Auxerre : c'est la loi du silence qui se brise, le masque qui tombe.

Pierre Charrier joue du violon, il aime la musique, il se veut raffiné. Comme c'est un pédagogue, il souhaite faire partager ses passions aux pauvres enfants handicapés. Même retraité, il leur est dévoué et les emmène bénévolement danser et écouter de la musique, des activités qui élèvent l'âme.

Durant l'année 1989, il emmène ainsi Nathalie P. et Bruno G. à un cours de danses folkloriques une fois par semaine... Nathalie et Bruno sont pensionnaires au foyer Guette-Soleil, alors dirigé par sa femme. Pierre Charrier habite d'ailleurs avec Nicole l'un des deux logements de fonction de ce foyer.

Nathalie et Bruno sont timides, ils sont impressionnés lorsque M. Charrier les emmène dans sa voiture. Ils sont fiers qu'il les ait choisis pour partager avec lui une activité

---

1. Christine Marlot et Chantal Gras fréquentent encore l'établissement au moment de leur disparition ; Madeleine Dejust et Bernadette Lemoine relèvent de l'obligation de suivi de l'IME (voir « La justice se met en marche », p. 99).

culturelle, eux qui n'ont pas grande culture. Ils aiment bien la danse, les costumes... Ils aiment bien le couple de danseurs qu'ils forment. Ils n'osent rien dire dans la voiture. Quand M. Charrier leur parle, ils répondent vite pour se débarrasser des questions...

Après les soirées musicales et folkloriques, M. Charrier a soudain un drôle de comportement : il conduit sa voiture jusqu'à un parking, désert parce que c'est la nuit et qu'on est loin des habitations. C'est un parking près du stade de football. Et, lorsqu'il n'y a pas de match, il n'y a aucune voiture. Il a un drôle de comportement. Il se gare sur ce parking. Il défait sa braguette et penche la tête de Nathalie. Dans le même temps il dit à Bruno de se taire. M. Charrier a de drôles de façon d'agir. Il va faire ça pendant des semaines... Des mois... un an...

Nathalie pleure, proteste. Bruno console Nathalie. Il se confie : « Elle pleure, elle pleure, elle pleure... » [1]

« Si vous parlez, je vous tue ! » menace M. Charrier dans sa voiture.

Beaucoup de gens sont au courant. Comment ? Pourquoi ?

La police l'est également. Elle l'a même surpris une première fois :

Le 20 avril 1989, à vingt-trois heures, trois gardiens de la paix eurent leur attention attirée par une voiture qui stationnait tous feux éteints au fond du parking de la piscine. Une portière arrière était ouverte. Un couple était sur la banquette arrière et un jeune homme occupait la place du passager avant. Charrier sortit de la voiture en remontant son pantalon. Une jeune fille remontait son slip. Charrier se serait soumis de mauvaise grâce au contrôle. Constatant que les trois personnes qui occupaient l'automobile étaient majeures, les policiers poursuivirent leur

1. « Nathalie se sent tellement salie qu'elle ne sait trouver que les larmes pour laver les souillures de cet homme » (Colette Bellanger, ancienne assistante sociale de l'IME d'Auxerre, 2001).

ronde nocturne, se contentant de mentionner cette intervention sur la main courante du commissariat de police[1].

M. Charrier est un pédagogue reconnu et il prétend, avec ses agissements à l'égard de Nathalie, faire œuvre de pédagogie : « Il faut que tu apprennes les choses de la vie[2]. »

Est-ce un pédagogue fou ? Non, il est sain d'esprit. Mais il n'a pas une claire conscience de ses actes lorsqu'il prétend qu'ils « étaient thérapeutiques et épanouissants[3] », que Nathalie P. « avait besoin d'être aidée pour franchir cette étape nécessaire de la vie d'un adulte », et qu'il l'aurait « aidée dans son apprentissage de l'amour », y ayant « trouvé une satisfaction à la fois d'homme et d'éducateur[4] ». Aucun éducateur sain d'esprit ne peut accepter cette argumentation et les directeurs des établissements APAJH, par exemple, « n'ont pas admis cette attitude qui à leurs yeux est la négation même de la déontologie de l'enseignement[5] ». Pierre Charrier a franchi « les limites, floues dans son esprit, entre ses pulsions d'homme et son rôle d'éducateur[6] ». Il confond acte éducatif et acte négatif. En revanche, il ne confond pas correctionnelle et assises, et il fait appel pour obtenir une requalification du délit. Contre toute attente, il l'obtient alors que le procureur général requiert un renvoi devant la cour d'assises pour viol[7].

Quelle est l'argumentation d'un délinquant sexuel ? Cela ressemble à ceci : « [...] elle aurait toujours consenti à ces ébats, qu'elle aurait même parfois sollicités ou guidés, exprimant le plus souvent son contentement[8]. » Quelle est l'argumentation de sa victime : « ... [elle] certifia qu'elle

1. Arrêt de la cour d'appel de Paris, 30 mars 1992.
2. *Ibid.*
3. Rapport IGASS, 1993.
4. Arrêt de la cour d'appel de Paris, 30 mars 1992.
5. Rapport de l'Inspection générale des affaires sanitaires et sociales (IGASS), 1993.
6. Arrêt de la cour d'appel de Paris, 30 mars 1992.
7. *Ibid.*
8. *Ibid.*.

n'avait jamais été consentante et qu'elle n'avait jamais éprouvé de plaisir[1]. »

Les jeunes victimes « consentent » d'autant plus facilement qu'elles sont à l'image de Nathalie, qui présente « un retard intellectuel [...], une immaturité affective [...] qui la rend particulièrement vulnérable, manipulable, suggestible. Du fait de ses difficultés, elle ne peut accéder à une autonomie complète[2]. »

L'ensemble des acteurs locaux parlent de « l'affaire Charrier » comme ils disaient « l'IME Charrier ».

Pierre Charrier, créateur des établissements de l'APAJH de l'Yonne, s'est-il symboliquement suicidé, ou se croyait-il en état d'impunité ? Car, enfin, il ne pouvait ignorer la visibilité de son crime : son véhicule, seul, arrêté sur un parking au bord d'une avenue passagère, était nécessairement suspect... aux yeux d'une patrouille de police, par exemple.

Le secret de ses agissements était-il connu ? On sait que l'autre commet des abus, peut-être même en connaît-on la véritable nature, mais on y trouve la jouissance sombre et sans risque du spectateur qui, derrière une glace sans tain, assiste à un viol, à un meurtre. Ainsi, on est presque un criminel, mais sans courir de risque... On n'a besoin ni du risque ni de l'action directe : meurtrier par procuration... Einstein ne dit pas autre chose.

La jouissance suprême pour un pervers est de faire accomplir la destruction d'un individu par un autre et d'assister à ce combat d'où les deux sortiront affaiblis, ce qui renforcera sa toute-puissance personnelle[3].

Charrier sollicitait de la jeune fille des fellations tandis que le jeune homme témoin du viol était prévenu : « Tu

---

1. *Ibid.*
2. *Ibid.*
3. Marie-France Hirigoyen, *Le Harcèlement moral*, Éditions Syros, 1998, p. 113.

te tais ou j'te tue. » Il a eu le courage de parler : « Nathalie ne voulait pas. »

Pierre Charrier est donc arrêté le 5 octobre 1989, il est inculpé pour « viol aggravé »[1] sur la personne d'une handicapée mentale de vingt-trois ans, hébergée au foyer Guette-Soleil, en présence d'un autre handicapé mental. Mais la qualification du délit se transforme – pour quelle raison ? – en « attentat à la pudeur sur personne vulnérable par personne ayant autorité » et aboutit en mai 1992 à une condamnation à six ans de prison ferme au tribunal correctionnel d'Auxerre.

Un bruit court alors : ce serait sa femme et l'amant de celle-ci qui auraient dénoncé Pierre Charrier. Deux jours après l'arrestation, qui a lieu un jeudi, il est vrai que Nicole Charrier assiste en compagnie de Georges Decuyper, bras dessus bras dessous, à une réunion préparant l'inauguration du CAT de Mézilles. Un journaliste local est là, effaré. En réalité, c'est une ex-éducatrice du foyer qui a rapporté au procureur les faits que Bruno lui a relatés. Qui, parmi ces notables, se soucie de Nathalie P. ? « Son état de santé mentale a été perturbé par les faits [...]. Il persiste toujours [lors de l'examen du 30 mars 1990] chez elle des manifestations d'angoisse. Cet état nécessiterait un soutien psychologique dont elle exprime spontanément le besoin[2]. » En 1993, les inspecteurs de l'IGASS soulignent : « La jeune fille [Nathalie P.] habite toujours au foyer, malgré l'avis du psychologue de la Commission technique d'orientation et de reclassement professionnel qui avait jugé, après les faits, son état gravement préoccupant. [...] Si les capacités de cette jeune fille avaient été complètement normales, on aurait pu craindre une tentative de passage à l'acte [suicide]. Bien sûr la directrice ne doit pas être confondue avec son mari mais cette affaire a laissé des séquelles et le chef de service lui-même souligne

---

1. Le hasard veut qu'à la même période Émile Louis est condamné pour attentat à la pudeur sur mineurs à Draguignan.
2. Arrêt de la cour d'appel de Paris, 30 mars 1992.

qu'aujourd'hui, entre la directrice et la victime, "le conflit n'est pas éteint". [...] [La victime] a donc, par là même, une incapacité à conquérir ce sentiment de sécurité interne qui seul peut conduire à l'autonomie, car les liens émotionnels avec la directrice sont forcément perturbés. [...] Il faut constater que la directrice du foyer n'a pas su comprendre que la situation de la jeune fille au foyer était, dans le long terme, intenable. Ceci montre un défaut d'empathie par rapport à la jeune fille et une incapacité à penser ce qui est bon pour elle [1]. »

Manque d'empathie partagé, comme on le constate le 6 octobre 1989, lors du conseil d'administration de l'APAJH de l'Yonne « où curieusement dans le procès-verbal on ne trouve pas un seul mot de commisération pour les victimes des attentats à la pudeur [2] ».

Serge Lange, président de la MGEN et membre de droit de l'APAJH de l'Yonne, rappelle à propos du compte rendu de ce conseil d'administration que les interventions condamnant Pierre Charrier ont été « gommées », que la directrice, Nicole Charrier, a vite repris son poste (après un arrêt maladie) et que Nathalie P. a « subi ses pressions [celles de N. Charrier] [3] ». L'APAJH de l'Yonne ne se porte d'ailleurs pas partie civile dans l'affaire Charrier : elle rejette cette idée le 6 octobre 1989 par seize voix contre onze et une abstention.

C'est une habitude à l'APAJH que de gommer ce qui gêne. Devient invisible tout ce qui déplaît au « clan Charrier »... Comment et pourquoi ? Qui tient la gomme ?

Si vous êtes handicapé et de sexe féminin, il ne fait pas bon fréquenter l'APAJH de l'Yonne ! C'est ce que se disent les fondateurs de l'Association de défense des handicapés de l'Yonne.

L'affaire Sylviane Durand, l'affaire Dunand, l'affaire Charrier et l'affaire des disparues constituent autant de

1. Rapport IGASS, 1993.
2. *Ibid.*
3. Courrier au préfet de l'Yonne, 13 février 2001.

raisons de s'insurger pour qui respecte les personnes handicapées [1]...

L'affaire des disparues est d'ailleurs restée dans la mémoire des salariés de l'IME d'Auxerre, étouffée comme un secret, connu de tous mais toujours tu. L'indignation se réveille à l'occasion des infractions commises par Pierre Charrier, devant l'indifférence de la majorité des administrateurs de l'APAJH, qui ignorent souverainement les victimes.

1. L'avocat général de la cour d'appel de Paris qui statue sur l'affaire Charrier soulignera dans son réquisitoire « le caractère pourri de ce milieu de notables ».

UNE ASSOCIATION EN QUÊTE DE VÉRITÉ...

En 1992, deux parents d'enfants handicapés, Jeannette Beaufumé et Pierre Monnoir, soucieux de protéger des personnes plus fragiles et plus maltraitées que d'autres, créent une association loi 1901, l'ADHY, Association de défense des handicapés de l'Yonne. Elle aura pour mission « d'agir en faveur des personnes handicapées en défendant leurs intérêts matériels et moraux, si ceux-ci sont menacés [...]. [Elle] s'autorise tout règlement amiable ou judiciaire afin que les droits des handicapés soient respectés [1] ».

DES PERSONNES FRAGILES

Une personne handicapée est avant tout une personne à l'égard de laquelle la collectivité se doit d'être plus attentive qu'à l'égard d'un individu ordinaire, car elle est plus fragile. Ainsi le code pénal assimile-t-il une personne handicapée à un mineur de moins de quinze ans, à une personne âgée ou à une femme enceinte, autres citoyens en situation de vulnérabilité. Majeure ou mineure, elle n'est pas une personne que l'on traite comme quelqu'un d'ordinaire. L'argumentation qui consiste à dire : « Ces jeunes

1. Article 2 des statuts de l'ADHY.

filles étaient majeures, elles pouvaient donc quitter l'IME d'Auxerre sans donner de nouvelles, sans laisser d'adresse, elles avaient le droit de disparaître, elles étaient majeures... » est une ignominie. Elles étaient avant tout des citoyennes fragiles. Et, à ce titre, leur disparition était inquiétante, car il est impensable que ces jeunes puissent concevoir et préparer leur départ de manière parfaitement consciente, volontaire... et réussie ! Dans leur cas, parvenir à disparaître n'est pas chose aisée, à moins qu'on ne les y aide, parfois de manière définitive.

En outre, l'une des caractéristiques des jeunes handicapés mentaux est leur transparence, leur impossibilité à dissimuler et leur propension à se confier au premier venu.

Un seul professionnel, Daniel Suire, directeur-adjoint chargé de la section d'éducation spécialisée où Martine Renault était élève, affirme que « Martine avait une légère déficience intellectuelle et qu'elle n'était pas capable d'organiser une fugue [1] ». Pierre Charrier, à l'époque comme aujourd'hui, ne dit rien de comparable.

Une disparition provoque l'inquiétude. Plusieurs disparitions bien davantage. Pourquoi celles-ci n'inquiètent-elles pas les responsables ?

Il est étrange de constater que, dans l'affaire des disparues de l'Yonne, des professionnels de l'éducation n'accordent qu'une attention très limitée à qui leur est confié. Ils ne font pas ce que ferait tout professionnel consciencieux aujourd'hui : signaler la disparition à la police, à la gendarmerie, au procureur, rechercher l'adolescente avec son personnel dans les rues de la ville, autour de son lieu d'habitation, interroger ses camarades, mobiliser la famille...

La définition du handicap qui prévaut jusqu'au milieu des années 70 met l'accent sur le caractère médical et place en avant la déficience, c'est-à-dire l'altération de la structure ou de la fonction, qu'elle soit psychologique, physio-

1. Procès-verbal établi par le gendarme Jambert, 1984.

logique ou anatomique. On retient essentiellement l'aspect lésionnel du handicap : ce que la personne a en moins. Vous avez une jambe en moins, une paralysie, une difficulté à parler... vous êtes handicapé.

Ces notions de plus et de moins sont fréquemment présentes dans les définitions du handicap. Aujourd'hui, les parents et les professionnels rappellent sans cesse que les personnes handicapées n'ont pas que des moins, elles ont, comme tout un chacun, des plus.

Christian Bobin exprime fort bien ce paradoxe dans un roman intitulé *Geai* : « Celui qui a quelque chose en moins a, dans le même temps, quelque chose en plus. [...] c'est une vieille loi du monde : celui qui a quelque chose en plus a dans le même temps quelque chose en moins [1]. »

On réalise également que votre handicap existe avec plus ou moins d'importance, selon votre situation sociale : vous pouvez être un génie de la physique et gravement handicapé (à l'image de Stephen Hawking), vous pouvez être gravement handicapé par un accident, perdre l'usage de la parole et devenir un sculpteur remarquable, vous pouvez être handicapé, cumuler les handicaps (être sourd et aveugle) et ne pas pouvoir mener une activité normale... Tous les cas de figure sont possibles : dès lors, il faut s'efforcer de laisser les possibles s'exprimer.

Si une maladie ou un accident prive quelqu'un de l'usage d'un pied, le désavantage, le handicap, n'est pas identique selon qu'il est footballeur ou informaticien...

L'originalité des travaux de l'Organisation mondiale de la santé a été d'ajouter une dimension humaine à l'approche traditionnelle du handicap en mettant en avant le vécu des personnes handicapées.

Cependant, cette contextualisation ne semble pas encore suffisamment affirmée aux yeux de certains spécialistes. Ainsi, un texte extrait d'un traité de l'Union européenne précise :

1. Christian Bobin, *Geai*, Gallimard, coll. « Folio », 2000.

Le traité de Maastricht doit être révisé en vue d'inclure une clause de non-discrimination à l'égard du handicap s'imposant à tous les pays européens. Un handicap en tant que tel n'existe pas, mais est le produit d'une interaction constante entre un individu et son environnement[1].

La conception du handicap à notre époque est fondée également sur le modèle social et non plus exclusivement sur le modèle médical : le handicap s'apprécie désormais par rapport à l'environnement dans lequel une population s'inscrit. Un handicap est avant tout une construction sociale.

Mais qui décrète que telle ou telle personne est handicapée ? À cette question posée à Simone Veil en 1975, le ministre de la Santé répondait : « Ce sont les commissions *ad hoc.* »

Ces commissions sont les CDES (Commissions départementales de l'éducation spéciale) pour les enfants de la naissance à vingt ans et les COTOREP (Commissions techniques d'orientation et de reclassement professionnel) pour les personnes de plus de vingt ans.

La CDES est dotée de compétences multiples ; l'une des plus importantes consiste à déterminer le type d'éducation (ordinaire ou spéciale) dont l'enfant ou l'adolescent handicapé a besoin, en fonction notamment de l'évaluation de la gravité de son handicap. Ce pouvoir de décision est essentiel. Il fait de la CDES un organisme incontournable pour tous les acteurs et tous les usagers du système spécialisé.

Sa composition garantit en principe son impartialité. Elle est en effet composée de douze membres, tous nommés par le préfet pour trois ans renouvelables.

Pierre Charrier et Georges Decuyper font partie de cette commission.

---

1. Traité de l'Union européenne publié le 7 décembre 1995 sur le statut des personnes handicapées.

QUELQUES CHIFFRES

En France, le nombre de personnes handicapées est évalué à six millions, soit environ 10 % de la population nationale, dont deux millions âgées de moins de soixante ans. On aboutit à cette estimation en totalisant le nombre d'enfants qui reçoivent une éducation spéciale, d'adultes bénéficiaires d'aides ou d'allocations au titre d'un handicap et de personnes âgées devenues invalides.

L'UNAPEI [1] considère que la moyenne européenne des personnes handicapées représente 10 % de la population totale et annonce pour l'Union européenne un total de trente-sept millions d'individus.

Les chiffres montrent également que le handicap mental est largement majoritaire alors que, dans la représentation sociale la plus répandue, le handicap est avant tout physique ou moteur. Ainsi, 81,2 % d'enfants ou d'adolescents handicapés sont concernés au premier chef par une atteinte mentale.

Quelles sont les causes de ce handicap ? L'enquête réalisée par le ministère des Affaires sociales en 1992 fait ressortir que 72 % des enfants et des adolescents accueillis en établissement d'éducation spéciale ont une affection pour laquelle le diagnostic est difficile. On les classe donc parmi les « autres causes ou causes inconnues ».

Le *Vocabulaire de psychopédagogie et de psychiatrie de l'enfant* [2] décrit près d'une centaine de causes à l'insuffisance mentale, dont au moins 50 % sont des « causes inconnues » !

Les causes, qu'elles soient génétiques, congénitales, périnatales ou acquises, sont multiples et en corrélation les unes avec les autres. Les causes d'une déficience de l'intelligence sont diverses : il peut s'agir de séquelles psycho-pathologiques d'organisation de la personnalité

---

1. Union nationale des associations de parents et amis de personnes handicapées mentales.

2. *Vocabulaire de psychopédagogie et de psychiatrie de l'enfant*, dir. Robert Laffont, PUF, coll. « Grands dictionnaires », 1991.

(psychoses, névroses...), de conséquences de problématiques génétiques ou traumatiques (trisomie 21, encéphalopathies pré-, péri- ou postnatales...), mais aussi de symptômes de troubles du développement ou de carences éducatives graves.

Les enfants ou les adolescents handicapés mentaux relèvent du secteur médico-éducatif et sont fréquemment pris en charge dans des instituts médico-éducatifs.

Un IME accueille les jeunes handicapés entre six et vingt ans. Il est composé d'une équipe médicale (psychologues, psychiatres, généralistes, infirmières, orthophonistes, kinésithérapeutes, psychomotriciens, etc.) et d'une équipe éducative (instituteurs spécialisés, éducateurs, éducateurs techniques, éducateurs sportifs, etc.), ainsi que des personnels administratifs et logistiques (comptables, chefs de services, assistantes sociales, directeurs). Ces personnels dispensent à la fois des soins à caractère général et des soins psychologiques qui s'articulent avec des actions éducatives visant à développer les connaissances et les savoir-faire des jeunes handicapés.

QU'EST-CE QUE LE HANDICAP MENTAL ?

Au fil du XXe siècle, les personnes handicapées mentales ont été désignées par différentes appellations. Dans la période qui nous intéresse, les années 70 et 80, on emploie le terme de « débiles ». Et, selon les degrés de gravité, on précise : « débile léger », « débile moyen », « débile profond ». « Débile » n'est certes pas un terme dynamique et possède une incontestable connotation péjorative et mortifère, mais il est synonyme de « fragile, faible » : il indique donc que les personnes ainsi désignées nécessitent une attention accrue de la part de leur environnement et notamment de l'entourage éducatif.

Il ne doit pas toujours en aller ainsi car *Le Grand Robert*, après avoir donné la définition de « débile » pris dans son sens de « déficient mental », cite un extrait du livre de

Michèle Perrein, *Entre chienne et louve*, pour l'illustrer : « [...] un après-midi, une jeune fille de dix-huit ans un peu débile, Claudine, avait été torturée par trois très jeunes hommes [...]. »

Cette citation illustre bien le fait que la fragilité n'incite pas nécessairement à la compassion mais parfois, au contraire, à la cruauté... Débile veut dire fragile. Qui ose donner un coup de pied dans un paquet étiqueté « fragile » ?

Dans les années 70, les « débiles » ou « arriérés » sont considérés comme des enfants présentant un retard de deux à trois ans et incapables de pensée abstraite, leur niveau ne pouvant, à terme, dépasser l'âge mental de dix ou onze ans. Les débiles ou arriérés ne peuvent acquérir l'essentiel des savoirs et savoir-faire de l'enseignement élémentaire, alors sanctionné en France par le certificat d'études primaires.

Le quotient intellectuel (QI) définit la zone de débilité ; il n'est qu'une traduction de critères psychopédagogiques et considère que le développement mental s'achève vers l'âge de quinze ans. Conséquemment, au terme du développement, un QI de 50 correspond à un âge mental de sept ans et demi (c'est par exemple le QI et l'âge de Christine Marlot, dont Pierre Charrier, spécialiste de l'enfance handicapée, ne signale pas la fugue même lorsqu'elle dure des semaines, des mois...).

Un QI de 70 correspond à un âge mental de dix-onze ans. L'adulte débile est précisément un individu dont le niveau mental ne dépasse pas dix-onze ans (c'est le cas par exemple de Madeleine Dejust).

Trois catégories sont utilisées :

Débile léger : QI de 70-90 ; débile moyen : QI de 50-70 ; débile profond : QI < 50.

Ce rappel historique a pour but de bien souligner que les frontières de la débilité sont fixées en fonction de critères sociaux : elles traduisent les exigences culturelles d'une société donnée, à un moment donné. Dans les années 70 sont réunies les conditions pour que l'on soit plus attentif à ces grandes filles, considérées plus que jamais comme des fillettes...

Philippe Fuster et Philippe Jeanne précisent dans leur *Dictionnaire de l'enseignement et de l'éducation spécialisés*[1] :

Après avoir employé des expressions aussi mortifères qu'inopérantes : crétin, imbécile, idiot, inéducable, arriéré, débile, oligophrène, etc., la communauté internationale désigne aujourd'hui les jeunes en difficulté et particulièrement les jeunes handicapés d'une manière plus positive en parlant de « personnes présentant des besoins éducatifs spéciaux » (« special educational needs »).

Ces termes ne catégorisent pas les enfants en fonction de handicaps qui renvoient au sujet lui-même mais focalisent la réflexion sur la demande sociale et les difficultés que le système éducatif éprouve pour y répondre.

Dans les années 70 et 80, l'étiquette de « débile » est lourde à porter, elle ajoute au poids des difficultés qu'il faut affronter : la difficulté de comprendre les autres, la difficulté à s'exprimer et à se faire entendre, les difficultés d'un esprit qui est plus lent et plus embrumé qu'on ne le souhaiterait et qui vous vaut des moqueries qui font très mal...

Les personnes souffrant d'une déficience mentale sont à ce jour répertoriées par l'OMS dans la catégorie « retard mental ». Qu'il s'agisse de retard mental léger, modéré, sévère ou profond, ce nouveau concept exprime l'idée qu'il n'y a pas de fixité dans l'état du déficient intellectuel mais bien plutôt un potentiel d'évolution de ses capacités cognitives.

1. Bordas, 2001.

L'ASSOCIATION DE DÉFENSE DES HANDICAPÉS DE L'YONNE (L'ADHY)

L'Association de défense des handicapés de l'Yonne, l'ADHY, essentiellement composée de parents d'enfants handicapés, est l'aboutissement des réflexions, des échanges, des questionnements d'un petit groupe d'éducateurs et de familles. Lors de sa création en 1992, on compte notamment parmi eux Roger Delautre, directeur de l'IME d'Auxerre, et René Leliboux, directeur de la Maison d'accueil spécialisé (MAS) d'Augy, deux établissements gérés par l'APAJH. Ces deux hommes sont les premiers conseillers techniques des promoteurs de l'ADHY, Jeannette Beaufumé et Pierre Monnoir.

C'est en effet de la rencontre de ces quatre acteurs que va surgir l'ADHY. Les deux premiers doivent cependant rester dans l'ombre par crainte des représailles de leur employeur, l'APAJH, qui a choisi d'imposer le silence à propos des jeunes filles disparues.

JEANNETTE BEAUFUMÉ

Jeannette Beaufumé, mère d'une fille handicapée, a travaillé comme cuisinière à l'IME d'Auxerre pendant plusieurs années. Elle a connu les jeunes filles disparues qui fréquentaient cet établissement et entretenait des relations amicales avec les responsables de l'IME, Pierre et Nicole Charrier. Son mari, ex-gendarme, était chauffeur de car, salarié de l'APAJH de l'Yonne.

Jeannette Beaufumé confie à Corinne Herrmann, au début du dossier, que Pierre Charrier était leur maître à penser, « notre gourou », dit-elle. Elle a longuement travaillé et vécu à ses côtés : « Son aura était totale auprès des parents des handicapés », il était au-dessus de tout soupçon. « Beaucoup étaient comme moi et le vénéraient. »

Quand Pierre Charrier prend sa retraite, en 1983, des parents lui demandent d'assumer les fonctions de secrétaire général de l'APAJH de l'Yonne ; il se trouve ainsi conforté dans son rang de notable local.

Elle raconte que, un jour de 1977, une jeune fille « a fugué » et que Pierre Charrier a imposé un silence total, sous prétexte de ne pas faire peur aux élèves. Personne ne parle.

D'autres professionnels confrontés à la même situation – par exemple, le directeur adjoint du collège que fréquente Martine Renault, lorsque celle-ci disparaît – réunissent au contraire les élèves pour les avertir et recueillir des témoignages.

Jeannette Beaufumé explique qu'elle ouvre les yeux lors du procès de Pierre Charrier ; elle voit alors son double visage : « Il sort des saloperies au procès... Des mots pervers... Je suis sous le choc. » Elle pense qu'il joue depuis toujours la comédie. Elle est profondément indignée par le fait que l'APAJH de l'Yonne ne se porte pas partie civile [1] : mais les anciens disent qu'il a tant fait pour eux... Le conseil d'administration extraordinaire du 6 octobre 1989 vote donc contre la constitution de partie civile. C'est la guerre interne. Quelques familles se réunissent autour de Pierre Monnoir et de Jeannette Beaufumé au sein de l'ADHY... Désignée comme présidente de l'association, Jeannette Beaufumé passe le relais à Pierre Monnoir au bout de quatre ans pour des raisons de santé.

PIERRE MONNOIR

Derrière chaque « affaire » portée au grand jour, il y a toujours une personne qui, pendant des années, accumule les documents, fédère les compétences et les énergies, se fait le porte-parole de la cause qu'il défend.

Pierre Monnoir est un personnage de ce genre. Un homme ordinaire, père de famille, sérieux mais non dénué

1. Elle dit également être étonnée que le rapport IGASS n'ait pas été présenté aux parents.

d'humour, et surtout doté d'une pugnacité hors du commun.

Le Parisien le désigne, le 29 décembre 2000, dans un article de Frédéric Vézard, comme un des « hommes de l'année 2000 » et trace un portrait ressemblant : « Avec son physique de rugbyman et son boulot de VRP – il vend des emballages pour pâtissiers et chocolatiers –, Pierre Monnoir a soulevé des montagnes. Fondateur de l'ADHY en 1992, "par admiration" pour ceux qui s'occupaient de son frère handicapé, il est vite devenu le réceptacle des pires rumeurs... »

Il faut effectivement être fort pour lutter contre des notables, gardiens du silence, il faut de la douceur pour accueillir les frères et sœurs des jeunes filles assassinées... Comme beaucoup de parents de personnes handicapées, il a développé ces qualités. Aujourd'hui encore, il faut se battre pour créer des établissements et des services qui offrent à des enfants différents des conditions de vie et de bonheur comparables à celles des autres. Dans ces familles, il faut bien sûr de l'amour pour l'enfant handicapé mais aussi du pragmatisme, pour concevoir des projets associatifs qui ne soient pas centrés sur le lucre mais sur la personne elle-même. La vie dans certaines institutions pour personnes handicapées est parfois étrange... et les associations gestionnaires sont quelquefois lucratives et sans but.

Pierre Monnoir a un frère aîné handicapé, pris en charge par sa mère restée seule après le décès de son mari. Il vit avec difficulté le handicap de son frère. On n'accorde de l'attention que depuis quelques années à la fratrie des personnes handicapées. Or, s'il y a de grandes joies à partager la vie de personnes différentes, cela implique aussi des souffrances : le regard des autres sur lui, sur elle, sur vous... votre regard sur vous-même, la difficulté à vous identifier à un frère ou une sœur parfois tellement différent, souvent bizarre, les liens affectifs fréquemment forts, la culpabilité que vous développez parce que vous en avez assez de cette relation parfois muette, aberrante, qui sort de la norme...

Le frère aîné de Pierre Monnoir est confié, en 1990, à

un établissement de l'APAJH de l'Yonne (la Maison d'accueil spécialisé d'Augy). Pierre Monnoir participe à son ouverture aux côtés de Pierre Charrier, comme il collabore au fonctionnement de l'APAJH de l'Yonne, dont il reste membre jusqu'à sa dissolution, en 2001.

Toute action véritable est collective ; cependant, sans Pierre Monnoir, cette affaire n'aurait pas existé. Cet homme a fait de son expérience familiale une force au service de ceux qui nous ressemblent tant : les citoyens à besoins spécifiques, que l'on dit handicapés. Il a résisté aux rumeurs, aux pressions diverses. Il n'appartient à aucun parti politique, à aucune secte d'influence, il ne revendique rien, si ce n'est le droit de vivre comme un simple citoyen dans une démocratie authentique, c'est-à-dire une démocratie attentive à tous et particulièrement aux citoyens fragiles. « On se bat pendant près de dix ans, on est traité partout de paranoïaque, personne ne daigne accorder le moindre crédit à vos soupçons... La mise en examen d'Émile Louis est la preuve que nous ne fantasmions pas. Mais ce n'est pas une victoire, juste une porte qui s'ouvre sur un vaste chantier... Il va falloir établir les responsabilités de ceux qui ont laissé de jeunes handicapées se volatiliser... »

Pierre Monnoir ne joue pas un rôle, il est. À la différence des protagonistes de l'affaire Louis, il parle vrai : « Quand tout ça s'arrêtera, ce ne sera pas un traumatisme. J'aurai juste fait mon devoir de citoyen[1]. »

L'idée de démocratie se fonde essentiellement sur la reconnaissance de l'autre et surtout du plus démuni. Dès lors, œuvrant pour la reconnaissance de la personne en difficulté, Pierre Monnoir a assumé un rôle essentiel : il a été le révélateur de notre conception de la vie sociale et de notre niveau de démocratie. Dans l'affaire des disparues de l'Yonne, il est celui qui oppose radicalement une morale de la vie et de la résistance à la passion du pouvoir.

Pierre Monnoir et Jeannette Beaufumé, parents d'enfants

1. *Ouest-France*, 8 février 2001.

handicapés et membres depuis de longues années de l'APAJH de l'Yonne, ont été l'un et l'autre profondément choqués par « l'affaire Charrier ». Ils considèrent que les personnes handicapées sont en danger au sein des établissements de cette association et qu'ils ont besoin d'un regard et d'une action extérieurs pour être protégés. Cette capacité d'indignation commune les rapproche : c'est le point de départ d'un mouvement de défense des personnes handicapées, aujourd'hui connu en France comme à l'étranger.

CRÉATION D'UNE ASSOCIATION DE DÉFENSE

Jeannette Beaufumé et Pierre Monnoir, aidés de Roger Delautre et de René Leliboux, définissent avec précision l'objet de l'association et sa dénomination : il s'agit de défendre les personnes handicapées qui, victimes des professionnels de l'éducation spécialisée eux-mêmes, sont privées de soutien. Or, sans ce soutien, tout est à craindre, surtout lorsque les familles sont absentes ou défaillantes.

Les études françaises sur les agressions à l'égard des personnes handicapées mentales sont rares, mais le Centre national d'information sur la violence dans la famille (CNIVF) de Santé Canada précise :

Bien qu'on puisse constater une évolution dans les attitudes envers les personnes handicapées, les personnes qui ont une incapacité mentale sont facilement exposées aux mauvais traitements. Souvent, elles sont perçues comme impuissantes – comme des victimes nées. Dans l'esprit d'un grand nombre, si on les maltraite, elles n'en parleront pas ; si elles se décident à le faire, on ne les croira pas. De telles idées augmentent encore la probabilité que ces personnes soient victimes de violence. [...]

S'il n'y a que peu d'études statistiques sur les agressions sexuelles contre les personnes mentalement handicapées, il ressort de ces études que ces personnes sont particulièrement exposées à la violence sexuelle. Une étude laisse entendre que, pour les personnes handicapées sur le plan intellectuel, le risque d'agression physique ou sexuelle est 150 % plus élevé que pour les non-handicapés.

Les fondateurs de l'Association de défense des handicapés de l'Yonne procèdent à la rédaction de ses statuts sur la base de statuts types. Ils déclarent l'ADHY à la préfecture d'Auxerre et publient l'annonce de l'événement au *Journal officiel* le 10 juin 1992.

Dans le même temps ils ouvrent un compte bancaire, sur lequel ils n'auront jamais beaucoup d'argent : lorsqu'ils atteindront la somme de dix mille francs (!), il leur faudra la dépenser immédiatement pour permettre l'ouverture de l'enquête sur deux dossiers de jeunes filles disparues (voir chapitre suivant).

Pierre Monnoir réceptionne des documents envoyés par divers correspondants à l'aide d'une adresse en poste restante ; ils l'informent des anomalies qu'ils constatent dans les établissements de l'APAJH, mais qu'ils n'osent pas dénoncer devant des instances souvent dures d'oreille, comme c'est le cas en 1977-1979...

L'ADHY PREND CONNAISSANCE DES DISPARITIONS

En quelles circonstances l'ADHY est-elle amenée à s'interroger sur le passé de l'APAJH ? Quand découvre-t-elle une affaire dans laquelle il est question d'adolescentes handicapées mentales qui disparaissent de l'IME d'Auxerre[1] ?

Pour que l'affaire éclate, il fallait des citoyens sensibles à la protection des personnes handicapées mentales – c'est une réalité, l'ADHY existe. Il fallait que la disparition de personnes handicapées soit mystérieusement étouffée. C'est un fait.

---

1. Avant d'avoir lu ces lignes, nul ne connaissait les circonstances tout à fait fortuites qui ont conduit l'ADHY à se pencher sur l'affaire des disparues.

Il fallait un élément supplémentaire et décisif : un directeur d'IME ordinaire...

ROGER DELAUTRE, OU L'HOMME PAR QUI TOUT ARRIVE

En 1989, Roger Delautre, nommé depuis septembre 1988 à la direction de l'IME d'Auxerre, poursuit une carrière exemplaire, de celles qui sont sans tapage car elles sont le fruit de personnalités modestes et compétentes. Le tempérament de Roger Delautre est à l'opposé de celui de Pierre Charrier : il n'est ni vindicatif, ni agressif, ni autoritaire. Il ne se gargarise pas de ses paroles durant des heures. Il écoute, concerte et réfléchit avec humanité.

Il est donc scandalisé par les événements qui, en cette année 1989, défrayent la chronique auxerroise : on apprend que Pierre Charrier est accusé de viol [1], que des meurtres ont été commis, dont ceux d'une jeune Anglaise et d'une infirmière psychiatrique, on découvre l'existence du pavillon nazifié d'Appoigny... Il est écœuré par cette multiplication de crimes et, un jour, dans le hall de l'IME, il en fait part à un membre du personnel.

Lequel répond ceci : « Vous savez, il y a ici aussi une affaire mystérieuse. Des jeunes filles ont disparu de l'IME il y a quelques années... » Un dialogue s'engage alors :

– *L'IME a connu des disparitions ? !*

– *Oui, il y a environ dix ans.*

– *Qui disparaissait ?*

– *Des élèves, des filles uniquement.*

– *Vous les avez connues ?*

– *Bien sûr, tous ceux qui travaillaient ici à l'époque les ont connues.*

– *Vous vous souvenez de leurs noms ?*

– *Oui.*

1. En 1989, les faits n'ont pas encore été requalifiés. Pierre Charrier est arrêté et mis en examen par le SRPJ de Melun pour viol aggravé.

– *Vous pouvez me les donner ?*
– *Oui, il s'agit de Christine Marlot, Chantal Gras, Madeleine Dejust, Bernadette Lemoine...*

Roger Delautre est sidéré. Il trouve la nouvelle tellement extravagante qu'il ne croit pas vraiment son interlocuteur et qu'il vérifie ses dires.

Il passe des heures dans les archives – un local étroit, poussiéreux et sans fenêtre. Les dossiers des anciennes élèves sont là, parfaitement rangés : une chemise cartonnée à en-tête de l'IME d'Auxerre avec une photo d'identité en haut à droite, des copies de courriers et des éléments diagnostiques à caractère social, médical, scolaire, psychologique...

Roger Delautre va de surprise en surprise. Il constate que les quatre jeunes filles sont dites « en fugue » mais qu'elles ne sont pas déclarées comme telles à la police ou à la gendarmerie. Il s'arrête notamment sur le dossier de Christine Marlot : non seulement il n'y a pas de déclaration de fugue, mais elle est de surcroît « réorientée » dans un autre établissement sans même avoir été retrouvée !

Roger Delautre aborde la question en réunion de directeurs – les huit directeurs de l'APAJH de l'Yonne se réunissent une fois par semaine. En aparté, un de ses collègues lui dit : « Donne-moi les noms, je connais un procureur, je lui en ferai part. » Trois semaines plus tard, il lui rapporte cette conclusion : « Il n'a pas trouvé de dossier au tribunal, il n'y a rien... »

La question devient alors : « Que peut-on faire pour que cette affaire éclate ? » Roger Delautre se dit : « Je ne peux pas en parler à l'APAJH [1], je vais donc en parler avec Pierre Monnoir. »

Ce dernier ignore alors tout de cette affaire mais considère aussitôt qu'il entre dans la mission de l'ADHY de

1. L'APAJH de l'Yonne est l'employeur de Roger Delautre et n'a semble-t-il jamais levé le voile de silence qui recouvre cette affaire.

s'en occuper. Des années de travail d'analyse, de récolte de témoignages, d'étude de documents divers s'ensuivent.

Pierre Monnoir et Jeannette Beaufumé débutent leur action sur les « disparues d'Auxerre » en rencontrant la plupart des responsables politiques et administratifs du département : préfet, président du conseil général, maire d'Auxerre, procureur, juge des enfants, directrice de la solidarité, doyen des juges d'instruction, directeur de la DDASS, député, présidents de l'APAJH de l'Yonne. Aucune réaction positive, hormis quelques propos d'encouragement. En revanche, d'emblée, ils sont confrontés à des insultes ; des menaces de mort sont prononcées à l'encontre de Pierre Monnoir qui porte plainte. Ainsi, en juillet 1992, il écrit au procureur Jacques Cazals : « Lors de mon intervention à l'assemblée générale de l'APAJH le samedi 4 juillet à l'IME de Vincelles, une personne située devant moi m'a agressé à plusieurs reprises, m'a adressé des menaces de mort : "Je te retrouverai, j'aurai ta peau..." » Sa plainte est classée.

Pierre Monnoir sera à nouveau l'objet de menaces. Christian Jambert, Corinne Herrmann, des membres de l'ADHY, certaines parties civiles, également.

SORTIR L'AFFAIRE DE L'ANONYMAT

PIERRE MONNOIR DÉCIDE DE MÉDIATISER L'AFFAIRE

Devant l'immobilisme des autorités, Pierre Monnoir, en quête d'une oreille attentive, décide de s'adresser aux journalistes : « Nous pensions que les choses allaient se régler par la méthode normale, administrative, des institutions locales, malheureusement ça n'a pas été le cas, ce qui nous a permis durant ce laps de temps de réunir des dossiers sur des supposées disparitions [1]. »

S'ensuivent pour lui des années de combats tenaces, de convictions affirmées devant les médias avec le calme et l'assurance de celui qui sert les plus faibles.

Le premier message diffusé sur les ondes est significatif de la volonté et de la sensibilité de Pierre Monnoir et de l'ADHY :

Tout d'abord, merci Alain Krauss pour votre émission et surtout pour votre courage car je vais parler d'un sujet tabou sur lequel est imposée une chape de plomb.

Je suis vice-président d'une association de défense des handicapés de l'Yonne. En 1989, un secrétaire général d'une association très bien implantée dans l'Yonne a été condamné pour avoir abusé d'une jeune fille handicapée,

---

1. Déclaration au journal télévisé de TF1, décembre 2000.

et dont la femme était et reste toujours directrice de cet établissement.

À deux nouvelles reprises nous avons été informés de violences et manipulations sur des déficients mentaux. Il est très difficile de prouver quoi que ce soit, la parole d'un handicapé contre celle d'un adulte responsable n'étant actuellement pas reconnue. Malgré un rapport extrêmement sévère de l'Inspection générale des affaires sanitaires et sociales en 1993 pour un établissement, au niveau des autorités départementales, administratives, policières et judiciaires, une chape de plomb est imposée. Est-ce pour ne pas donner une mauvaise image de notre département et de ce type d'institutions ? Quelles en sont les vraies raisons ? Chacun est en droit de se poser la question.

Sur le département de l'Yonne, certaines affaires au sein d'autres institutions ont été évoquées dans la presse grâce au combat que mènent des parents d'enfants ayant subi des violences. Pour ce qui est des handicapés, ceux-ci ont peu de famille ou pas du tout (certains sont sous la tutelle de la DDASS). Depuis une dizaine d'années quatre jeunes filles, déficientes mentales, ayant transité par cette institution restent portées disparues.

Malgré la vigilance de certains personnels travaillant dans ces établissements et malgré leur dévouement, ceux-ci sont mis à l'index car ils nuisent à l'image de marque de l'institution ce qui, bien souvent, les encourage à démissionner.

Des fonds devraient être débloqués pour le maintien des handicapés à domicile mais qu'en sera-t-il de ceux restant sous la tutelle de la DDASS et confiés à des institutions où le contrôle nécessaire ne serait pas effectué ?

Peut-on continuer à cautionner par notre silence cette situation ?

Je voulais aussi dire que certaines catégories d'enfants subissent des sévices et que les personnes qui essaient de les défendre prennent de gros risques et subissent des menaces[1].

1. Émission *Les auditeurs ont la parole*, RTL, mercredi 22 mars 1995.

Sortir l'affaire de l'anonymat

En quelques mots et quelques minutes, Pierre Monnoir plante le décor de l'affaire des disparues de l'Yonne. Et commence de rompre le silence... Ce n'est pas du goût de tous, ainsi le directeur de la DDASS de l'Yonne le convoque et lui signifie que ses propos sont diffamatoires et qu'au besoin il intentera une procédure à son encontre...

Pierre Monnoir poursuit pourtant dans cette voie en contactant l'équipe de Jacques Pradel et de l'émission *Perdu de vue* qu'il anime sur TF1. L'émission se construit sur la base d'un dossier d'investigation établi par un des collaborateurs de Jacques Pradel. Pour aider à monter ce dossier, Pierre Monnoir s'est entouré de divers experts. Ceux-ci procèdent à une analyse détaillée des documents mis à leur disposition.

AUX CÔTÉS DE PIERRE MONNOIR...

Pierre Monnoir confie donc à différents professionnels, parmi lesquels Philippe Jeanne, directeur de l'IME d'Auxerre depuis 1993, auteur de ce livre, les documents et les témoignages qui lui sont parvenus au fil des mois.

Dubitatif mais soucieux de répondre à la demande de Pierre Monnoir, qu'il considère comme un parent sincère et sympathique, Philippe Jeanne fait, à la suite de Roger Delautre, une lecture minutieuse de ces documents.

Après plusieurs semaines d'investigations et de réflexions, il constate que ce qu'il prenait pour une rumeur sans fondement repose sur des faits troublants. Il établit notamment un lien entre ces faits et ceux analysés dans le rapport de l'Inspection générale des services sanitaires et sociaux (IGASS) publié suite à l'affaire Charrier.

Les conclusions qu'il communique à Pierre Monnoir, et qu'il explicite officieusement à divers journalistes, tiennent en cinq points :

1er point : Le plus étrange dans la lecture des dossiers des jeunes filles est de constater l'absence de trace de courrier adressé aux autorités (procureur, commissariat) pour signaler ou au moins s'inquiéter des disparitions dénommées « fugues »...

2e point : ... (on constate) une absence de professionnalisme qui fait que le suivi (obligatoire) n'est pas effectif. Ainsi, les fiches de suivi de Bernadette Lemoine et Madeleine Dejust sont préparées mais demeurent sans aucune remarque ni aucune note...

3e point : Que de fugues durant ces années 77-80 ! Et des fugues qui durent des jours, des semaines ?! Le nombre de fugues et leur durée sont anormales...

4e point : On peut également conclure sur l'absence (décidément beaucoup d'absences) d'attention à l'égard des jeunes filles. L'inquiétude de P. Charrier est de rayer des listes celle qui n'est plus là et de la remplacer par une nouvelle source de prix de journée.

5e point : Il y a des courriers pour dire : « Rayons ces noms des listes » mais pas pour dire : « Je m'inquiète au nom de l'équipe, au nom des autres élèves, au nom des familles, au nom du responsable d'institution que je suis, je m'inquiète, dis-je, de la "disparition" de... » Pas de courrier pour informer l'association et la mobiliser : « Mobilisons l'APAJH et les médias pour retrouver cette jeune fille ! » Non, rien de tel...

Philippe Jeanne conclut :

Pas de pièce à charge véritablement si ce n'est un manque de professionnalisme énorme mais rien à décharge... Un doute : les disparitions ne sont sans doute pas l'œuvre des Charrier, certaines ne sont peut-être pas des disparitions mais on les met à leur crédit car leurs personnalités induisent un tel raisonnement et une telle conclusion : « ce sont eux... ils sont complices... » Le comportement de P. Charrier avec une jeune handicapée du foyer complète le tableau : « il est démasqué... »

Une certitude : beaucoup, beaucoup de mépris chez le trio Charrier/Decuyper. S'il y a des disparitions, les Charrier n'en sont peut-être pas les artisans mais leur incompétence, leur insensibilité à la détresse des jeunes handicapées est pour le moins un laisser-faire mêlé de laisser-aller.

Rappelons que les années 60-70 ne sont guère compatissantes à l'égard des jeunes de la DDASS – plaisanterie qui circulait dans les colonies de vacances de France et de Navarre : « Tu peux perdre un gosse si c'en est un de la DDASS ! » Sous-entendu : ça ne créera pas de problème !

Dans le meilleur des cas, les Charrier ont merveilleusement illustré cet adage d'un genre spécial...

D'une manière plus générale, le manque total de considération à l'égard des personnes handicapées s'est également exprimé au foyer, avec les incidents notés dans le rapport IGASS (prêt des chambres pour un mariage...) et notamment dans le fait que la jeune fille victime de P. Charrier est demeurée longtemps au foyer dans un état de souffrance psychologique dramatique, et sans soins... « Elle exprime une souffrance très réelle, souffrance qui n'est que peu entendue... » (IGASS, p. 81).

L'absence de manifestation de commisération de la part de l'APAJH est-elle surprenante ou relève-t-elle d'une même logique : « ... lors du CA du 6 octobre 1989 où curieusement dans le PV on ne trouve pas un seul mot de commisération pour les victimes des attentats à la pudeur » (IGASS, p. 76).

L'atmosphère de l'APAJH de l'Yonne est le produit de quelques personnalités [...] : Charrier, puis une accalmie et Decuyper (Charrier bis). Ces personnalités évincent ou font fuir les gens – cf. toutes les démissions d'administrateurs : J.-C. Petit, B. Millet, P. Vareilles, etc.

L'APAJH de l'Yonne fut sourde aux handicapées. Dès lors il est logique qu'une association se crée (ADHY) et s'inquiète de cette surdité et de ses conséquences...

Pierre Monnoir étaye de plus en plus ses argumentations. Les journalistes qui enquêtent sont convaincus. Et notamment les collaborateurs de Jacques Pradel, animateur de l'émission *Perdu de vue*, qui consiste à rechercher des personnes disparues, à la demande de leurs proches, en procédant à des appels à témoin en direct – sur la base de photos. Cette démarche plaît à Pierre Monnoir mais il ne dispose d'aucune photographie...

DES CITOYENNES INVISIBLES : D'UNE RUMEUR À UNE ÉBAUCHE DE RÉALITÉ

1995. Auxerre – Institut médico-éducatif, avenue de Grattery.

Deux éducateurs sont autour d'une table.

Il est tard, ils ont baissé les volets pour qu'on ne les aperçoive pas du dehors. Quatre dossiers sont empilés sur une chaise. Chaque dossier concerne une jeune fille handicapée mentale : Christine Marlot[1], Chantal Gras, Madeleine Dejust et Bernadette Lemoine.

Sur la couverture cartonnée de chaque dossier, vieille de vingt ans, la photo de chacune. L'un des éducateurs commence à photographier, à l'aide d'un petit appareil, le portrait de ces filles. Les flashs se succèdent.

Ils ont longtemps hésité. Ils ne devraient pas être là : si les responsables l'apprennent, cela aura des conséquences graves pour eux.

Ils sont également angoissés parce que le secret professionnel leur interdit de divulguer toute information relative à des personnes accueillies dans leur établissement. Mais ils savent aussi que ces visages, présentés à des millions de spectateurs devant leur écran de télévision, permettront enfin de savoir si elles ont disparu.

Dans quelques heures, ces citoyennes invisibles apparaîtront devant la France entière.

Ils enfreignent non seulement l'interdit du secret professionnel[2] mais aussi celui qui règne dans leur institution et clôt les bouches depuis deux décennies. Des citoyennes

1. Christine Marlot apparaît dans l'affaire pour la première fois. Le gendarme Jambert ne l'avait pas répertoriée.

2. En réalité, le secret professionnel peut être levé dans l'intérêt de la justice.

de peu d'importance ont été effacées, ils veulent savoir pourquoi et comment. Peut-être les voir surgir et dire : « Nous sommes là, vous vous êtes inquiétés pour rien. Nous aurions aimé que vous nous laissiez tranquilles et n'avions pas besoin d'être dérangées et de voir rappeler à notre entourage et à des millions de personnes que nous avons été scolarisées dans une école spéciale, et qu'on nous désignait à l'époque comme des "débiles moyennes". »

Un dossier est établi à l'occasion de l'entrée de chaque élève dans cette école spécialisée, où l'on reçoit une éducation spéciale, où l'on mène une vie spéciale...

Il comporte sur sa couverture des renseignements élémentaires : nom, prénom, date de naissance, adresse, tuteur légal, dates d'entrée et de sortie de l'IME... Une photo est collée en haut à droite.

Les visages apparaissent selon les expressions habituelles des photos d'identité, étonnés, grimaçants, souriants...

L'aventure médiatique et juridique de l'affaire des disparues de l'Yonne commence là, en ces instants.

LA RUMEUR

Que veulent savoir les éducateurs ? À Auxerre, depuis la fin des années 70, une rumeur circule parmi le personnel de l'IME et commence à être entendue de personnes extérieures : « Des jeunes filles déficientes intellectuelles ont disparu de l'Institut médico-éducatif d'Auxerre, situé avenue de Grattery. »

N'est-ce qu'une rumeur, comme à Orléans ? Ou cela recouvre-t-il des faits avérés ? Dans un cas comme dans l'autre, il s'agit de jeunes femmes, voire de mineures.

À Orléans, les jeunes femmes étaient censées disparaître dans les cabines d'essayage des magasins de vêtements afin d'être envoyées dans un réseau de prostitution à l'étranger.

À Auxerre, les jeunes femmes étaient censées disparaître

lors des transports entre l'IME et leur domicile. On évoque également l'idée d'un réseau de traite des blanches...

La répétition d'un même thème relativement banal et les similitudes entre les deux rumeurs incitent à penser qu'il s'agit d'un bruit typique, sans fondement, qui surgit ici ou là... Personne n'y croit. Personne ne cherche vraiment à en avoir le cœur net. Ni les professionnels de l'éducation, ni l'association qui gère les établissements pour personnes handicapées, ni la justice...

La grande différence entre la rumeur d'Auxerre et celle d'Orléans, c'est que le cadre de celle qui nous intéresse ici est limité à une institution de jeunes handicapés. Elle est très timide, terriblement circonscrite... Elle n'est pas « la rumeur d'Auxerre », elle est la rumeur d'une « entreprise » à caractère social, l'APAJH. Mais, quand le passé remonte à la surface, la rumeur s'enfle et déborde...

Ce genre d'histoire constitue le fonds de commerce de l'émission *Perdu de vue*, qui s'intéresse à cette petite rumeur, à celles qu'on appellera bientôt « les disparues de l'Yonne ».

L'équipe de télévision a besoin des portraits des jeunes filles pour lancer un appel à témoins. Les photos prises par les deux éducateurs sont indispensables et parviennent à TF1. Elles sont diffusées par tous les médias français et internationaux pendant plusieurs années, jusqu'à la découverte, en 2000, de leur sort (de leurs corps).

L'ÉMISSION *PERDU DE VUE*

L'émission *Perdu de vue* est élaborée à partir d'un dossier d'investigation établi par un journaliste, Stéphane Munka. Durant huit mois, ce dernier se livre à une véritable enquête de terrain, retrouve certains témoins essentiels (familles d'accueil, familles naturelles, responsables administratifs, enquêteurs...) et parvient à compléter la liste des jeunes femmes disparues. Les gendarmes lui présentent un vieux dossier resté sans suite : « C'est pas trois filles qui auraient disparu mais six, et [les gendarmes] me sortent tout le dossier de la pré-enquête qu'avait fait le gendarme Jambert en 1980[1]. » Il répertorie donc trois autres victimes : Françoise Lemoine, Jacqueline Weis et Martine Renault. Il intègre à son dossier le meurtre d'une jeune femme disparue dans les mêmes conditions, Sylviane Durand-Lesage, dont le cadavre a été retrouvé en juillet 1981 dans un village proche d'Auxerre, Rouvray.

La rumeur commence à prendre corps. La diffusion de l'émission confirme cette intuition de départ : il s'agit peut-être d'une affaire criminelle.

Stéphane Munka a appris qu'en 1981, à l'occasion de la découverte du cadavre de Sylviane Durand, une enquête diligentée par le gendarme Christian Jambert avait mis en évidence six disparitions qui semblaient être liées. Il prend alors contact avec ce dernier qui lui accorde une interview.

« L'affaire des disparues d'Auxerre » vient de naître. Au moins sept jeunes filles handicapées mentales, confiées à des institutions spécialisées d'Auxerre et sa région, ont bel et bien disparu entre les années 1977 et 1979.

La première émission est diffusée le 25 mai 1996. Les sept noms défilent à l'écran, en revanche seules quatre photos peuvent être présentées. C'est à cet instant seulement que les familles apprennent la disparition des jeunes filles.

LES DISPARUES : QUI SONT-ELLES ?

Ces sept jeunes filles, on les dit handicapées mentales... elles ont imparfaitement appris à lire, à écrire, à compter. Elles sont fragiles, très timides, naïves... Elles ne savent pas dissimuler, ont du mal à comprendre ce que les autres disent... Ce qui ne les empêche pas de rire, de pleurer, de souffrir, de se réjouir de choses qui parfois laissent beaucoup d'autres sans réaction. Elles sont influençables, suggestibles, confiantes, crédules, candides...

1. Interview accordée au journal télévisé de TF1, décembre 2000.

Orphelines, abandonnées, délaissées, elles sont privées de parents, elles sont privées de l'amour d'une mère et d'un père qui leur diraient qu'elles sont les plus jolies et les plus gentilles filles du monde, les embrasseraient sur les deux joues, leur répéteraient qu'ils les aiment... Elles courent après ces images toutes simples... N'y a-t-il que les jeunes filles pauvres pour vouloir retrouver le paradis d'une enfance perdue ? « Tu veux revoir ta maman ? »

Qui sont ces sept jeunes filles ?

Christine Marlot tout d'abord.

À travers les fragments d'existence qui nous restent d'elles, Christine Marlot et ses compagnes nous apparaissent comme des personnes attachantes.

Lorsque la psychologue de l'IME d'Auxerre appelle Christine pour lui faire passer un test, cette dernière est contente : ces gens sont là pour l'aider. Elle penche la tête sur les feuilles qui lui sont présentées, elle s'y intéresse... La psychologue s'intéresse à elle. Christine lui dit qu'elle a vu sa mère pendant les vacances. Elle est venue chez sa nourrice. « Elle avait bu. » Christine dit qu'elle ne veut pas retourner chez sa mère. Elle faisait des crises lorsqu'elle y était. Qui sait ce qu'elle a souffert, avec ses frères et sœur, chez cette mère qu'elle aime mais qui ne sait pas l'aimer ?

Christine dessine chez la psychologue : une maison, une femme qui promène un bébé (une fille) : « Je veux faire comme maman... faire comme chez ma maman... »

Elle retient mal ce qu'on veut lui apprendre en classe, elle ne comprend pas, ça l'énerve. Elle a des crises. La psychologue dit qu'elle est « très gentille ». Christine lui répond : « Je n'ai pas assez d'amies. » Ce jour-là elle est triste, plus timide que jamais...

« Plus tard, je veux travailler dans une pouponnière... si je peux pas j'ferai infirmière... » La couture, qu'elle apprend à l'IME, ne l'intéresse pas.

Pour prévenir ses crises nerveuses – des crises qui font peur autour d'elle – le psychiatre lui donne du Tranxène et du Tofranil depuis quelques semaines.

La nourrice est gentille, elle a un accent espagnol... Elle lui a offert un cadeau à Noël : une bouteille d'eau de Cologne. Son frère est venu la voir chez sa nourrice, il lui a apporté un parapluie pliant. Christine est heureuse.

Elle est née le 26 juin 1961 à Avallon, c'est une pupille de la DDASS de l'Yonne. « Pupille » signifie qu'elle est une enfant privée de sa famille pour des raisons diverses (décès, invalidité, déchéance de la puissance paternelle...) et qu'elle est prise en charge par l'État. On parle plus couramment d'enfant de l'Assistance publique. Les enfants assistés ont, à l'époque, le préfet pour tuteur.

Christine est pensionnaire d'un foyer d'hébergement collectif, le foyer de l'enfance de Montmercy, situé à Saint-Georges-sur-Baulche, près d'Auxerre. Elle est entrée à l'Institut médico-éducatif d'Auxerre le 11 février 1974, orientée par une commission spécialisée, la commission médico-pédagogique départementale.

Christine est née de père inconnu, sa mère l'a confiée à la DDASS ainsi que ses deux frères et sa sœur. Elle est testée sur le plan psychométrique en 1974 : son quotient intellectuel est de 51 (un QI moyen est de 100). Elle entre donc dans la catégorie des « débiles moyennes ».

Pierre Charrier écrit le 13 janvier 1977 à l'inspectrice de la DDASS : « Depuis le 13 décembre 1976, Christine Marlot est absente de l'établissement. Sa fugue se poursuivant, je vous serais très reconnaissant de bien vouloir me faire savoir si et jusqu'à quand je dois la maintenir sur la liste des élèves fréquentant l'établissement. »

Étonnante sollicitude à l'égard d'une jeune fille handicapée, pupille de la DDASS et âgée de quinze ans et demi ! Par ailleurs aucun courrier aux autorités judiciaires, ce qui est surprenant de la part de quelqu'un qui n'hésite pas à écrire pour des détails.

Aucun autre courrier relatif à une disparition ou à une fugue. Christine revient, refugue, cette fois avec une autre jeune fille, Nadège G., qui rentrera seule. Sa disparition est fixée au 23 janvier 1977.

Le 25 mars 1977, Pierre Charrier informe l'inspectrice de la DDASS qu'il a pris contact avec l'institut médico-professionnel (IMPRO) « La rente de Bel Air » à Dijon, afin d'envisager le placement dans cet établissement de Christine Marlot.

Le 3 juin 1977, la commission départementale de l'éducation spéciale (CDES) de l'Yonne, avec accord de la DDASS, prend la décision d'inscrire Christine à « La rente de Bel Air », pour une durée de trois ans (jusqu'au 31 août 1980). Cette commission, créée en 1975, est chargée de désigner les jeunes handicapés et de leur prescrire un lieu d'accueil. Habituellement, elle le fait lorsque le jeune est présent. Là, fait étrange et exceptionnel, elle oriente une jeune fille absente, elle prescrit un traitement (l'accueil en internat) à une patiente dont nul ne sait où elle se trouve ! Cas jamais vu de réorientation d'une jeune disparue ! La jeune fille n'est pas consultée. Est-elle encore vivante ?

Annotation de Pierre Charrier sur registre matricule : « Départ demandé par la DDASS à la suite de fugues ».

Ainsi, le 25 mai 1977, Christine Marlot est rayée des listes de l'Institut médico-éducatif d'Auxerre.

Le gendarme Christian Jambert, qui enquête sur les disparitions de la région, n'a pas répertorié ce cas, ni en 1981 ni par la suite[1]. Pourtant, en 1997, Émile Louis reconnaîtra qu'il transportait Christine Marlot.

La deuxième disparue est Chantal Gras.

Chantal veut être coiffeuse... « mais je n'aurai jamais le certificat qu'il faut ». Alors elle s'intéresse au repassage, elle aime bien l'éducatrice qui le lui apprend. Parfois, elle ne peut pas bien travailler dans l'atelier repassage car elle a mal à la tête ou au ventre. Elle a été opérée d'une appendicite en octobre 1975.

Il lui arrive de bavarder avec ses copines de l'atelier et l'éducatrice intervient. D'autres fois, elle rêve. Elle parle également des garçons. Avec timidité. Mais aussi en rigolant !

---

1. On peut se demander pourquoi Nicole Charrier ne lui en parle pas, alors qu'elle cite les autres.

Elle a été contente de changer de nourrice. La précédente ne la laissait rien faire. Chantal restait chez elle, inoccupée et silencieuse. Elle était effacée. Depuis, elle revit. Elle aime bien Mme Maudier, la nouvelle nourrice. Celle-ci est triste de savoir tout ce que Chantal a vécu dans sa courte vie – à trois ans elle ne marchait pas et ne parlait pas non plus – et de la voir souvent inquiète et retirée dans son monde à elle.

Quels sont les espoirs de Chantal ? Le 13 juin 1977, Pierre Charrier, lui, n'en a plus : « Chantal Gras est absente maintenant depuis le 21 avril, je pense qu'il n'y a plus d'espoir de la voir revenir [...]. » Pourquoi Pierre Charrier n'a-t-il plus d'espoir ? Que sait-il pour le dire ?

Chantal Gras est née le 19 janvier 1959 à Paris. Elle est pupille de l'Assistance publique de la Seine, comme son frère Jean-François. À la fin des années 70, ce dernier est placé en famille d'accueil ; il exerce l'activité de garçon de ferme dans les environs de Saint-Sauveur. On n'a pas de renseignements sur leur père. Leur mère est une femme qui a des difficultés psychologiques.

Au moment de sa disparition, Chantal est confiée à une famille d'accueil, M. et Mme Maudier, de Villefargeau, à six kilomètres d'Auxerre.

Chantal a fréquenté le collège de Toucy en classe pré-professionnelle de niveau (CPPN). Elle entre à l'IME le 2 septembre 1974.

C'est une jeune fille plutôt inhibée et peu assurée. Comment imaginer qu'elle ait eu suffisamment d'assurance pour « fuguer » durant des jours, comme le prétend et l'écrit le directeur de l'IME avec la certitude que sa fugue sera sans retour : « Chantal Gras est absente maintenant depuis le 21 avril, je pense qu'il n'y a plus d'espoir de la voir revenir et, bien que cette situation soit particulièrement navrante, je me vois dans l'obligation de solliciter votre accord afin qu'elle soit rayée de la liste des élèves de l'établissement, ceci afin de pourvoir à son remplacement. J'aimerais avoir votre avis à ce propos[1]. »

1. Courrier de Pierre Charrier le 13 juin 1977 à Mme Even, directrice de l'Assistance publique de la Seine.

« Il n'y a plus d'espoir de la voir revenir » : étrange expression ? Hasard de langage ? Pourtant on pourrait attendre son retour puisque son inscription n'arrive à échéance que dans quelques mois : en effet la CDES a confié Chantal Gras à l'IME d'Auxerre le 2 mars 1977 jusqu'au 1er juillet 1978. Pierre Charrier est donc responsable de la jeune fille au moins jusqu'à cette date.

Le 17 juin 1977, il écrit à l'inspectrice départementale de l'Éducation nationale :

J'ai l'honneur et le regret de vous informer que Chantal Gras [...] *pupille de l'Aide sociale à l'enfance de la Seine, a quitté définitivement l'établissement le 15 juin dernier. Cette demande de radiation est faite à la demande de l'Aide sociale à l'enfance de la Seine, en effet Chantal Gras est en fugue depuis le 20 avril dernier au soir. Toutes les recherches faites à ce sujet sont restées vaines. Il est vrai que Chantal est majeure depuis le 19 janvier 1977...*

Pierre Charrier semble ignorer l'obligation de suivi pendant trois ans : pourtant, une personne de l'IME est chargée de ce suivi à plein temps... Il semble ignorer également qu'une personne handicapée, majeure ou non, est un citoyen fragile qui réclame une protection accrue. D'autant plus lorsqu'elle est pupille, sans parent pour s'occuper d'elle.

Enfin, de quelles recherches parle-t-il ? Il n'y a trace d'aucune recherche. Ni dans le dossier de Chantal, ni ailleurs, comme nous le verrons.

La jeune fille est testée sur le plan psychométrique le 22 février 1974. Son quotient intellectuel est de 63. Avec de telles potentialités, on ne peut concevoir et concrétiser une « fugue » de plusieurs jours.

Le 17 juin 1977, Pierre Charrier écrit à la CDES : « J'ai l'honneur de vous informer du départ de la jeune Gras Chantal [...] il est regrettable que cette jeune fille qui a bien sûr atteint sa majorité le 19 janvier 1977 n'a pas achevé sa formation professionnelle. »

Le 14 juin 1977, Mme Even lui répond : « Comme suite

à votre lettre citée en référence je vous informe que je vous autorise à radier de votre effectif la jeune Gras Chantal. Mon administration va d'ailleurs être contrainte à effectuer la même démarche à son encontre puisque sa majorité est révolue. »

Cette directrice de l'Assistance publique parle juste, il s'agit effectivement d'une démarche « à l'encontre » de Chantal. Il eut mieux valu une démarche « favorable » à Chantal...

Dans le cas présent, à la différence de Christine Marlot, on ne la réoriente pas pendant qu'elle est « en fugue », on la radie... L'attention portée à ces jeunes filles, désespérées au point de fuir et de se perdre, n'aurait-elle pas dû être d'une autre nature ?

L'annotation de Pierre Charrier sur le registre matricule est la suivante : « Scolarité inachevée. Fugue du domicile à la date du 20 avril 1977. » Il est ajouté : « Date de sortie : 15 juin 1977. »

Elle avait dix-huit ans depuis quelques semaines. Il ne s'est pas écoulé un mois depuis la radiation de Christine Marlot.

Pourtant, le 26 avril 1977, soit cinq jours après sa disparition, Mme Charrier écrit à Mme Maudier, la nourrice, qu'elle viendra chez elle pour « faire le point sur la jeune Gras Chantal »... C'est-à-dire ?

On ne sait pas. Silence.

La troisième disparue est Madeleine Dejust.

« Moi, sais pas.

– Madeleine, tu as seize ans alors fais un effort, et parle correctement. »

Elle ne finit pas ses phrases, ne termine pas ses mots.

Mme Albuquerque, son ancienne nourrice, lui faisait un peu peur. Elle disait d'elle : « Elle est gentille mais elle fait des bêtises. Maintenant elle est moins bête, je l'ai débrouillée pour laver son linge, faire la vaisselle... Elle a dans le cerveau quelque chose qui va pas. C'est une gamine, ma fille de cinq ans est plus dégourdie qu'elle ! »

Le dimanche, Madeleine va se promener ou fait le

ménage. Elle rêve qu'elle se marie et a des enfants. Elle ne sait pas si elle a quelque chose qui ne va pas dans la tête, mais elle a souvent mal à l'estomac et elle aime bien aller voir l'infirmière et parler avec elle... Elle lui raconte qu'elle manque de copines en dehors de l'IME. Elle se sent seule.

En classe, elle est une élève sérieuse et serviable. Elle a d'ailleurs l'air très sérieux avec ses lunettes. Elle a été opérée d'un œil quand elle avait dix ans. Elle a une asymétrie faciale et la langue déportée vers la droite, un médecin a parlé de conséquences d'une poliomyélite...

En janvier 1975, Madeleine a vingt ans, elle va bientôt sortir de l'IME, la psychologue écrit alors : « Étant donné son manque d'autonomie, elle commence à être inquiète de sa vie future. Très peu au courant des réalités... »

Elle veut faire un travail de pliage, de cartonnage et de collage d'enveloppes, c'est ce qu'elle a appris à l'IME, dans l'atelier de formation professionnelle qu'elle fréquente.

Madeleine est née le 1er octobre 1955 à Saint-Romain-le-Preux, dans l'Yonne. Elle est une pupille de l'Assistance publique de l'Yonne. On a peu de renseignements sur sa famille, on sait qu'elle avait quinze frères et sœurs et qu'elle était la troisième de la fratrie. Elle a une sœur à Migennes, Marie, chez qui elle se rend de temps en temps. Pensionnaire du foyer de l'enfance de Montmercy, elle est entrée à l'Institut médico-éducatif d'Auxerre le 2 septembre 1970.

En 1974, elle mesure 1,60 m pour 57 kg. Elle a les yeux marron et les cheveux bruns. Cette année-là, elle assiste au mariage de sa sœur Marie, elle n'a le droit que d'aller à la mairie : la DDASS, qui ne manque pas d'être attentive, ne lui permet pas de rester pour le repas. Elle est testée sur le plan psychométrique en 1975. Son QI est alors de 67. C'est une élève plutôt inhibée, repliée sur elle-même et anxieuse. Elle raconte parfois sa vie dans les familles nourricières, évoque son père nourricier aux étranges manières...

Elle est administrativement sortie de l'IME le 22 juillet

1975, ce dont témoigne une annotation laconique sur le registre matricule : « Fin de scolarité. »

Elle disparaît deux ans plus tard, alors qu'elle travaille dans un autre établissement auxerrois, un Centre d'aide par le travail (CAT), créé par Pierre Charrier. Cela se passe le dernier jeudi de juillet 1977, après qu'elle a touché sa paye en liquide, juste avant son mois de vacances. Début septembre elle ne réapparaît pas. Lors de sa disparition elle réside chez les Bulcourt.

Elle est d'une nature solitaire. On se souvient cependant qu'elle est allée à la fête du village. Elle tenait la main du chauffeur de bus qui, pour l'occasion, conduisait le train de la fête...

Après avoir été informée de la disparition de Madeleine par le gendarme Jambert, sa sœur, Marie Dejust-Julien, fait passer en 1984 un avis de recherche dans le journal local :

Nous recherchons Madeleine Dejust, disparue à l'âge de vingt-deux ans. Si quelqu'un la retient, il est prié de lui laisser écrire une lettre de sa propre main pour que l'on sache qu'elle est toujours en vie.

Jusqu'à cette date, Marie ne s'inquiétait pas : elle croyait que sa sœur vivait loin d'elle et ne pensait plus à lui donner des nouvelles.

En 1999, la fille aînée d'Émile Louis remet à la gendarmerie des vêtements retrouvés dans la cave familiale, dont un manteau pied-de-poule que des proches de Madeleine identifient.

La quatrième disparue est Bernadette Lemoine.

Bernadette louche. Et on se moque d'elle. Alors, en plus de loucher, elle souffre. C'est marrant d'imiter quelqu'un qui louche ! Elle ne voit rien de son œil droit, même avec des lunettes.

Ça ne l'empêche pas d'écrire. Elle écrit bien :

Monsieur le Directeur, j'ai le regret de vous informer qu'il m'est impossible de venir à l'école car je suis au lit car je ne peux pas marcher car j'ai mal à la cheville. Avec toutes mes excuses de cette absence involontaire je vous prie d'agréer, Monsieur le Directeur, l'expression de mes sentiments respectueux.

Elle a presque dix-sept ans. Elle se tord souvent la cheville.

Elle se fatigue vite.

Elle fait le travail qui lui est demandé, mais elle n'aime pas l'atelier repassage. Elle ne veut pas être repasseuse. Ses vêtements ne sont jamais repassés, ils sont abîmés et décousus. Elle préfère la classe et le français. Elle fait des fautes d'orthographe mais tant pis. « Elle montre le désir de s'instruire. »

Elle est opérée de l'œil droit en 1975. Cet œil continue de ne rien voir mais il suit désormais les mouvements de l'autre.

Plus tard, elle veut travailler dans un bar-restaurant.

Début avril 1975, elle est absente de l'école et Pierre Charrier s'inquiète auprès de son père, M. Lemoine :

Monsieur, Bernadette n'étant pas présente à l'établissement depuis quarante-huit heures, je vous prie de m'en donner les raisons par retour. Si elle n'est pas malade, elle doit réintégrer l'établissement, s'il en est autrement j'en informerai immédiatement le juge des enfants.

Lorsque Bernadette disparaît en 1978, qui informe-t-il ?

Bernadette est souvent triste ; un jour, elle s'est volontairement coupée avec une lame de rasoir.

En 1976, elle pense à se fiancer.

Elle est née le 22 novembre 1958 à Tonnerre. Elle vit chez ses parents à Chablis. Elle fréquente d'abord le collège de cette petite ville puis elle entre à l'IME d'Auxerre le 1er septembre 1973. Elle est hébergée au foyer pour jeunes filles Leclerc de Fourolles à Auxerre.

Elle est testée sur le plan psychométrique le 24 septembre 1973, les résultats donnent un QI de 57.

Elle semble avoir bénéficié d'une mesure d'assistance éducative en milieu ouvert. Le 9 octobre 1974, Pierre Charrier interroge le juge des enfants pour savoir si Bernadette bénéficie toujours de cette mesure.

Le 16 octobre 1974, l'examen psychologique révèle :

[Bernadette] raconte une histoire embrouillée dans laquelle il est question d'une voisine qui aurait écrit au juge pour signaler Bernadette et demander qu'elle soit privée de sorties dans sa famille. Motif : un homme de quarante-cinq ans, qui auparavant venait chez elle et maintenant va chez les Lemoine. Bernadette se défend très vivement d'être capable de sortir avec un homme de quarante-cinq ans.

Le 8 avril 1975, Pierre Charrier écrit à M. Lemoine :

Bernadette n'étant pas présente à l'établissement depuis quarante-huit heures, je vous prie de m'en donner les raisons par retour.

Le 9 avril 1975, la sœur répond :

Ma sœur est partie travailler mais on ne sait pas où... Avant de partir elle nous a dit qu'elle ne voulait plus retourner à l'IME donc inutile de la faire rechercher car elle ne reviendra jamais à votre école.

Bernadette Lemoine réintègre pourtant l'IME.

Le 14 mai 1975, Pierre Charrier écrit au juge des enfants :

Lors de la dernière audience au tribunal pour enfants, nous avons évoqué le problème de l'« absence » de Lemoine Bernadette à l'issue des congés de printemps. Vous souhaitiez avoir des informations à ce propos. Voici ce que j'ai recueilli : Bernadette Lemoine a donc quitté

Chablis durant les vacances et, transportée dans la région de Melun par un « camarade » prénommé Bernard, se serait rendue chez Mme Chaloussi qui tient le restaurant La Chaumière à Combs-la-Ville, localité de Melun. Durant son séjour elle effectuait des tâches de femme de service et aurait perçu la somme de 190,00 F pour environ dix jours de travail sous forme d'un chèque BNP que son père aurait encaissé à la succursale BNP de Chablis.

Nicole Charrier suit la contraception de cette jeune fille à partir d'octobre-novembre 1975, c'est une décision qui découle de « la mini-synthèse que nous avons eue hier entre les enseignants et sœur Anne Marie [du foyer Leclerc de Fourolles] », écrit-elle le 8 octobre 1975. Pourquoi cette décision n'incombe-t-elle pas à l'infirmière de l'IME ?

La psychologue, C. Labalte, note le 30 juin 1976 : « Bernadette a encore besoin d'encadrement, d'où l'intérêt d'un service de suite. »

La jeune fille sort de l'IME le 24 juillet 1976.

Elle se marie le 15 janvier 1977 avec Jean-Pierre Gay-Para. Elle donne naissance à Xavier. Le couple part vivre à Monéteau, dans un cabanon qui appartient à la mère de Xavier. Bernadette quitte le domicile conjugal au début de l'année 1978 et disparaît. Xavier est placé à la DDASS le 18 juin 1978, au foyer de l'enfance de Montmercy.

Jean-Pierre Gay-Para à la recherche de son épouse se rend chez Émile Louis. On ne sait pour quelles raisons.

La fiche du service de suite de l'IME d'Auxerre a été préparée mais elle est restée vierge. Aucune annotation particulière sur le registre matricule [1].

Grâce à son enquête, Stéphane Munka découvre l'existence de trois autres cas de disparition : Jacqueline Weis,

1. Pourtant, Nicole Charrier dit à Christian Jambert : « [Bernadette] venait me voir et m'avait confié qu'elle avait quitté son mari et que M. Louis la protégeait et l'aidait, il l'hébergeait même dans sa chambre aux Rapides de Bourgogne. » Si Nicole Charrier sait où se trouve Bernadette, pourquoi rien ne figure-t-il sur la fiche ?

Françoise Lemoine et Martine Renault. La quatrième, Katia Chandelier, est écartée de la liste des disparues quand elle se manifeste lors de l'une des quatre émissions de *Perdu de vue* consacrées à l'affaire.

Jacqueline Weis est née le 21 juin 1958 à Esch-sur-Azlet au Luxembourg. Elle a deux frères, Jean-Pierre et Alain. On ne dispose d'aucun renseignement sur ses parents. Elle a été élevée par sa grand-mère maternelle. À la mort de cette dernière, Jacqueline est placée au foyer de l'enfance Montmercy (mars 1973) puis chez Mme Louis, la femme d'Émile Louis. Elle est élève du collège Denfert-Rochereau à Auxerre.

C'est une jeune fille aux cheveux mi-longs et blonds tirant sur le roux ; elle porte des lunettes rondes. Elle a les deux incisives du haut écartées : certains assurent que c'est un signe de chance...

Les adultes la disent naïve et serviable, facilement influençable.

En janvier 1974, elle est placée à nouveau au foyer de Montmercy. Officiellement, elle est considérée comme étant en fugue du 21 au 25 août 1974. Son entourage constate à cette occasion (comme à d'autres) qu'elle porte de nombreuses ecchymoses sur les bras, les jambes, le dos. Elle prétend avoir eu un accident de cyclomoteur. Mais le cyclomoteur, lui, n'a pas de bosses : le médecin ne croit pas à l'accident, Mme Louis non plus. Ils pensent à des coups.

De septembre 1974 à septembre 1975, Jacqueline est placée à l'institut de Vignes à Semur-en-Auxois. Elle écrit régulièrement à Mme Louis :

Chère maman, je t'écris pour te souhaiter une bonne et heureuse fête, je t'ai fait un beau cadeau.

Ou bien :

J'ai fait un bon stage pour récompense j'ai eu une tapisserie.

Ou encore :

Nous allons à une fête pour Noël nous avons fait une belle crèche.

À partir de septembre 1975, elle est placée à nouveau dans la famille Louis. Elle a dix-sept ans, elle est employée en qualité de femme de ménage par la pharmacie de M. Piedefer à Saint-Georges-sur-Baulche. Une collègue de travail rapporte qu'elle avait peur d'Émile Louis et qu'elle était parfois couverte de bleus.

Martine Renault est née le 19 février 1963, à Auxerre. Elle a six frères et sœurs, tous placés dans des familles d'accueil différentes.

Elle porte de vieux vêtements, alors les autres se moquent d'elle et elle se met à pleurer, notamment à la piscine lorsque les filles rient de ses sous-vêtements.

Elle est placée au foyer de Montmercy. En 1979, lorsqu'elle disparaît, elle est élève de la section d'éducation spécialisée du collège La Noue (aujourd'hui collège Paul-Bert) qu'elle fréquente depuis 1975.

Fille gentille et sensible, elle a des difficultés scolaires. Les autres élèves profitent de sa faiblesse pour la frapper. Elle paraît malheureuse et s'intègre difficilement à un groupe.

Elle raconte en pleurant à ses copines qu'elle a été violée et qu'elle subit des attouchements du chauffeur de bus – il le fait avec d'autres filles aussi... elle pleure en le racontant.

Elle se rend au collège dans un car conduit par Émile Louis. Elle confie à des camarades qu'elle entretient une relation avec un homme marié. Il lui a promis de retrouver sa mère qu'elle ne connaît pas.

Elle disparaît du foyer de Montmercy le 26 septembre 1979, un mercredi après-midi. Elle en sort furtivement et rejoint Émile Louis venu la chercher en voiture. Elle dit à ses amies : « Je vais retrouver ma mère. » La cuisinière et certaines pensionnaires la voient s'éloigner pour la dernière fois.

Le directeur de la SES du collège confie, dans le cadre de l'enquête :

J'ai appris, tout d'abord, l'absence de Martine le 27 septembre, puis sa disparition. Martine avait une légère déficience intellectuelle, elle était légèrement débile mais je ne la voyais pas capable d'organiser une fugue. Dès que nous avons appris qu'il s'agissait plus d'une disparition que d'une fugue je me suis renseigné et j'ai appris [...] *que la veille de son départ Martine avait confié qu'elle allait voir sa mère le lendemain avec le chauffeur du car scolaire, que ce dernier devait l'emmener...*

L'enquête de gendarmerie précise qu'il ne s'agit pas d'une fugue de mineure mais d'une disparition suspecte. Un procès-verbal est établi et adressé au parquet compétent. Les gendarmes entendent Émile Louis, aperçu aux alentours du foyer au moment du départ de Martine. On sait en outre qu'il a déjà été inquiété plusieurs fois pour des faits plus ou moins similaires. Mais l'enquête est classée sans suite.

Françoise Lemoine est la sœur de Bernadette. Elle mesure 1,60 m, elle est brune aux cheveux mi-longs. Elle a une corpulence un peu forte.

Peu autonome, elle est discrète et timide. Elle écrit beaucoup de cartes postales, surtout au sujet de sa fille, Francine, née en novembre 1972 de père inconnu – un homme marié semble-t-il.

Elle écrit... Elle dit que Francine se met à marcher seule. Elle ne veut pas que sa mère continue à la garder (Francine a d'abord été élevée par sa grand-mère), mais ne trouve personne d'autre pour la remplacer. Elle envoie des photos de la petite à ses amis.

Elle est née le 1er décembre 1948 à Chablis. Elle a été placée très tôt à la DDASS, et élevée par des familles d'accueil. Les enfants Lemoine avaient peu de contacts entre eux.

Elle est volontaire et travailleuse, rieuse. Le jour, elle travaille aux Établissements Davignon (une société de triperie) à Auxerre, et le soir comme serveuse dans un bar.

Elle loge dans un hôtel situé près des Rapides de Bourgogne, l'entreprise qui emploie Émile Louis.
Elle est notoirement la maîtresse d'Émile Louis.
Elle disparaît de cet hôtel[1], en y laissant sa valise (Émile Louis viendra la récupérer). Francine, sa fille, n'apprendra qu'en 1995, grâce à l'émission *Perdu de vue*, que sa mère ne l'a pas abandonnée mais a mystérieusement disparu.

Stéphane Munka évoque, dans son dossier et dans ses reportages, l'ensemble des disparitions que nous venons de mentionner mais également les autres affaires de l'Yonne concernant des jeunes filles de la DDASS.
Grâce à un travail d'investigation sérieux, l'émission *Perdu de vue* obtient un retentissement médiatique important, contribue à mettre en doute le caractère fantasmatique de la rumeur, et suscite le regroupement des familles des victimes et leur action en justice.

1. La date de cette disparition est encore inconnue à ce jour.

LA JUSTICE SE MET EN MARCHE

Une fois constituée, l'ADHY tente de réveiller la justice. Ce n'est qu'avec les éléments réunis par l'équipe de *Perdu de vue* qu'elle est en mesure de déposer une plainte. Stéphane Munka explique : « À chaque fois on retombe sur Émile Louis, à chaque fois il est le dernier à avoir vu les jeunes filles, on arrive à un moment de l'enquête où on ne peut plus bosser seuls, on demande en fait à ce qu'il y ait une action en justice[1]. »

Afin de saisir la justice, l'ADHY recherche un avocat : aucun avocat icaunais n'accepte de se commettre au bénéfice de l'association.

L'ADHY est par conséquent contrainte de lancer un appel à avocat sur les ondes, en particulier au cours de la seconde émission de *Perdu de vue*. La collaboratrice de maître Pierre Gonzalez de Gaspard contacte alors Stéphane Munka afin d'obtenir plus de précisions sur l'affaire en question. Le journaliste sert d'intermédiaire.

Rendez-vous est pris pour le 9 mai 1996 par Jeannette Beaufumé et Pierre Monnoir avec le cabinet d'avocat parisien.

Lors de cette entrevue, ils exposent les détails des diverses affaires : les disparues d'Auxerre, le cadavre de Sylviane Lesage, le pavillon d'Appoigny... L'exposé qu'ils

1. Interview accordée au journal télévisé de TF1, décembre 2000.

font est passionné et désordonné. Il est tellement dense que l'avocat prend l'option, les autres affaires étant définitivement réglées d'un point de vue judiciaire, de ne retenir que les éléments qui se rapportent aux jeunes filles disparues.

Dès ce stade il est question de l'obstacle que représente la prescription de l'action publique : en effet, lorsqu'un certain temps s'est écoulé depuis la commission d'une infraction, les poursuites ne sont plus possibles. Ainsi, en cas de crime (de meurtre, par exemple), les poursuites ne sont possibles que dix ans après les faits, sauf si au cours de ces dix années des actes d'instruction ont eu lieu. Dans ce dernier cas, le délai est repoussé.

Il est néanmoins décidé qu'il convient de saisir la justice d'une plainte afin de déclencher des recherches.

En fin négociateur, Pierre Monnoir obtient de l'avocat qu'il intervienne, à titre gratuit, au bénéfice de l'Association de défense des handicapés de l'Yonne[1]. Il l'autorise en contrepartie à apparaître dans les médias, ce que ce dernier affectionne et à quoi il excelle. L'affaire possède d'ailleurs un fort potentiel médiatique : elle est digne de soulever l'indignation générale, une indignation à la hauteur du silence qui l'accompagnait jusque-là. Elle véhicule en outre une part de mystère et possède tous les ingrédients qui conviennent à une grande affaire criminelle : petite ville de province, notables impliqués, silence d'un monde à part – celui des personnes handicapées – de jeunes femmes vulnérables, des affaires de mœurs multiples, sadisme, pédophilie, justice étonnamment passive...

L'avocat joue son rôle et, en premier lieu, établit une plainte afin de mettre en action la justice, plus de vingt ans après les faits[2] !

1. En mars 2001, l'ADHY choisit un autre avocat, maître Didier Seban.

2. Pour l'établir, Corinne Herrmann s'inspire du dossier qui lui est remis par Pierre Monnoir et qui comporte l'analyse de Philippe Jeanne, le dossier d'investigation de *Perdu de vue*, le rapport de l'IGASS, le dossier d'Appoigny, le dossier Charrier, etc.

RENCONTRE AVEC LES PARTIES CIVILES

Cependant, la plainte en question ne peut être déposée qu'au nom des victimes directes des faits, c'est-à-dire des parents des jeunes femmes disparues. L'ADHY, bien que mandatée par les familles adhérentes (elles le sont toutes), ne dispose pas de cette qualité. L'émission *Perdu de vue* a permis de rassembler les familles éparpillées des jeunes femmes disparues. Ils sont ainsi dix parents à déposer chacun une plainte pour l'enlèvement et la séquestration arbitraire de l'une ou l'autre des sept disparues.

Jean-Pierre Marlot, Jean-Claude Marlot, frères de Christine, Sylvie Marlot, Dominique Marlot, sœurs de Christine, Jean-Pierre Weis, frère de Jacqueline, Gisèle Gras, mère de Chantal [1], Marie-Bernadette Dejust, sœur de Madeleine, Ginette Lemoine, sœur de Françoise et Bernadette Lemoine, Francine Lemoine, fille de Françoise Lemoine, Laurence Renault, sœur de Martine Renault, sont parties civiles.

À l'issue du rendez-vous avec l'avocat, l'ADHY réunit les familles rapidement, pour connaître leur version des faits et leur demander de mandater toutes le même avocat : celui sélectionné par Pierre Monnoir.

Aucun des parents n'avait déposé de plainte en justice auparavant. Soit parce qu'ils n'étaient pas informés des disparitions : ils pensaient que leur parente avait refait sa vie et ne souhaitait pas donner de nouvelles, ce qui est courant chez les familles qui ont souffert et ont été dispersées. Soit ils ne savaient pas comment agir en justice et ne disposaient pas des moyens financiers nécessaires. D'autres encore pensaient que tout avait été fait par les responsables de l'époque : Pierre Charrier, directeur de l'IME d'Auxerre, Jacqueline Michat, directrice du foyer de Montmercy, la police...

1. « La dernière fois où j'ai vu ma fille, c'était le 15 avril 1977, un vendredi... [dans ces cas-là] vous pleurez, vous cherchez [...] un jour je la verrai, j'ai la foi [...] » (Gisèle Gras dans l'émission *Zone interdite*, M6, dimanche 21 janvier 2001).

Lorsqu'ils prennent conscience, avec l'émission *Perdu de vue*, du sort de leur parente, ils en sont tous bouleversés. Le fait qu'il y ait une « série » de disparitions rend la situation de chacun et de tous à la fois plus dramatique et plus douloureuse encore. Mais, en même temps, la possibilité d'être réunies, grâce à l'ADHY, permet à ces familles d'affronter les obstacles dans les années qui suivent.

ÉLABORATION DE LA PLAINTE

Maître Pierre Gonzalez de Gaspard, afin d'être en mesure d'élaborer une plainte suffisamment commune à toutes les disparitions, souhaite rencontrer les familles. Une réunion est organisée au siège de l'ADHY. Plusieurs membres de chaque famille sont présents afin d'apporter leurs témoignages.

C'est la première fois que ces familles se rencontrent. Chacun raconte son histoire... Tous ont rassemblé des documents qu'ils remettent à l'avocat.

La réunion est chargée d'émotion, de pleurs mais aussi de rires et de chaleur. Elle crée des liens qui vont permettre au groupe de faire face aux difficultés multiples de la procédure judiciaire et aux rebondissements de l'enquête.

Maître Pierre Gonzalez de Gaspard dispose dès ce moment des informations suffisantes pour établir un texte qui souligne les points communs aux différents dossiers. Ils sont difficiles à mettre en évidence, à cette époque trois seulement peuvent être répertoriés : premièrement, les sept jeunes filles recherchées sont toutes pupilles de la DDASS ; deuxièmement, elles présentent toutes une déficience mentale qui les rend très vulnérables ; troisièmement, elles disparaissent toutes de la région d'Auxerre au cours des années 1977-1979 dans des conditions similaires.

L'autre difficulté consiste à qualifier les infractions visées. Sur quel fondement peut-on déposer plainte ? Il est exclu de viser les infractions d'assassinat ou de meurtre, puisque, en l'absence d'éléments, il n'est pas démontré qu'elles aient été assassinées : aucun corps n'a été retrouvé. La seule qualification juridiquement acceptable est celle d'enlèvement et de séquestration arbitraire[1]. Les victimes n'ayant pas réapparu depuis plus de vingt ans, elles peuvent en effet être retenues quelque part contre leur volonté.

Dix plaintes sont établies au nom de chaque parent qui souhaite se constituer partie civile.

UN DÉPÔT DE PLAINTE DIFFICILE

Alors qu'il élabore la plainte et qu'il s'apprête à la déposer, l'avocat tente d'avoir accès aux dossiers des victimes qui, archivés au tribunal d'Auxerre, doivent logiquement lui être accessibles. Il s'aperçoit immédiatement d'un fonctionnement anormal : le greffe du juge d'instruction et celui du procureur se renvoient la compétence de délivrer les dossiers en question. Pour finir, le procureur écrit à l'avocat que les dossiers recherchés n'existent pas mais qu'ils ont fait l'objet d'une enquête de gendarmerie classée sans suite en 1984.

Si les dossiers n'existent pas, comment ont-ils pu être classés ? On appelle cela une « contradiction dans les termes » – contradiction qui met en évidence le malaise suscité par ce dossier, au sein même du palais de justice d'Auxerre !

En dépit de ce manque de précisions sur la procédure antérieurement effectuée, maître Pierre Gonzalez de Gaspard va déposer les plaintes « avec constitution de partie civile contre X pour enlèvement et séquestration arbitraire ».

Le dépôt effectif est programmé pour le 3 juillet 1996 à quatorze heures au tribunal de grande instance d'Auxerre. Renseignement est pris auprès du greffe du doyen des juges d'instruction afin d'être certain que quelqu'un sera

1. L'article 224-1 du Code pénal précise que l'enlèvement et la séquestration arbitraire résultent du fait « d'arrêter, d'enlever, de détenir ou de séquestrer une personne » sans justification légale.

bien présent à cette date. Il s'agit de s'assurer que la plainte sera bien enregistrée par le tribunal et ne risque pas de subir une nouvelle obstruction. Dans le même temps, il est important de déposer la plainte en présence des parties civiles et des médias qui seront, les uns et les autres, témoins du dépôt et garants de la suite donnée à l'affaire.

Le 3 juillet 1996 les familles réunies à Auxerre acceptent de se plier aux exigences des médias : elles sont prises en photo sur les berges de l'Yonne, avec la ville en arrière-plan et les portraits des disparues dans leurs bras. Il n'y a pas un brin de vent et le soleil est écrasant ce jour-là. Les portraits que les deux éducateurs ont fait sortir de l'obscurité continuent leur périple médiatique.

En Argentine, des mères ont témoigné des années durant au sujet de la disparition de leurs fils, torturés et éliminés par la dictature de Jorge Videla. Elles ont témoigné avec les photos des disparus dans leurs mains. Elles ne se résignaient pas à ce que leurs proches aient été victimes de la violence et enfin du silence. Alors elles ont choisi de tourner des heures durant sur la place de Mai, à Buenos Aires. Elles seront surnommées les « Folles de la place de Mai » : on ne peut être que folle pour tourner ainsi pendant des mois et des années, de manière ridicule. Ça n'a aucun sens de tourner l'une derrière l'autre sur l'une des plus grandes places de la ville !

Les régimes totalitaires aiment les oubliettes, mais les disparues de l'Yonne en ont été exhumées, leurs photos tournant sur la place médiatique dans les bras de leurs familles.

Les familles se rendent ensuite au palais de justice sous l'œil des caméras. Elles en gravissent les nombreuses et larges marches de pierre. Elles entrent, assistées de leur avocat, de Pierre Monnoir et des journalistes. Elles sont, pour la plupart, impressionnées par les hautes colonnes de pierre, elles empruntent les longs couloirs jusqu'à la porte du cabinet du juge d'instruction. Il fait encore plus chaud dans cette enceinte, qui tient à la fois du temple et du monastère. La porte est verrouillée. Il n'y a personne pour les accueillir et réceptionner leur plainte. Aucun juge, aucun greffier n'est présent.

Sous l'œil des caméras, l'avocat recherche le président du tribunal, pendant que les familles émues et scandalisées se soutiennent mutuellement.

L'émotion est à son comble lorsque le gendarme Jambert vient les rejoindre et leur fait part de ses convictions concernant le sort de leurs proches [1].

L'avocat reparaît bredouille : on lui a signifié que la greffière est en vacances et que le juge d'instruction est absent du tribunal ! Les journalistes n'en perdent pas une miette.

Les familles décident alors d'occuper le tribunal, au besoin, et de séquestrer l'avocat, les journalistes et les personnels du tribunal ! L'un des parents commence même à organiser le repas du soir !

La tension continue d'augmenter avec la chaleur. Mais, coup de théâtre : la greffière est subitement rentrée de vacances, elle est même là, devant le groupe !

Elle informe l'avocat que le juge d'instruction est à sa disposition, à condition que les médias et les parties civiles quittent le tribunal. Curieuse manière de traiter des citoyens parents de victimes.

Les uns et les autres obtempèrent afin que les plaintes puissent être déposées. Le juge d'instruction reçoit l'avocat et sa collaboratrice, pour leur reprocher immédiatement la présence des médias et refuser de recevoir les familles, malgré leur insistance. Il accepte néanmoins d'enregistrer les dix plaintes. C'est la première victoire des parties civiles. C'est la première fois que la justice auxerroise est saisie pour la disparition, dans les années 1977-1979, des sept jeunes filles handicapées mentales confiées à la DDASS de l'Yonne.

1. Christian Jambert explique à Corinne Herrmann comment il a mené une enquête sur les disparitions, précise que c'est vers le chauffeur de car qu'il faut orienter les recherches, donne une série d'indications et offre sa collaboration. Il est visiblement très ému.

L'émission télévisée *Perdu de vue* et l'hebdomadaire *VSD* se font l'écho de l'événement. À partir de cet instant, l'affaire bénéficie d'un large soutien médiatique, ce qui signifie bien qu'elle est plus qu'un fait divers : elle pose un réel problème de société et d'éthique.

Les médias sont les témoins d'une aventure humaine qui a commencé par la négation de l'élimination de citoyennes vulnérables.

FUGUE ET DISPARITION : UN MOT POUR UN AUTRE OU UNE ÉLIMINATION ADMINISTRATIVE

Pierre Charrier, directeur de l'IME d'Auxerre dans ces années tragiques, signale beaucoup de choses d'une manière générale et s'attarde même à des détails... Ainsi, il n'hésite pas à écrire [1] : « Mademoiselle et chère collègue, Christine Marlot me dit avoir laissé sa blouse de cuisine chez vous. Est-ce exact ? Dans l'affirmative pourriez-vous me la faire passer par l'une des élèves... » Voilà donc quelqu'un qui a le sens du détail. Et de l'ordre : il conserve cette importante missive dans le dossier de Christine Marlot. Étonnante sollicitude à l'égard de la jeune fille handicapée, pupille de la DDASS âgée de treize ans et demi. Alors pourquoi n'y a-t-il aucun courrier à la famille nourricière ni aux autorités judiciaires au moment de sa disparition ?

Autre exemple de l'attention portée à l'éducation et aux soins de la jeune Marlot : Nicole Charrier, éducatrice spécialisée chargée de la « coordination médico-sociale », écrit à l'inspectrice de la DDASS le 25 novembre 1975 pour lui demander de lui faire délivrer par le médecin pédiatre de l'établissement la pilule anticonceptionnelle.

Voilà donc une seconde personne qui se mobilise lorsqu'un problème menace l'équilibre d'une élève... Mais

1. Courrier du 8 janvier 1975 adressé à Mlle Michat, directrice du foyer de l'enfance de Montmercy.

est-ce une démarche éducative ? Christine est alors âgée de quatorze ans et cinq mois. C'est bien jeune... La fin des années 70 n'est pas encore l'époque de la pilule généralisée ! On s'interroge sur la nature de l'environnement de cette jeune fille qui le jour est en IME et le reste du temps en famille d'accueil (Christine est chez une famille d'origine espagnole qui ne doit pas être trop laxiste sur le plan des fréquentations...) : est-ce dans ces lieux qu'elle a de « nombreuses relations avec des garçons » ?

Le 26 novembre 1975, la DDASS donne son accord pour la pilule anticonceptionnelle – ce qui n'est pas étonnant car les tutelles font en général (trop facilement ?) confiance aux professionnels...

Voilà donc un couple de professionnels de l'éducation qui multiplie les efforts afin que les jeunes dont il a la responsabilité s'épanouissent. Alors pourquoi aussi peu d'efforts lorsque Christine « fugue » ? Doit-on d'ailleurs parler de fugue ou de disparition ?

Ce qui distingue une fugue d'une disparition est l'intentionnalité et la capacité que celle-là requiert. En effet, une fugue est un acte réfléchi, elle doit être préparée, surtout lorsqu'elle dure. En revanche, une disparition suppose l'intervention d'un tiers.

Pour une adolescente handicapée mentale, il est très difficile de se projeter dans l'avenir. Les représentations mentales liées au réel, les réflexions rationnelles, opératoires dans la vie quotidienne, sont difficiles. Il est donc intellectuellement malhonnête de prétendre que des jeunes filles ayant ce handicap peuvent fuguer des jours, des semaines, des mois... Une fugue de quelques heures est déjà un facteur de risques importants. Quel adolescent ou quel jeune adulte ordinaire serait d'ailleurs en mesure de vivre ainsi dans la nature, sans qu'on le trouve ? Avec vingt francs en poche, que fait-on dans une ville ?

La fugue d'un adolescent ou d'un jeune adulte handicapé mental est rarement programmée, elle surgit à la suite d'un affrontement avec un enseignant ou un éducateur. On claque la porte : « J'en ai ras le bol, je me tire ! » Le jeune s'en va, on essaie de le retenir, il court. Un éducateur le poursuit, un autre prend une voiture, on le rattrape, il ne veut pas monter dans le véhicule, il parvient à s'échapper. On sait où il va. Dans une petite ville, les jeunes vont toujours aux mêmes endroits : sur la place du marché, au Monoprix, dans la rue principale, dans le parc au bord de l'Yonne, au domicile d'une copine ou d'un copain... On le retrouvera tout à l'heure, il sera calmé. Il reviendra à l'IME ou se rendra directement chez lui. Un échange téléphonique avec la famille permettra de l'informer sur l'attitude de l'enfant et de s'assurer qu'il est rentré.

Un autre type de fugue : le jeune est en révolte. Il veut tuer tout le monde ! Deux éducateurs se tiennent à distance, ils ont l'habitude de ces crises. Ils le suivent de loin du regard, il ne faut pas qu'il se sente épié, cela accentuerait sa rage et l'inciterait à enfreindre encore plus les règles. Il se rend dans le pré en face de l'IME, s'assoit sur un tas de terre. Les éducateurs savent que dans une heure il reviendra. Ils parleront avec lui, dédramatiseront la situation, lui feront entendre une fois de plus qu'il n'a pas respecté les normes de vie instituées dans l'établissement, qu'il faut parler et ne pas se fâcher. Il en conviendra. Il sera envoyé chez le directeur qui lui tiendra un discours similaire et essaiera de lui faire exprimer les raisons de son comportement.

Un type de fugue très longue : un adolescent part de son IME, il n'a plus de famille hormis une tante qui habite Paris. Il a envie d'aller la retrouver. Il lui a rendu visite quelquefois et a bien mémorisé le trajet, la gare, le train de seize heures trente-cinq. Il sait qu'il faut un billet, il a l'argent. Il part. Il prend le train. Il arrive à Paris. Il se perd. Il est récupéré par des SDF, qui l'emmènent dans un centre d'accueil des compagnons d'Emmaüs. Il traîne avec eux dans la rue, la police l'aperçoit. La procédure a fonctionné : la fugue a été signalée par les responsables de l'IME et la police a rempli sa mission. Elle a été longue, elle a duré trois jours ! Face à tout type de fugue, le responsable d'une institution doit prendre des dispositions rapides en concertation avec les familles (naturelles et nourricières) et avec les autorités.

Une personne handicapée mentale est très fréquemment inhibée et angoissée. Comment pourrait-il en aller autrement alors qu'elle ne comprend pas bien les autres, que les autres ont du mal à la comprendre et que bon nombre d'actes de la vie quotidienne lui sont difficiles ou impossibles ? Imaginez : à la caisse du supermarché, on vous demande de payer telle somme, vous ne savez pas, vous donnez quelques pièces, ce n'est pas assez, la caissière en demande encore, vous en donnez à nouveau, il en manque toujours, dit la caissière... Vous allez à la poste, vous ne savez pas à quel guichet vous adresser pour acheter des timbres, vous faites la queue, non, c'est à l'autre guichet, vous dit le monsieur... Vous devez prendre le bus, il y a l'arrêt, un panneau avec les horaires, vous regardez : c'est comme du chinois ces tableaux, alors vous attendez, d'ailleurs vous ne savez pas lire l'heure, vous attendez très souvent et très longtemps à cause de ça... Vous cherchez une adresse, mais vous n'osez pas la demander aux gens qui passent parce que, quand vous parlez, ils vous font répéter, certains rient, ça vous énerve...

Pourquoi Pierre Charrier utilise-t-il le mot « fugue » pour désigner une « disparition » ?

Si nous revenons à l'exemple de Christine Marlot, nous pouvons examiner sa manière de faire.

Le 25 mars 1977, Pierre Charrier informe l'inspectrice de la DDASS qu'il a pris contact avec « La rente de Bel Air » à Dijon afin d'envisager le placement dans cet établissement de Christine Marlot. Elle est à ce moment-là disparue depuis le 23 janvier...

Le 25 mai 1977, la jeune fille est radiée des listes de l'IME d'Auxerre par Pierre Charrier, après que la DDASS, par lettre du 23 mai 1977, a entériné cette proposition.

Le 3 juin 1977, la CDES de l'Yonne, avec accord de la DDASS, prend la décision de l'inscrire à « La rente de Bel Air » à Dijon, ceci pour une durée de trois ans (jusqu'au 31 août 1980).

Questions : y est-elle allée ? Jamais ! Cette décision de réorientation a été prise alors que la jeune fille était encore « en fugue ». Étonnant, non ? L'équipe de l'IME d'Auxerre en a-t-elle parlé ? En tout cas, la jeune fille n'est pas consultée...

Or, il faut une décision de la Commission départementale de l'éducation spéciale (CDES) pour radier son nom : c'est en effet la CDES qui met un début et un terme à la prise en charge dans un établissement. Pierre Charrier la suggère et l'obtient. Est ainsi réorienté quelqu'un qui est peut-être déjà décédé... Pierre Charrier et Georges Decuyper sont-ils membres de cette commission à cette époque-là ?

Le discours administratif a une logique ahurissante, qui permet à Georges Decuyper d'affirmer dans les années 2000 : « [Christine Marlot] avait été orientée dans un autre établissement, en Côte-d'Or. » Pierre Charrier va dans le même sens : « Christine Marlot était scolarisée dans un établissement de Côte-d'Or. »

Les pires horreurs peuvent se cacher derrière un discours administratif. Il en est ainsi du discours pseudo-médical qui accompagnait l'élimination des personnes handicapées sous le régime nazi. Les lettres des « médecins » de l'époque sont un témoignage terrifiant : un discours administratif et médical impeccable masque le gazage au monoxyde de carbone des personnes handicapées.

Monsieur, Comme vous l'avez certainement appris en son temps, mademoiselle X... a été transférée sur décision ministérielle dans notre établissement. Nous avons le pénible devoir de vous annoncer que votre fille est décédée chez nous d'une grippe avec un abcès du poumon. Tous les efforts entrepris par les médecins pour maintenir la malade en vie ont malheureusement échoué. Nous vous exprimons nos très sincères condoléances. Vous trouverez une consolation dans la pensée que la mort de votre fille l'a libérée de souffrances pénibles et incurables. Nous conformant aux instructions de police, nous avons dû procéder immédiatement à l'incinération du corps[1] [...].

Que masquent les affirmations de Pierre Charrier et de Georges Decuyper ?

Il n'y a aucun signalement à la gendarmerie, ni au commissariat de police, ni auprès du procureur, de la part de Pierre Charrier... Appeler « fugue » une « disparition » n'est pas un délit mais une fugue doit être signalée.

Tout professionnel de l'éducation spécialisée, sans exception, le sait.

Pierre Charrier, créateur de plusieurs établissements, directeur de celui où est inscrite cette jeune fille, connaît la procédure de signalement. Veut-il économiser du papier et de l'encre ?

Nicole Charrier prétend que « tous les signalements ont été faits[2] » et, à Gadh Charbit, du *Vrai Journal*, elle affirme : « Il n'y avait pas de réaction à avoir à l'époque puisqu'on ne savait pas qu'il y avait des disparues... nous l'avons été [vigilants], dans les dossiers on retrouve les lettres [...], le travail a été fait en temps et en heure[3]. »

On savait pourtant qu'il y avait des disparues, comme en témoigne cet article :

« On reparle d'histoires anciennes auxquelles personne n'avait prêté attention à l'époque, ainsi la disparition inexpliquée de quatre jeunes filles d'une vingtaine d'années à Villefargeau [...]. Quatre pupilles de l'Assistance dont l'une, Jacqueline Weis, avait été placée chez M. et Mme Louis. Le dernier à l'avoir vu le 4 avril 1977 n'est

1. Extrait d'une lettre de condoléances adressée à un père par l'établissement d'euthanasie de Brandebourg (cité dans Jean-Luc Lambert, *La Nouvelle Tentation eugénique*, éditions des Sentiers, 1997). Ce type de lettre était signé par les médecins avec un nom d'emprunt.

2. France Culture, 28 janvier 2001.

3. *Le Vrai Journal*, Canal+, janvier 2001. On trouve déjà des déclarations similaires vingt ans plus tôt, notamment dans l'hebdomadaire *Police* de janvier 1982.

autre qu'Émile lui-même qui l'avait accompagnée à la gare[1]... »

Et Nicole Charrier déclare à Christian Jambert en 1982 : « J'ai entendu dire que des jeunes filles que M. Louis aurait transportées dans son car et à titre privé auraient disparu. »

Or, que dit le gendarme Jambert dans son procès-verbal de synthèse en date du 22 juin 1984 ? « Mis à part la disparition de Renault Martine, mineure, les autres [Chantal Gras, Françoise Lemoine, Bernadette Lemoine, Madeleine Dejust, Jacqueline Weis] n'avaient jamais été officiellement signalées et étaient en plus pratiquement inconnues des services publics. »

Le signalement de la disparition de Martine Renault a été effectué par la directrice du foyer de Montmercy, Jacqueline Michat.

Pierre Charrier se contente d'écrire à la DDASS pour dire qu'il convient de rayer Christine Marlot de la liste puis à l'inspection académique pour indiquer que « la DDASS a demandé le départ de Christine Marlot ». Ainsi, le véritable artisan de la radiation est déjà en retrait...

Annotation de Pierre Charrier sur le registre matricule de l'IME d'Auxerre, registre où sont notés les entrées et les départs des usagers : « Départ demandé par la DDASS à la suite de fugues ».

Le 25 mai 1977, en quelques mots, Christine Marlot est éliminée administrativement de l'établissement censé lui prodiguer des soins médicaux, psychologiques et une éducation générale et professionnelle.

« Fugue... Christine Marlot est en fugue » : les mots ne sont pas les bons. Christine Marlot a disparu physiquement, elle va désormais disparaître administrativement. Il est impossible – le paradoxe est évident – de dire qu'elle a disparu, car alors une procédure s'engagerait (du moins on peut l'espérer... ou le craindre) : si le mot « disparition » inquiète, en revanche le mot « fugue » laisse penser que la personne va réapparaître et qu'elle se soustrait passagè-

1. Extrait d'un article de Michel Mary paru dans *Police* en 1981.

rement à l'attention de son entourage par un effet de sa volonté. Or, nous avons vu que ce raisonnement ne peut s'appliquer à Christine Marlot et à ses semblables. L'autonomie leur manque.

Pierre Charrier, lui, est autonome. La DDASS lui fait confiance, s'en remet totalement à lui pour le suivi de Christine Marlot. Elle lui donne raison lorsqu'il dit qu'il convient de la rayer de la liste de son IME. À trop faire confiance, on ne remplit plus sa mission, on n'exerce plus sa responsabilité à l'égard d'une enfant sans famille. Pierre Charrier raye le nom de Christine Marlot avec la bénédiction de la DDASS de l'Yonne.

Précisons qu'aucun autre courrier, dans le dossier de Christine Marlot, ne parle de sa disparition, ne manifeste une quelconque inquiétude. Un professionnel tel que Pierre Charrier, capable de se soucier de la blouse oubliée de Christine Marlot, n'écrit pas à la DDASS à ce propos : « Avez-vous des nouvelles ? Que pensez-vous que nous pourrions faire ? Cette adolescente est en danger... » À la police : « Que deviennent les recherches concernant Christine Marlot, inscrite dans notre établissement ? » À la famille, au peu de famille que possède Christine : « Avez-vous eu un contact avec votre nièce, votre cousine, votre sœur... ? Si elle entre en relation avec vous, faites-nous signe dans son intérêt... Nous sommes inquiets à son sujet... » Rien de tout cela... Le 14 janvier 2001, il déclare à un journaliste de *L'Yonne républicaine* : « Christine Marlot, elle était scolarisée dans un établissement de Côte-d'Or. » Et il ajoute : « Il n'y avait donc pas de suivi à assurer. » C'est faux. Il y avait à s'inquiéter du devenir de cette adolescente partie dans des circonstances mystérieuses. Qu'était-elle devenue ? Était-elle arrivée dans cet établissement de Côte-d'Or vers lequel on l'avait réorientée de manière étrange ? Y était-elle arrivée en bonne santé somatique et psychologique ? Il y avait bel et bien un suivi à assurer, qui consistait à transmettre le dossier avec les éléments médicaux, psychologiques et scolaires, à assurer ensuite un minimum de liaison entre les deux équipes (celle de l'IME d'Auxerre et celle de « La rente de Bel Air ») au sujet d'une élève complexe...

Enfin, ni la directrice qui succède à Pierre Charrier, de 1983 à 1988, Maguy Carignano, ni Roger Delautre (de 1988 à 1993), ni le directeur suivant (de 1993 à 2000) ne connaîtront des fugues qui durent des semaines, des mois...

Roger Delautre explique ainsi sa façon de faire en cas de fugue :

En tant que directeur, on doit déclarer très rapidement. En général je déclarais les fugues dans l'heure ! C'est indispensable, ne serait-ce que pour se couvrir en tant que responsable, mais aussi et surtout parce que la police participe à des recherches immédiatement ou quasiment. On prévenait la police, les parents... Les éducateurs allaient faire un tour sur les lieux de fugue, et il nous arrivait de prévenir le maire du village où habitait l'enfant en cause... Je pense que Pierre Charrier ne pouvait ignorer ce type de procédure et de savoir-faire qui tombe sous le sens et qui, en plus à l'époque, comme aujourd'hui, était le B.A.-BA de tout éducateur, de tout directeur...

POUR EN FINIR AVEC L'OBLIGATION DE SUIVI

L'un des arguments avancés par les Charrier dans cette affaire est de prétendre que les deux jeunes filles (Bernadette Lemoine et Madeleine Dejust) avaient quitté l'établissement et donc ne relevaient plus de leur responsabilité. Mais un texte législatif dit tout autre chose.

Ce texte législatif, c'est l'annexe XXIV au décret du 9 mars 1956, un texte que Pierre Charrier connaît. Georges Decuyper, actuel président de l'APAJH, aussi. Ils le connaissent tellement bien qu'en décembre 1989, Georges en envoie une version actualisée à Pierre qui est en prison. Pierre lui fait savoir ce qu'il pense de ces nouvelles règles :

La nouvelle annexe XXIV est donc parue fin octobre. Je l'ai lue. Je vais maintenant l'analyser d'un peu plus près. À première vue il n'y a pas de bouleversements majeurs mais un certain nombre de rappels et l'introduction de la notion de Projet éducatif et thérapeutique, de Projet individuel avec une plus grande participation des familles. J'ai relevé aussi au passage la référence aux services d'orientation professionnelle pour les élèves d'instituts médico-professionnels, la médecine du travail est également évoquée. Ces deux notions vont être à prendre en compte dans l'étude consacrée à la formation professionnelle et aux stages en entreprise.

Selon l'article 32 de cette annexe XXIV, que tout directeur d'IME connaît, tout élève sorti de l'établissement doit faire l'objet de mesures de suivi :

Tout établissement doit comporter un service social [qui] a pour objet : [...] *2° D'assurer la liaison entre la vie de l'enfant au centre et son milieu familial* [...] *; 4° D'aider le sujet à sa sortie et d'assurer la liaison nécessaire avec le service social qui veillera à son adaptation dans le cadre familial et professionnel ; 5° De maintenir pendant une durée minimum de trois ans le contact avec les anciens pensionnaires, de manière à pouvoir éventuellement provoquer un nouvel examen, en vue de contrôler l'état de certains d'entre eux.*

À la fin des années 70, à l'IME d'Auxerre, les relations avec les familles sont principalement gérées par Nicole Charrier et son mari. Nicole Charrier est très impliquée dans la relation avec les familles. Son titre : chargée de la « coordination médico-sociale ». Il lui incombe d'établir notamment l'essentiel de la correspondance avec les parents d'élèves. Elle est aussi dévouée que son directeur de mari ; il leur arrive de se déplacer ensemble au domicile des familles, même le week-end. Elle se rend, par exemple, chez la nourrice de Chantal Gras en février 1976 :

Madame, voici presque un mois que nous ne nous sommes pas rencontrées et ceci à cause d'une surcharge de travail à l'IME. C'est pourquoi je passerai vous voir demain en fin de matinée à votre domicile. [...] *N. Charrier.*

Pourquoi ne se déplace-t-elle plus lors des disparitions ? Elle occupe alors le bureau qui est actuellement utilisé par l'éducatrice chargée du service de suite. Le service de suite existe bel et bien ; renforcé par un couple de responsables zélés, il semble fonctionner conformément au texte législatif, à quelques exceptions près.

L'article 39 indique encore : « L'établissement doit constituer, pour chaque enfant, un dossier comportant nécessairement : [...] Les résultats de l'enquête faite ultérieurement par le service pendant un délai de trois ans après la sortie définitive du mineur. » C'est ainsi que l'IME d'Auxerre procède. À la fin des années 70, des fiches cartonnées nominatives sont établies pour chaque sortant.

Quelle « enquête » (pour reprendre l'expression du décret) a été faite sur une période de trois ans après la sortie de Christine Marlot, Madeleine Dejust, Chantal Gras et Bernadette Lemoine ?

Pourquoi le législateur a-t-il pris la peine de préciser qu'il fallait accompagner les jeunes trois ans après leur départ du centre ? Parce qu'il va de soi que des jeunes handicapés ne sont pas totalement autonomes à leur sortie. Il est donc logique de demander aux éducateurs qui les connaissent le mieux de veiller à leur insertion sociale et professionnelle – ne serait-ce qu'en les mettant en relation avec les services sociaux *ad hoc.*

Certains jeunes gens pourraient se révéler moins autonomes que prévu et nécessiter une mise sous tutelle, ou curatelle... Il faut alors intervenir dans les meilleurs délais, avant que leur situation ne se dégrade, qu'ils ne tombent sous la coupe d'individus qui useraient et abuseraient de leur fragilité, en s'emparant chaque mois de leur salaire, par exemple...

Dans le cas qui nous occupe, impossible de savoir si les

disparues étaient autonomes (sans doute ne l'étaient-elles pas, puisque quelqu'un leur a pris la main, les a bernées et fait disparaître !).

Le suivi (obligatoire) n'est pas effectif. Ainsi, les fiches de suivi de Bernadette Lemoine et Madeleine Dejust demeurent vierges. Le service de suite se contente de constater le « départ » de ces jeunes filles – on est sûr qu'il le constate puisqu'on est face à une fiche nominative demeurée vierge... – mais il ne le mentionne même pas sur ces fiches. Il pourrait être écrit : « Fugue et disparition, à ce jour aucune nouvelle ». N'y sont mentionnées ni les fugues ni les dispositions prises pour retrouver les jeunes filles. Toutes les dispositions ont-elles d'ailleurs été prises à l'époque pour :

1. Prévenir les autorités (police, gendarmerie, procureur) ? Il n'y a pas trace de courriers en leur direction.
2. Prévenir les tutelles (DDASS, Inspection académique) et les relancer, voire les alarmer, si l'on constate la répétition de mêmes faits en quelques mois ? Il n'y a pas de traces de ce type d'échange.
3. Travailler avec les familles nourricières ? Autrement dit : réfléchir avec elles aux causes des départs-disparitions et les informer. Car enfin, lorsque quelqu'un disparaît, ne s'emploie-t-on pas à le rechercher ? Il n'y a pas de traces de courriers dans ce sens.

La question est donc : Qu'a fait le service de suite, chargé par le texte réglementaire d'assurer le suivi des jeunes pendant trois ans après leur sortie ? Pourquoi Georges Decuyper, alors président de l'APAJH, déclare-t-il à *VSD* : « À leur majorité, les adolescents échappent à notre contrôle » ? Il n'est pas question de contrôle (drôle de terme d'ailleurs pour évoquer le suivi de l'insertion sociale et professionnelle...) mais de responsabilité ! Au-delà de la responsabilité, il s'agit de savoir quel souci on a du devenir des personnes handicapées, citoyens fragiles pour qui la question de la majorité ne se pose pas dans les mêmes termes que pour les autres. Ainsi, certaines infractions, notamment les violences, présentent des circonstances aggravantes lorsqu'elles sont commises sur des personnes vulnérables, dont le Code pénal donne la liste dans plusieurs de ses articles :

[...] *mineur de quinze ans, personne dont la particulière vulnérabilité [est] due à son âge, à une maladie, à une infirmité, à une déficience physique ou psychique, ou à un état de grossesse*[1] [...].

La dénégation de Georges Decuyper est surprenante par la confusion qu'elle cherche à créer :

Le contact pouvait être maintenu avec les jeunes qui le souhaitaient. Effectivement, l'IME avait un service de suivi. Mais il n'y avait pas d'obligation. Si les jeunes ne souhaitaient pas rester en contact, nous suivions leur volonté.

Or, l'obligation du législateur ne s'applique pas aux jeunes mais à l'établissement ! Il est d'ailleurs étonnant que quatre jeunes filles refusent de bénéficier du service de suite sur une période de deux ans et qu'elles manifestent leur désaccord en disparaissant sans que ce service prenne l'initiative de les recontacter : « Êtes-vous bien sûre de ne pas avoir besoin de nous ? Ne voulez-vous pas que cette éducatrice que vous connaissez bien dialogue avec vous ? Vous avez l'air en difficulté, parlons-en... Comment allez-vous vivre : gagner votre vie, trouver un logement ? » Naturellement, il n'y a pas trace de la moindre démarche en ce sens, comme nous l'avons vu, pour savoir quelle est « leur volonté » comme le dit si bien Georges Decuyper. Se préoccupe-t-il vraiment du respect de la volonté des jeunes filles ? Il précise ainsi sa pensée :

Nous n'avions pas d'obligation de suivi [...]. *Tout ce qui se passe en dehors de l'établissement ne nous concerne plus*[2].

1. Article 222-3 du Code pénal.
2. Interview à *L'Yonne républicaine*, 14 décembre 2000.

Radicalement contradictoire, la déclaration de cette ancienne employée (qui tient à rester anonyme) le lendemain, dans le même quotidien :

Quand M. Decuyper dit que l'établissement n'avait pas d'obligation de suivi, c'est faux, s'insurge-t-elle. L'IME de Grattery s'occupait des jeunes en tout. Un jour, une jeune, placée chez sa nourrice, avait été mordue par un chien. Le lendemain, elle a été punie par l'établissement parce qu'elle ne l'avait pas dit. On se mêlait de la vie des mômes au point qu'ils n'avaient pas cinq minutes pour eux.

Le directeur de l'époque, Pierre Charrier, avait donc un comportement paradoxal à l'égard des jeunes : parfois une attention de chaque instant, parfois, à au moins quatre reprises, une absence totale de vigilance...

Radicalement différente aussi, la déclaration de Michèle Aucouturier, directrice de la DDASS de l'Yonne : pour elle, le suivi après la sortie « n'est pas une préconisation mais une obligation [1] ».

Au fil de sa carrière, Pierre Charrier semble manquer singulièrement d'attention pour les personnes handicapées. Cela ne se limite pas à l'étrange indifférence qui est la sienne lors des disparitions. Il exprime en effet son intérêt pour les personnes handicapées d'une autre manière, quelques années plus tard, en 1989...

Lors de la quatrième émission *Perdu de vue* consacrée aux disparues de l'Yonne et à d'autres affaires de disparition, les familles de l'Yonne retrouvent sur le plateau de TF1 les parents des deux petites filles recherchées dans le cadre de l'affaire Dutroux : Julie Lejeune et Mélissa Russo. Deux affaires de disparitions se croisent. Les parents discutent, échangent leurs questionnements, leurs angoisses.

1. C'est cette version (interprétation ?) que retiendra la presse. Frédéric Vézard et le journal *VSD* seront les premiers à s'appuyer sur l'analyse faite par Philippe Jeanne. Cela vaudra à ce dernier d'être convoqué par Georges Decuyper...

Malgré le temps qui sépare ces deux affaires, les émotions sont comparables.

L'AFFAIRE DUTROUX ET « L'AFFAIRE DUTROUX FRANÇAISE »

Les faits peuvent être comparés.

Dans les deux cas, on suppose que les disparues sont séquestrées au bénéfice de réseaux de pervers sexuels...

Le second informateur complète les informations qu'il a déjà données en 1993. Lors des trajets en voiture, il constate que M. Dutroux regarde les jeunes filles et lui demande s'il est attiré par les gamines. Réponse : « Des jeunes filles comme cela, c'est frais, ça se vend bien et ça rapporte beaucoup. » Lors d'une fête à Yves Gomezée en juillet 1993, M. Dutroux suit deux jeunes filles près d'un bois. Il explique qu'il voudrait bien les prendre, que c'est facile, qu'il suffit de les tenir avec une main sur la bouche. Le prix varie entre 100 000 et 150 000 francs. Il ajoute : « Dommage que ce ne soit pas fini à Marchienne. » Par ailleurs, aux alentours du 21 octobre 1993, à Marchienne-Docherie, M. Dutroux explique que les travaux dans les caves sont destinés à faire des caches pour les enfants enlevés. Enfin, fin juin 1995, M. Dutroux lui propose de faire le guet lors d'un coup en lui expliquant que cela va rapporter beaucoup. Y. demande des précisions mais M. Dutroux lui dit qu'il en dira plus le moment opportun[1].

Dans les deux affaires, il est demandé à la justice de tout entreprendre pour délivrer les victimes. Mais, dans l'affaire Dutroux, les corps de Julie Lejeune et Mélissa Russo, disparues en juin 1995 à l'âge de huit ans, sont retrouvés le 17 août 1996, le lendemain de l'émission *Perdu de vue*. Elles étaient séquestrées dans le sous-sol

1. Rapport de la commission parlementaire d'enquête.

d'un pavillon, domicile principal de Dutroux, à Sars-La-Buissière.

Au cours de leurs investigations, les enquêteurs belges perquisitionnent les différents domiciles de Dutroux. Ils se rendent dans le pavillon de Sars-La-Buissière où se trouvent emmurées Julie et Mélissa. Ils descendent dans le sous-sol. Ils entendent des voix d'enfants, ils pensent que ce sont des bruits de la rue. L'un d'entre eux veut vérifier et crie à ses collègues : « Taisez-vous ! » Ils se taisent, ils écoutent mais n'entendent plus rien. On peut supposer que les deux petites filles ont entendu l'ordre et se sont tues...

De plus, pour survivre dans une cache, il faut de l'éclairage et un minimum de ventilation. Par différents tests, il était évidemment possible de contrôler l'installation électrique : débrancher tous les appareils, éteindre toutes les lampes et vérifier la marche du compteur, examiner les prolongateurs volants, sonder l'installation et suivre les câbles... Dans les caves, il aurait fallu aussi vérifier l'état des murs, car il est bien rare que des murs soient plafonnés dans les caves.

Julie et Mélissa meurent de faim derrière ce mur tandis que Dutroux est incarcéré et n'avoue pas.

La commission parlementaire d'enquête écrit : « Un témoin entendu par la commission soutiendra même que les perquisitions ont été bâclées... »

Cet échec n'est pas le seul. Les enquêteurs ont saisi des cassettes chez Dutroux, qu'ils ne visionnent pas jusqu'au bout. Or, sur l'une d'entre elles, Dutroux apparaît en train de construire le mur de parpaings qui bascule sur lui-même et masque la prison destinée à ses petites victimes. Si les gendarmes avaient visionné correctement ces vidéos, ils auraient vu la cache et auraient pu délivrer les fillettes à temps.

Lors de la perquisition effectuée dans une des maisons de M. Dutroux, le 8 novembre 1993, les constatations de la gendarmerie sont significatives : « Nous remarquons la présence d'une tranchée passant sous la cuisine du 17 et aboutissant dans la cave du 17A. Elle mesure plus ou moins soixante centimètres de largeur et plus d'un mètre de profondeur. Le témoin semble aussi étonné que nous face à cette tranchée qui, semble-t-il, n'a aucune raison apparente et utile d'être. »

Les gendarmes constatent l'exactitude des informations reçues concernant l'aménagement des locaux pour y loger des enfants. Ils constatent effectivement des travaux de terrassement, mais interrogé sur la nature de ceux-ci, Dutroux explique qu'il aménage ses caves...

[...]

Dans l'enquête sur M. Dutroux également, il y a la lettre surprenante que la mère de Dutroux a adressée en septembre 1995 au juge d'instruction Lorent. Dans cette lettre, elle fait état de mouvements suspects, la nuit, dans l'habitation de Dutroux, avec des jeunes filles que l'on fait entrer et sortir.

Le juge d'instruction concerné n'a pas jugé cette information utile ou pertinente [...].

Des déclarations [sont] faites à plusieurs endroits et dans divers arrondissements judiciaires concernant des automobiles blanches de marque Mercedes et des agissements suspects (notamment le fait de photographier des jeunes filles) dans les environs d'établissements scolaires.

Cette information a été présentée à diverses reprises à divers services de police et parquets par un fonctionnaire de police vigilant. On n'en a jamais fait aucun usage judicieux, soit parce qu'on n'a pas soupçonné d'infraction, soit parce qu'on a considéré qu'il s'agissait de rumeurs sans fondement, sans jamais se donner la peine de vérifier sérieusement ces éléments.

Maître Pierre Gonzalez de Gaspard craint des ratages similaires dans l'affaire des disparues de l'Yonne. Lorsque le magistrat décide de rendre une ordonnance de « refus d'informer » sur demande expresse du procureur de la République, l'avocat diffuse, le 19 février 1997, un communiqué de presse qui met en garde l'institution judiciaire contre les risques d'un refus d'enquêter : « Faut-il attendre de macabres découvertes, comme dans l'affaire Dutroux [pour instruire] ? »

Le 18 décembre 2000, un premier corps est retrouvé dans le cadre de l'enquête des disparues de l'Yonne, sur les indications d'Émile Louis. L'avocat n'avait-il pas raison de s'alarmer ?

La presse n'a-t-elle pas raison également, lorsqu'elle baptise l'affaire des disparues « l'affaire Dutroux à la française » ?

LE « SACRIFICE » OU LE CHOIX DE NE MAINTENIR QUE DEUX AFFAIRES PARMI DIX...

Retour au mois d'août 1996. Logiquement, la procédure engagée devant le tribunal d'Auxerre doit mener le juge d'instruction à ordonner une consignation. Cela signifie que, pour chaque plainte déposée devant lui par une partie civile, le juge d'instruction fixe une somme : consignée par la partie civile, elle est destinée à garantir le sérieux de ses demandes et correspond au règlement d'une éventuelle amende, ordonnée à son encontre si son affaire n'aboutissait pas. Son montant est laissé à l'appréciation du juge.

Cela se traduit, pour chacune des plaintes de notre affaire, par une demande de consignation de cinq mille francs. La justice demande donc aux parties civiles – personnes de condition extrêmement modeste – au total une somme de cinquante mille francs.

Cette somme ne peut pas être payée par les parties civiles, elle ne peut pas non plus être versée par l'Association de défense des handicapés de l'Yonne, qui ne dispose pas des fonds suffisants. Compte tenu du nombre de plaintes, le juge aurait pu fixer une consignation extrêmement basse (mille francs par exemple).

L'avocat aurait pu demander une exonération en justifiant de la faiblesse des revenus des plaignants. Il ne le fait pas en raison du contexte local : c'est prendre le risque de perdre du temps et de se voir opposer une fin de non-recevoir de la part du juge, qui l'aurait obligé à faire appel sans avoir abordé le fond du dossier.

Il faut donc faire un choix parmi les dossiers ; l'ADHY peut en effet avancer dix mille francs pour permettre de régler deux consignations, deux seulement. Par conséquent, il faut sélectionner les deux cas qui semblent les plus solides et les plus représentatifs. Dans le même mouvement, on met de côté les cinq autres histoires. D'un point de vue psychologique, c'est une épreuve douloureuse pour tous les intervenants et notamment pour les familles qui se voient écartées et leur histoire mise entre parenthèses. Mais c'est le seul moyen d'aller vite et d'éviter tous les écueils de la procédure. Les plaintes écartées pourront être représentées par la suite et elles le seront effectivement (sans consignation cette fois, l'instruction étant en cours, le versement d'une nouvelle consignation n'est pas nécessaire). Le 5 août 1996 s'effectue le règlement des dix mille francs de consignation pour deux plaintes : l'affaire Weis et l'affaire Marlot.

Pourquoi avoir choisi ces deux cas ?

Jacqueline Weis présente la particularité d'avoir été élevée par Émile Louis qui est déjà, à l'époque, le suspect numéro un. Il est établi de manière certaine qu'il est aussi le dernier à la voir vivante, lorsqu'il la transporte.

Quant à Christine Marlot, lors de sa disparition elle est mineure. Les responsabilités sont donc à l'évidence accentuées en ce qui la concerne. Ce qui met à mal l'argument régulièrement opposé aux familles : « Il n'y a pas lieu d'enquêter, elles sont majeures, elles font ce qu'elles veulent ! » La majorité à dix-huit ans est toute récente à l'époque des disparitions (elle date de 1974) et ne saurait s'appliquer *stricto sensu* aux jeunes handicapés mentaux. Ces derniers réclament en effet un accompagnement au-delà de dix-huit ans : les institutions pour enfants qui les accueillent les prennent d'ailleurs en charge jusqu'à vingt ans (encore aujourd'hui). De plus, les jeunes filles disparues relevaient d'institutions pour adultes qui, elles, contrairement à ce que laisse entendre Pierre Charrier, ont la mission d'accompagner leurs usagers bien après leur avoir fourni un travail.

Christine Marlot est la première à avoir disparu.

LA JUSTICE REFUSE DE RECHERCHER LA VÉRITÉ

Malgré le règlement des consignations le 5 août 1996, le juge d'instruction ne décide pas de la recevabilité des plaintes et n'entreprend aucune investigation. Il ne saisit aucun enquêteur, ne réunit aucun dossier, n'entend aucun témoin... Le conseil des familles est alors contraint de lui adresser plusieurs courriers lui demandant de bien vouloir prendre une décision. Mais le juge reste silencieux. Le 24 octobre 1996, l'avocat lui adresse, en recommandé avec accusé de réception, une requête « à fin de prise de décision de justice ». La justice ne peut dès lors maintenir son inertie et convoque les parties civiles en vue d'un interrogatoire au cours duquel on leur demande des précisions sur leurs plaintes et réclame des pièces complémentaires. La logique voudrait pourtant qu'elle s'adresse non aux familles, mais à des policiers ou des gendarmes pour faire rechercher et entendre les témoins. Lorsqu'on dépose une plainte, on n'a pas à fournir les réponses : on n'a que des questions, on est dans l'attente des réponses que doit fournir la justice dans des délais raisonnables !

Au grand étonnement des parties civiles, la justice exige qu'elles apportent la preuve de l'existence d'un crime : l'enlèvement, la séquestration ou le meurtre liés aux disparitions de leurs proches. En l'occurrence, la demande des magistrats est incompréhensible et anormale ! C'est en effet leur rôle de conduire des investigations à propos d'un délit ou d'un crime supposé, ce n'est pas celui du plaignant ! En outre, un dossier d'enquête préliminaire extrêmement complet a déjà été établi par le gendarme Jambert. Ce dossier est dans les archives de la justice. Il lui suffirait d'en reprendre connaissance pour s'apercevoir du sérieux de la requête des parties civiles. L'émission *Perdu de vue* rappelle justement l'existence du dossier et son importance potentielle, peut-être sous-estimée quelques années auparavant puisqu'il a été classé sans suite. Mais, ne pas donner suite à l'enquête du gendarme Jambert, était-ce seulement de la négligence ?

La seule lecture du procès-verbal qui fait la synthèse de cette enquête aurait pourtant suffi à déclencher une instruction dans les plus brefs délais, sans qu'il soit nécessaire d'entendre les parties civiles [1].

Est-ce de la « négligence » qui entraîne ce nouveau retard ? Ou est-ce l'expression réitérée d'une volonté – de qui et pourquoi ? – d'étouffer la vérité ?

La première fois que le juge reçoit les parents des disparues, il le fait sur convocation : il les traite davantage comme des délinquants que comme des plaignants !

Ils sont reçus de la sorte pendant trois jours, du 18 au 20 novembre 1996, et le juge les interroge comme s'ils étaient suspects. Or, ils ne peuvent pas être suspectés de vouloir fourvoyer la justice : chacun parle d'une histoire différente et les sept histoires sont convergentes et présentent des similarités qui renforcent la crédibilité des sept discours.

Certains interrogatoires durent plusieurs heures et leur teneur laisse les familles perplexes :

Avez-vous fait des recherches déjà ? [...] *Pourquoi vous êtes-vous décidé à déposer plainte seulement après l'émission* Perdu de vue *?* [...] *Y a-t-il un intérêt financier pour vous à avoir procédé de cette manière ?* [...] *Vous avez d'autres frères et sœurs dont vous êtes sans nouvelles, pourquoi ne les recherchez-vous pas également ?* [...] *Que pensez-vous des propos de votre avocat face aux médias ?* [...]

1. Notons qu'à cette date le procureur dispose – semble-t-il – du rapport du gendarme Christian Jambert ! Malgré cela, il demande au juge d'instruction de convoquer les parties civiles pour qu'elles précisent leurs plaintes.

Ces différentes séances ont-elles pour but d'amener les familles à retirer leurs plaintes ? À leur sortie, certaines d'entre elles, en état de choc, sont prêtes à renoncer. Que penser d'une justice qui exerce une telle pression sur des victimes vulnérables, jamais confrontées auparavant à ses mécanismes ? L'une des avocates, elle aussi influencée par l'attitude du juge, pense alors que tout le monde perd son temps et qu'il conviendrait d'arrêter là.

Le doute est inhérent à ce genre d'affaire ; le rôle de la justice est précisément d'apporter des éclaircissements, elle est la seule à pouvoir le faire et, si elle a un doute sur le sort des victimes, c'est une raison de plus pour instruire. La justice doit lever les incertitudes en matière criminelle et non les accentuer !

À cette période, en novembre 1996, les familles des disparues se sentent coupables.

Les deux moyens les plus utilisés pour écarter une instruction sont : gagner du temps, noyer le dossier dans l'oubli en le laissant de côté. Mais ici cela ne fonctionne pas puisque l'avocat, par lettre recommandée avec accusé de réception, puis par acte d'huissier, contraint le juge à prendre une décision. Convoquer les parties civiles et les inciter au renoncement. C'est le deuxième moyen, qui échoue également puisque les parties civiles restent unies dans leur action grâce au soutien de l'ADHY.

La justice n'a plus qu'une solution pour éviter l'instruction : clore le dossier. C'est ce que le juge d'instruction fait en février 1997, sur demande du procureur de la République[1], en rendant une ordonnance qui signifie : « Je n'instruirai pas. » Il rend une ordonnance de non-informer : la justice refuse de rechercher la vérité.

Les familles sont bel et bien coupables.

1. Le refus d'informer est motivé par le fait que les parties civiles ne donnent pas d'éléments suffisants pour laisser présumer une infraction pénale !

« VOUS ALLEZ VOUS FAIRE DESCENDRE JUDICIAIREMENT... »

L'ordonnance de non-informer qui est rendue peut cependant faire l'objet d'un appel. Seules les parties civiles dont les deux dossiers sont sélectionnés (pour lesquels une consignation a été versée) sont en mesure de faire cette démarche.

Il s'agit de Jean-Pierre Weis, frère de Jacqueline, et de Jean-Pierre Marlot, frère de Christine. Cependant, lorsqu'ils se rendent au tribunal afin d'y effectuer la procédure d'appel, on tente de les en dissuader. À tel point que Jean-Pierre Weis ne peut aller jusqu'au bout de sa démarche. Il est même pris à parti par des membres du tribunal qui le menacent : « Pourquoi ennuyez-vous le monde avec ça ? Vous allez vous faire descendre judiciairement... » Autrement dit : « Inutile de faire appel, vous faites perdre du temps et de l'argent à la justice. » Après avoir ignoré les victimes, on veut ignorer leurs familles.

Cela révolte Jean-Pierre Weis, il appelle son avocat qui lui confirme qu'il peut et qu'il doit interjeter appel immédiatement s'il ne veut pas être hors délai. Pour faciliter les choses, l'avocat contacte le tribunal par téléphone mais, après une conversation animée, la greffière n'hésite pas à lui raccrocher au nez.

L'avocat fait alors appel au président du tribunal d'Auxerre. L'appel peut enfin être régularisé. L'instruction est désormais possible. Les parties civiles ont gagné la première bataille sans perdre de combattants : nul ne se désiste, ni les familles, ni l'avocat, ni l'ADHY, ni les médias.

ATMOSPHÈRE DE PLOMB AU TRIBUNAL

Le juge d'instruction saisi se rend cependant à la raison [1] du ministère public qui refuse de voir la justice enquêter

1. Il change d'attitude par la suite et adopte un comportement plus équilibré entre les parties.

sur cette affaire. Aux yeux de cette justice, le désarroi des familles de victimes importe peu.

Le juge va même jusqu'à reprocher aux parties civiles leur inaction passée alors même que la justice n'a de cesse de refuser d'enquêter. Comment peut-il persister dans cette voie ? À ce moment historique où l'affaire Dutroux traumatise la Belgique, où tous les pays européens souhaitent que de telles affaires ne se produisent pas chez eux, où chacun assure qu'il ferait le ménage devant sa porte si cela arrivait, il est sidérant de constater la chape de plomb dont on tente de recouvrir les sept disparitions icaunaises.

Le ministère public, n'ayant pu détourner le conseil des parties civiles de l'action entreprise en prétendant qu'aucun dossier n'existait, n'hésite pas à refuser directement l'ouverture d'une enquête. Ceci au motif que les faits évoqués sont définitivement prescrits : ils sont trop anciens et relèvent d'une recherche quasi historique. Le procureur, Jacques Cazals, oublie premièrement que la justice dispose d'archives consultables et exploitables, deuxièmement que les protagonistes sont encore vivants. Ce n'est pas de la préhistoire ! Les dossiers seront retrouvés en l'an 2000 !

Face à la détermination des familles, le procureur se justifie dans les colonnes de *L'Yonne républicaine* : « Si le meurtrier de ces femmes [...] se présente devant moi et déclare qu'il les a tuées, par exemple en 1982, je n'aurais aucun moyen pour le poursuivre [1]. »

1. Interview accordée à Hubert Besson, *L'Yonne républicaine*, 12 septembre 1997.

PREMIÈRES INVESTIGATIONS

Avril 1997. Maître Pierre Gonzalez de Gaspard est également l'avocat de Francis Heaulme, l'un des tueurs en série les plus sanglants. On accuse Heaulme d'une dizaine de meurtres, mais de nombreuses autres affaires pourraient lui être imputées. Surnommé « le routard du crime », il a sillonné la France pendant huit ans, laissant de nombreux cadavres sur sa route. Femmes, enfants, vieillards, peu importe, il suffit que les victimes croisent sa route et attirent son attention.

Il tue avec son Opinel à lame cassée ou à coups de pierres, souvent avec l'aide de complices, recrutés avec pertinence pour participer à ses actions criminelles. Ne sachant pas conduire, Heaulme a besoin de complices disposant d'un véhicule pour parvenir à ses fins.

Son avocat est contraint d'effectuer le tour de France des cours d'assises pour assurer sa défense dans chaque lieu où il a laissé un cadavre. En avril 1997, il prépare un dossier qu'il doit défendre devant la cour d'assises de Draguignan. Il est question du meurtre d'un petit garçon belge de huit ans, Joris Viville, dont le corps a été retrouvé lacéré de quatre-vingt-quatre coups de tournevis dans un bois proche de Port-Grimaud, dans le Var. Joris séjournait avec ses parents dans un camping proche de celui où se trouvait... Émile Louis.

Le 5 avril 1989, toute la presse locale relate la disparition de Joris. Pendant que les recherches sont lancées, les enquêteurs recensent tous les suspects possibles. Parmi eux figure Émile Louis, qui fait l'objet d'une enquête. Il est rapidement incarcéré. Il est soupçonné non seulement d'avoir tué Joris mais également d'avoir violé les enfants de ses voisins et amis.

Innocenté dans l'affaire de Joris, Émile Louis est néanmoins condamné à cinq ans de prison ferme et trois ans de mise à l'épreuve en septembre 1989 pour violences sexuelles sur mineurs en état de récidive. L'un des meurtriers de Joris est bien Francis Heaulme ; il n'est interpellé qu'en 1992 et mis en cause quelques années plus tard.

Lorsque le cabinet de maître Pierre Gonzalez de Gaspard étudie le dossier Heaulme afin de préparer l'audience de la cour d'assises fixée en mai 1997, Corinne Herrmann découvre des procès-verbaux concernant Émile Louis. Elle fait immédiatement le rapprochement avec l'affaire des disparues de l'Yonne, sur laquelle elle travaille pour le compte des parties civiles.

Dans l'un de ces procès-verbaux, un témoin qui séjournait dans le même camping précise aux gendarmes qu'Émile Louis lui aurait fait part de ses fantasmes sexuels à l'égard des femmes :

Il me disait qu'il aimerait sortir une jeune fille et lui faire l'amour après l'avoir attachée nue à un arbre et lui avoir fait subir des actes avec un fouet [...] *maintenant en y réfléchissant je me demande ce qu'il entendait par jeune fille.*

Ce témoin est l'un des parents qui a déposé plainte contre Émile Louis en raison de son comportement à l'égard de sa fille âgée de dix ans. La description de ce fantasme correspond dans son principe à ce qu'a subi Sylviane Durand-Lesage.

À partir de ce moment, la question doit être posée : Émile Louis est-il un tueur en série analogue à Francis Heaulme ? S'il est considéré comme dangereux à l'occasion de l'enquête sur le petit Joris en 1989 – au point qu'on le soupçonne d'avoir sauvagement tué cet enfant après avoir tenté de le violer –, il est curieux que la justice, en 1996, refuse d'examiner les plaintes des parties civiles dans l'affaire des disparues de l'Yonne alors qu'il est l'un des protagonistes de ce dossier.

En 1997, Francis Heaulme comparaît seul pour le meurtre de Joris, alors qu'il était accompagné lors des faits. Son complice n'est pas identifié et Francis Heaulme ne le dénonce pas. Pendant longtemps, le gendarme Jambert et d'autres ont cru qu'Émile Louis était cet homme. Les journalistes qui connaissaient les deux dossiers pensaient la même chose mais l'enquête a exclu cette hypothèse. Pourtant, les deux criminels se sont croisés le 5 avril 1989 dans le camping de Port-Grimaud. Finalement, Francis Heaulme est condamné pour le meurtre de Joris à trente ans de prison dont une période de vingt-deux ans de sûreté.

Quant à Émile Louis, quelques années plus tard, le 12 décembre 2000, il est placé en garde à vue pour répondre des disparitions dans l'Yonne, notamment en raison du témoignage apporté en 1989 faisant état de ses fantasmes.

Les destins des deux hommes se sont bel et bien croisés en 1989. Ils se croisent une nouvelle fois en mai 1997 : Émile Louis est dans le public du tribunal de Draguignan, il scrute Francis Heaulme. Lui qui s'est d'abord fait arrêter à la place de l'autre est désormais libre ! Louis connaît Heaulme, il l'étudie, il se juge supérieur à lui : n'a-t-il pas su échapper à Jambert alors que Heaulme n'a su échapper à Jean-François Abgrall ?

Autre hasard : durant cette même cour d'assises, la chambre d'accusation de Paris rend son jugement sur l'appel interjeté par les deux familles Weis et Marlot. Le 7 mai 1997, elle ordonne expressément au juge d'instruction auxerrois de traiter l'affaire des disparues. Vingt ans après les faits, la justice sort de son inertie.

Dernier hasard : le défenseur de Francis Heaulme est celui qui poursuit Émile Louis au nom des parties civiles. Louis, lors des audiences de mai 1997, sourit ironiquement en observant l'avocat... À quoi pense-t-il ? À Antibes ? À sa virée avec Francis Heaulme dont nul n'a encore connaissance ? En 2001, de nouvelles recherches sont effectuées dans les environs d'Antibes sur une affaire où ils pouvaient être impliqués tous les deux [1]...

DÉBUTS DE L'ENQUÊTE :
LA PREMIÈRE DEMANDE D'INVESTIGATION

La décision de la chambre d'accusation de Paris du 7 mai 1997 marque le début d'une nouvelle enquête policière qui, cette fois, mène Émile Louis en garde à vue à la gendarmerie de Draguignan.

Dans son arrêt, la chambre d'accusation de Paris précise que le juge auxerrois, Benoît Lewandowski, ne peut refuser d'instruire : les faits de séquestration et d'enlèvement évoqués par les parties civiles n'ayant pas pris fin, la prescription n'est pas acquise. Rien ne prouve, à cette époque, que les jeunes femmes recherchées ne sont pas retenues quelque part contre leur volonté.

Dans sa décision, le juge n'a fait que suivre les réquisitions du procureur de la République auxerrois, Jacques Cazals, selon lesquelles les faits étaient trop anciens pour être instruits et impliquaient une reconstitution historique, ce qui n'est pas la mission de la justice. La chambre d'accusation adopte une position diamétralement opposée, et beaucoup plus sensée, réaffirmant que « le devoir d'instruire prédomine toute autre considération ».

Comment un professionnel censé défendre les victimes peut-il refuser d'instruire, alors qu'elles sont peut-être encore vivantes et séquestrées ? N'y a-t-il pas eu de précédents ? La presse s'en est fait l'écho et tout citoyen les a en mémoire. Comment ce procureur peut-il persister dans cette voie ?

L'instruction débute enfin grâce à la décision de la chambre d'accusation de Paris. Le conseil des parties

1. À la suite d'un témoignage qui fait état d'une affaire mentionnant à la fois Francis Heaulme et Émile Louis, la gendarmerie d'Antibes aurait effectué les vérifications.

civiles établit après le 7 mai une requête sollicitant les premières investigations et la dépose devant le juge d'instruction d'Auxerre le 21 juillet 1997. Cette requête vise, dans le cadre de la recherche de la vérité, à ce que le magistrat instructeur procède :

– à l'audition de toutes les personnes ayant appartenu aux familles d'accueil des disparues, dont Émile Louis [1] ;

– à l'audition de toutes les personnes responsables des jeunes disparues, ou ayant eu à s'occuper d'elles dans le cadre des institutions qu'elles ont fréquentées, le foyer de l'enfance de Montmercy, situé à Saint-Georges-sur-Baulche, l'Institut médico-éducatif d'Auxerre et le Centre d'aide par le travail d'Auxerre ;

– à la réunion de tous les dossiers d'enquêtes menées par la gendarmerie ;

– à l'audition du gendarme Jambert ;

– à l'audition du témoin qui s'est manifesté auprès des journalistes pour indiquer un lieu où il a vu Émile Louis « creuser une fosse [...] en bordure de la route de Chemilly-sur-Yonne, à Seignelay [...] au mois de mai 1981 ».

LE SUICIDE DE L'ADJUDANT-CHEF JAMBERT

Dix jours après que les parties civiles ont demandé au juge d'instruction de commencer l'enquête par l'audition approfondie du gendarme Jambert, celui-ci se suicide.

Le 4 août 1997, Pierre Monnoir contacte Corinne Herrmann et lui dit d'une voix angoissée : « Monsieur M. vient de me contacter. Il me dit qu'il y a une trentaine de gendarmes devant le domicile de Jambert et qu'un drame vient d'avoir lieu. Il semblerait que Jambert se soit suicidé [2]. »

Or, l'adjudant-chef Christian Jambert était le témoin

1. Jean-Michel Turpin, photographe de l'agence Gamma, fournit à Corinne Herrmann l'adresse exacte d'Émile Louis qui figurera sur la requête. Ce journaliste, S. Munka et F. Vézard seront les premiers à rencontrer Émile Louis.

2. Son corps est retrouvé à onze heures ce matin-là : il s'est tiré une balle dans la tête et a laissé un mot manuscrit...

principal de l'affaire ! Il était même la mémoire de l'affaire. Selon M. J. M., l'adjudant-chef savait qu'il allait être convoqué sous peu devant le juge. Son geste est d'autant plus inattendu et inexplicable. Des années de recherche allaient enfin être reconnues. Alors, pourquoi ce renoncement à cet instant ? C'est la question que se posent immédiatement Pierre Monnoir et Corinne Herrmann. Ils examinent aussitôt les causes possibles de ce suicide.

Il y en a quatre :

– Christian Jambert n'avait en réalité pas enquêté sur ce dossier et n'avait aucun élément à fournir. Or, depuis vingt ans, il soutenait à qui voulait l'entendre qu'il avait résolu l'énigme[1] ;

– le fait d'être enfin entendu sur son travail le perturbe et le déstabilise au point de l'amener au suicide ;

– il vient de s'apercevoir, tardivement, que certains de ses meilleurs amis seraient mêlés à l'affaire ;

– on l'a purement et simplement exécuté avant de maquiller le meurtre en suicide.

À l'examen de ces hypothèses, il semble urgent de prendre des mesures de protection du dossier. La première consiste à réunir tous les propos tenus par Christian Jambert devant les médias et lors de ses entretiens avec les membres de l'ADHY. Le cabinet d'avocats en fait immédiatement une transcription qui est adressée au juge d'instruction. Il y a parmi ces témoignages celui qu'il accorde à l'émission *Perdu de vue* :

[...] *En 80 ou 81 il y a eu la découverte du cadavre d'une femme dans une ferme, la découverte d'un squelette, et c'est une affaire pour laquelle j'ai été saisi, j'étais de permanence. J'étais envoyé par le substitut du procureur de l'époque et je me suis transporté. C'était sur la commune de Rouvray. Je crois me rappeler, on a trouvé un squelette, au début on ne savait même pas si c'était une*

1. À cette époque ils ne connaissent pas son dossier, personne n'a pu leur confirmer son existence.

femme ou un homme. On n'a pas pu l'identifier. Mais de fil en aiguille, au bout de six mois d'enquête, on a réussi à identifier cette personne. Et cette personne était une ancienne pupille de la DDASS. C'était une jeune femme qui habitait à Auxerre et qui avait été élevée en fait chez la concubine du chauffeur de car en question, dont j'ai parlé tout à l'heure. Pendant mon enquête est arrivé tout à coup un tas de disparitions suspectes de jeunes filles. Les enfants de la DDASS particulièrement et toutes ces jeunes filles-là fréquentaient comme les autres fillettes le car qu'il conduisait. J'avais demandé au juge et au substitut qui m'avait saisi de cette affaire l'autorisation de faire une enquête préliminaire parallèle et de faire un rapport à côté. L'une des disparues a dit à ses petites copines un mercredi après-midi qu'elle partait avec le chauffeur du car, parce que ce chauffeur de car lui aurait dit qu'elle allait retrouver sa maman. Il l'emmenait pour aller voir sa maman qu'il avait retrouvée. Et elle n'a jamais réapparu. Je pense que pour les autres c'est exactement pareil, on les voit partir de chez leurs parents [il s'agit des parents nourriciers, des familles d'accueil] *avec ce même individu, toujours le même, chacune leur tour, pas en même temps, en l'espace de quelques mois elles partent. Elles reprennent la même chambre d'hôtel et elles disparaissent. On ne les revoit jamais.*

Le dossier d'enquête préliminaire que j'avais fait, donc je l'avais déposé au parquet, comme tout gendarme devait faire. C'est normal, et c'est le parquet qui dispose du dossier après. Un gendarme n'a pas de pouvoir. Un officier de police judiciaire doit rendre compte au procureur et c'est à lui que revient le dossier. À l'époque je l'avais remis en citant les cinq disparitions des jeunes femmes [...] *avec ce chauffeur de car qui était en cause, en disant que c'étaient des disparitions suspectes. Et je demandais qu'une enquête officielle soit faite et une saisie sur instruction, une saisie directe du procureur. Et à ma grande surprise je n'ai jamais entendu parler de ce dossier.*

Ce chauffeur de car en question a quitté la région après avoir été condamné pour des affaires de mœurs, il est allé habiter dans le Midi. Et dans le Midi il est arrêté encore deux fois[1]*, pour les mêmes problèmes de mœurs.* [...] *Il avait fait des attentats à la pudeur sur des enfants et particulièrement sur des garçonnets et avait été arrêté encore par les gendarmes qui l'avaient incarcéré à deux reprises différentes* [...]. *C'est la dernière fois que j'ai entendu parler de lui*[2]. »

La deuxième mesure de protection consiste à demander au magistrat instructeur de procéder immédiatement à la recherche et à la saisie du dossier d'enquête établi par le gendarme Jambert, soit à son domicile, soit chez ses proches, soit à la gendarmerie dans laquelle il travaillait, soit au tribunal. Mais le dossier n'apparaît pas dans la procédure ! Qu'est-il devenu ? Il réapparaîtra plus tard[3]...

La troisième mesure de protection consiste à mobiliser les membres de l'ADHY et le cabinet d'avocats afin de procéder à une vérification minutieuse de tous les éléments avancés par Christian Jambert. À cette époque, le dossier des disparues de l'Yonne est essentiellement construit sur la base du témoignage de Christian Jambert. C'est dire l'importance des documents que pouvait posséder ce dernier. Tout est minutieusement répertorié et vérifié.

Le risque, alors, est de constater que les affirmations de l'adjudant-chef sont fantaisistes. Tout le monde serait discrédité.

La quatrième mesure consiste à solliciter une autopsie du gendarme afin de confirmer ou d'infirmer la thèse du suicide. Sur ce point, la demande des parties civiles n'aboutit pas. Pour quelles raisons ?

À ce jour, on ne sait toujours pas à quoi s'en tenir...

L'ensemble de ces mesures fait l'objet d'une seconde

---

1. Une fois en 1989 pour l'affaire des enfants dans le camping de Roquebrune, et une autre fois pour des raisons inconnues à ce jour.
2. Témoignage dans le cadre de l'émission *Perdu de vue*, 1996.
3. Une copie partielle de ce dossier sera remise à l'ADHY en janvier 2001.

requête, déposée devant le magistrat instructeur par les parties civiles, le 8 août 1997.

L'ADHY choisit également d'informer la presse nationale et demande à son conseil d'établir un communiqué le jour même du suicide, le 4 août 1997 :

L'association vient d'apprendre avec surprise et peine le suicide du gendarme Jambert. Cette information étant à prendre sous les plus expresses réserves de sa véracité, les parties civiles entendent immédiatement indiquer que cette disparition est incontestablement une perte pour l'information qui vient d'être déclenchée grâce à elles, et à leur volonté de forcer la justice à informer. [...]

Les médias réagissent. Dans *Le Figaro* du 5 août 1997, Armelle Heliot écrit :

Il est mort hier, brutalement. Dans des circonstances que ses collègues de la gendarmerie d'Auxerre ne pouvaient préciser, une enquête étant en cours. Christian Jambert, le gendarme qui connaissait le mieux la ténébreuse affaire dite des « disparues de l'Yonne ou d'Auxerre », et qui attendait avec impatience de pouvoir témoigner lors de l'instruction à venir, ne parlera plus. [...] *La mort du témoin essentiel vient épaissir encore le mystère.*

Le lendemain, le journal récidive : un court article montre qu'il ne cède pas aux pressions que la gendarmerie tente d'exercer sur lui et ses confrères. Les propos de certains membres de la cellule de communication de la gendarmerie tendent en effet à discréditer le travail de Christian Jambert. Pourtant, juste après le décès de l'enquêteur, sa hiérarchie s'efforce de museler les journalistes. Pour quelles raisons ?

Au moment du suicide de l'adjudant-chef Jambert, l'ADHY et les journalistes n'ont qu'une vision très partielle de l'importance de son travail. Ils ne la découvrent que quelques années plus tard.

PORTRAIT ET ENQUÊTE DE CHRISTIAN JAMBERT

Christian Jambert a cinquante-six ans lorsqu'il se suicide, le 4 août 1997. Il est en retraite de la gendarmerie, au sein de laquelle il a atteint le grade d'adjudant-chef.

Il exerce ses fonctions à la brigade de recherche (BR) d'Auxerre où il arrive en 1976. Il est perçu comme un enquêteur tenace et méticuleux, qui explore la moindre piste. Il aime travailler seul. La gendarmerie lui adresse de nombreuses félicitations. Mais il est accablé par des problèmes personnels et psychologiques. Il tente de mettre fin à ses jours une première fois le 16 mai 1995. Il présente toujours, quelque temps avant sa mort, une personnalité perturbée, que les psychiatres qualifient de « mélancolique ».

Tous ses collègues peuvent témoigner du fait que le dossier des disparues de l'Yonne l'a profondément marqué. Pour lui, ce dossier est toujours ouvert, il se sent à même de le résoudre, d'y mettre un point final. Il a pris cette affaire à cœur ; intimement convaincu qu'Émile Louis est coupable, il ne supporte pas de le savoir en liberté. Il développe peut-être un sentiment de culpabilité : « Ai-je bien fait tout ce qui m'incombait ? Est-ce que le dossier n'a pas été classé sans suite par ma faute ? »

Christian Jambert, angoissé, surveille Émile Louis. Il va jusqu'à planter sa caravane dans le même camping que celui où il vit.

La question reste encore posée à ce jour : le combat qu'il a mené sur cette affaire pendant dix-sept ans, alors que la justice refusait toujours d'instruire, ne l'a-t-il pas mené à cet acte définitif ?

Christian Jambert a-t-il bien fait son travail ? A-t-il de bonnes raisons de se sentir coupable ? Ce qui est sûr, c'est qu'il a dépensé beaucoup d'énergie et passé beaucoup de temps à essayer de résoudre le mystère des jeunes filles disparues.

Il a poursuivi trois enquêtes différentes. La première s'ouvre à la suite de la découverte d'un cadavre dans une cabane à bestiaux, à Rouvray, le 7 juillet 1981. Christian Jambert se rend immédiatement sur les lieux.

Il débute son enquête, découvre l'identité du cadavre : il s'agit d'une jeune déficiente intellectuelle, Sylviane Durand, épouse Lesage, vingt-deux ans.

Le gendarme apprend que Sylviane a disparu depuis février 1981. En recherchant l'existence d'affaires similaires, il en découvre six ! C'est l'objet de sa deuxième enquête.

Christian Jambert est le premier représentant de la loi à découvrir l'affaire des disparues de l'Yonne. Il est le premier à établir un lien entre ces six disparitions : un même homme, Émile Louis. Il est le premier à souligner la dangerosité du personnage.

Toutes les investigations de Christian Jambert révèlent les déviances sexuelles du chauffeur de car. Les témoins qu'il auditionne dans ces deux enquêtes lui disent que son suspect se livre également à des attouchements sur des enfants confiés par la DDASS à sa concubine : c'est sa troisième enquête. La seule qui aboutit à une condamnation, l'une des plus significatives pour Émile Louis : quatre ans de prison pour attouchements sur mineur de moins de quinze ans par personne ayant autorité.

Les efforts du gendarme Jambert sont loin d'être inutiles. Le 28 décembre 1981, soit dix-neuf ans avant son arrestation dans le cadre de l'affaire des disparues, Émile Louis lui confiait :

J'ai eu des problèmes mais je ne peux pas me les expliquer [...]. *J'ai tripoté effectivement des gamines* [...]. *Je veux dire par là leur toucher les fesses* [...]. *Je n'étais plus dans mon état normal, je ne sais plus ce qui se passait, en fait j'étais victime de crises qui m'empêchaient de me contrôler. Je ne me rappelle plus ce qui se passait.* [...] *Depuis l'âge de quatorze ans* [...] *j'ai des problèmes de comportement sexuel, je suis poussé par quelque chose que je ne puis contrôler.*

Le 12 décembre 2000, Émile Louis dira :

J'étais habité par quelqu'un d'autre qui me poussait au mal, cette force me poussait à tuer [...]. *Je ne sais pas comment je l'ai tuée* [Françoise Lemoine] *j'étais au pied de son corps* [...]. *C'est après ce moment que la bestiole m'avait quitté et j'ai réalisé que j'avais fait une connerie* [...]. *Toutes ces choses-là me sont arrivées en pleine lune et je n'étais plus moi-même* [...]. *J'ai été pris d'une pulsion, cette force dans tout le corps* [...] *je ne peux expliquer ce qui s'est passé* [...]. *Étant possédé par une force surnaturelle je n'étais plus moi-même, je ne savais plus ce que je faisais, c'est la raison pour laquelle j'ai commis toutes ces bêtises, sans m'en rendre compte.*

Qui a laissé Émile Louis œuvrer entre 1981 et 2000, alors que Jambert avait mis à la disposition de la justice tous les éléments pour le stopper ?

Un des collègues de Christian Jambert déclare à M6, après l'arrestation d'Émile Louis : « Mon sentiment principal c'est quand j'ai lu le journal ce matin et qu'il y avait marqué “Le gendarme Jambert avait raison” et ça m'a fait vachement plaisir. Tu vois, ça me prend aux tripes parce que Jambert il avait bien raison et personne l'a cru. »

Seize ans plus tôt, rappelons-le, Christian Jambert conclut son enquête de cette manière (voir Doc. 3) :

De l'enquête effectuée, il ressort que malgré les recherches actives, les femmes objet de l'enquête sont bien disparues. Elles étaient toutes anciennes pupilles de la DDASS. Elles n'ont absolument jamais été revues. Toutes ont tout abandonné en laissant leurs affaires, voire même leurs enfants (pour les sœurs Lemoine) alors qu'elles s'en occupaient encore. Quant aux quatre autres, elles ont disparu pratiquement de Villefargeau. Il est certain que pour les six connues officiellement, elles se trouvaient toutes dans l'environnement de Louis Émile. Ces circonstances sont étranges, d'autant plus que la découverte du cadavre de Durand Sylviane, disparue donc dans des conditions identiques aux autres, a amené une fois de plus les enquêteurs vers Louis É.

Nous faisons parvenir, selon les instructions reçues la présente procédure établie en deux exemplaires, directement à M. le procureur de la République à Auxerre. Fait et clos à Auxerre, le 23 juin 1984.

Le fils de Jambert confiera aux auteurs que son père, lui-même ancien de la DDASS, supportait mal que ces jeunes filles aient été abandonnées de tous. Jambert aurait confié ses carnets à son fils, qui les lui aurait rendus deux jours avant son suicide. Mais, après sa mort, la sacoche dans laquelle il les plaçait est retrouvée vide.

LES PREMIÈRES INVESTIGATIONS DE LA BRIGADE DE RECHERCHE D'AUXERRE

La chambre d'accusation de Paris renvoie donc le dossier aux magistrats d'Auxerre, leur intimant l'ordre de l'instruire. Le juge d'instruction n'a pas d'autre solution que d'obtempérer. C'est ce qu'il fait rapidement puisqu'il saisit la brigade de recherche départementale d'Auxerre avant la fin du mois de mai 1997.

L'adjudant-chef Daniel Verron est désigné comme directeur de l'enquête. Dès le 17 septembre 1997, il entend Émile Louis. Or, l'enquête n'est pas encore suffisamment avancée. Elle n'a que quelques semaines. Elle n'a pas pu évoluer significativement puisque, pendant l'été, les gendarmes sont en effectif réduit et se consacrent aux affaires urgentes.

Les seules pièces à leur disposition émanent des parties civiles : leurs plaintes, leurs lettres ou celles de leur avocat, leurs auditions, leurs demandes d'investigations (à cette date il y en a déjà deux), la procédure devant la chambre d'accusation de Paris.

Il est légitime de se demander pourquoi les gendarmes d'Auxerre entendent le suspect dans ces conditions, c'est-à-dire sans avoir les moyens de procéder à un interrogatoire circonstancié. Surtout lorsqu'on sait que les trois heures de garde à vue utilisées pour l'entendre sont définitivement perdues pour la suite de la procédure.

Le directeur d'enquête de l'époque fonde-t-il ses recherches sur le dossier du gendarme Jambert, dont un exemplaire est archivé à la gendarmerie d'Auxerre, ou œuvre-t-il avec les anciens collègues de Jambert, auquel cas il est suffisamment informé du dossier et de la personnalité du suspect ?

L'adjudant-chef Verron décède en 1997, quelques semaines après le début de l'enquête.

L'affaire est d'envergure, parce que les médias s'en sont saisis mais également parce qu'elle concerne des victimes multiples. Elle requiert par conséquent du métier et un support technique important. La brigade de recherche d'Auxerre n'a pas les moyens de traiter un tel dossier.

LA SECTION DE RECHERCHE DE PARIS

Au dernier trimestre 1997, une commission rogatoire saisit la section de recherche de Paris : l'enquête est transmise à des enquêteurs chevronnés.

L'affaire revient logiquement à la section de recherche de Paris. Les sections de recherche ont en effet été créées pour ce type d'enquête, elles disposent de spécialistes d'un niveau de compétence élevé et de moyens techniques performants.

Ce transfert présente aussi l'avantage de porter sur le terrain des intervenants étrangers au contexte local.

L'équipe désignée est constituée de l'adjudant-chef Guy Potart et de l'adjudant Éric Barou. Le premier est à la criminelle depuis plus de vingt ans, le second depuis une dizaine d'années.

Le choix de ces enquêteurs n'est pas un hasard. Ce sont des hommes d'expérience. Ils sont dans la même unité depuis plusieurs années et font partie du groupe d'atteintes aux personnes. Ils ont fait leurs preuves, et cette affaire est dans leurs cordes.

Ils ont en outre de grandes affinités avec la brigade d'Auxerre.

Dès le départ, ils sont volontaires : cette affaire les intéresse et ils croient possible de la résoudre. Ils sont conscients que ce type d'enquête exige un investissement professionnel et personnel important, que c'est un véritable challenge.

Ils savent aussi qu'ils sont attendus au tournant. Qu'on ne leur fera pas de cadeaux, que la presse les surveille et que leurs efforts risquent de ne jamais aboutir.

Guy et Éric s'entendent bien ; il le faut car, pendant trois ans, ils seront plus souvent ensemble dans l'Yonne qu'avec leurs épouses ! Selon leur colonel : « Il s'agit d'une équipe soudée et complémentaire dans l'analyse et la réflexion. J'apprécie également le fait que ce soient des enquêteurs sans prétentions, et qui ont fait un travail de longue haleine besogneux et satisfaisant. »

Ils enquêtent sous les ordres du colonel Pattin, qu'ils considèrent comme « un super patron ». Cet officier issu de Saint-Cyr applique la devise de son « parrain de promotion », le général Lassalle : « Je ferai avec plaisir parce que c'est difficile. »

Cette devise, ses hommes l'appliquent, même si au départ ils n'imaginent pas rencontrer autant de difficultés – lesquelles résultent de l'ancienneté du dossier, du nombre important de victimes, du fait qu'ils ne sont chargés, pendant un an, que de deux cas, Marlot et Weis : ce n'est en effet qu'en 1998 qu'ils sont saisis des cinq autres.

Leur unité fait également preuve d'un engagement fort à leurs côtés. Le tandem fait le choix de défendre un dossier difficile et délicat qui nécessite du temps. Il n'est plus saisi d'autres affaires, afin de pouvoir s'investir totalement dans celle qui lui incombe. C'est une décision que la section de recherche de Paris assume jusqu'au bout, alors que traditionnellement chaque enquêteur traite plusieurs dossiers à la fois.

L'affaire n'est pas urgente, elle est vieille de vingt-deux ans. On pourrait penser qu'il n'y a donc pas péril.

Mais une autre option est choisie : considérer ce dossier

comme « chaud », sans doute en raison des interventions régulières de la presse, des erreurs du passé, du grand nombre de victimes – donc de témoins à entendre –, du fait que le suspect est libre et peut continuer à nuire...

Le colonel Pattin explique que son unité est saisie d'à peu près trois cents dossiers par an pour cinquante enquêteurs, sans compter les reliquats de procédures en cours. Dès lors, mobiliser deux enquêteurs à temps plein sur une seule affaire devient lourd de conséquences pour les autres, qui doivent se partager le poids des affaires restantes, pas nécessairement moins importantes (ils parviennent d'ailleurs à élucider l'affaire dite « des fiancés de Fontainebleau » deux mois après les aveux d'Émile Louis).

Ce choix est certainement difficile à assumer. Ceux qui l'ont fait ont-ils connu, comme les autres acteurs de ce dossier, des critiques de leurs pairs ? Leur a-t-on reproché de favoriser cette affaire par rapport à d'autres, plus urgentes ? Leur dit-on qu'ils perdent leur temps et que l'enquête n'aboutira pas ?

Les enquêteurs disposent de tous les moyens nécessaires :

– du temps. Trois années pendant lesquelles ils sont dans l'Yonne trois semaines sur quatre, donc absents de leur unité de rattachement, avec tous les inconvénients que cela implique ;

– des moyens techniques performants et étendus : reconnaissance aérienne, chiens spécialisés dans la recherche de « débris humains », matériel nécessaire pour détourner une petite rivière et y effectuer des fouilles, analyses scientifiques, etc.

Par ailleurs, afin de préserver la sérénité des enquêteurs, de les dégager de toute pression, le colonel Pattin assure lui-même les contacts avec la presse. Il sert de tampon entre les enquêteurs et les journalistes. Il existe en principe des officiers chargés de la communication, mais le colonel Pattin, en tant que directeur opérationnel de l'enquête, décide de s'en occuper personnellement, compte tenu de l'extrême sensibilité de l'affaire.

Communiquer avec les médias est un mal nécessaire et

inévitable, surtout dans une enquête aussi médiatisée que celle-ci. Le plus difficile pour les gendarmes est de préserver le secret de l'instruction et de respecter leur devoir de réserve. Le colonel n'intervient que lorsque le parquet est lui-même intervenu et se borne à expliquer les moyens engagés par la gendarmerie, ou à canaliser la presse afin d'éviter tout débordement ou toute gêne. Sur les lieux de fouilles, il contrôle par exemple les déplacements des journalistes, sans leur interdire totalement l'accès.

La section de recherche de Paris fait finalement preuve d'un engagement fort. Les parties civiles, longtemps suspicieuses parce qu'elles se sont heurtées à beaucoup de portes fermées, de refus, de pressions, ne l'ont compris que bien après l'arrestation d'Émile Louis [1].

PREMIÈRE ANNÉE D'ENQUÊTE : L'HYPOTHÈSE D'UN CRIME PREND DE LA CONSISTANCE

La première action médiatisée de la section de recherche (SR) de Paris intervient lors des fouilles réalisées suite au témoignage d'un homme qui a vu Émile Louis creuser un trou de la taille d'un corps dans un champ de Seignelay, en 1981 [2].

En octobre 1997, Guy Potart et Éric Barou organisent des fouilles qu'ils veulent secrètes, mais un journaliste en a connaissance et informe l'ADHY par l'intermédiaire de son avocat. Maître Pierre Gonzalez de Gaspard convoque aussitôt la presse craignant que l'on ne continue d'étouffer ce dossier. Sont présents sur les lieux, dès six heures du matin, dans un froid hivernal, les membres de l'ADHY,

1. Les enquêteurs entendent Pierre Monnoir comme témoin, à la brigade de recherche d'Auxerre. Les portes des bureaux restant ouvertes, il aperçoit des listings de noms recouvrant des murs entiers, ainsi qu'une quantité impressionnante de documents. Il a alors la certitude que des investigations sont menées avec les moyens requis.

2. Témoignage recueilli par Stéphane Munka pour l'émission *Perdu de vue*, diffusée le 3 juin 1996.

les parties civiles, leur conseil et l'ensemble de la presse régionale et nationale. Les équipes des journaux télévisés sont également mobilisées.

Il s'agit du premier acte visible et concret de reprise du dossier des disparues de l'Yonne.

Le juge Lewandowski et les gendarmes de la SR ne s'attendent pas, ce 4 octobre 1997, à trouver un tel comité d'accueil. La pelleteuse commence à creuser le sol sous l'œil d'une assistance nombreuse et attentive.

Dans cette affaire, la justice œuvrera désormais constamment sous la surveillance des médias.

Les parties civiles ont le sentiment que les fouilles sont menées en dépit du bon sens, car personne ne croit vraiment à leur utilité. On se contente de retourner la terre grossièrement à l'aide d'une pelleteuse, de sorte que des indices éventuels (dent, bijou...) pourraient facilement échapper aux recherches. Les parties civiles réagissent vivement à ce manque de précaution et leur conseil adresse une note au magistrat instructeur lui demandant de prendre à l'avenir plus de soin dans ses investigations.

Le premier rebondissement spectaculaire du dossier se produit lorsque deux os d'une dizaine de centimètres de long et une semelle de chaussure sont découverts. S'agit-il d'ossements humains ?

À cet instant, la justice prend conscience – et c'est pour le moins paradoxal – que les disparues existent ! Il semble que l'appareil judiciaire ait besoin d'éléments concrets pour se représenter mentalement les personnes disparues et imaginer qu'il a pu leur arriver quelque chose. Tant qu'il n'y a pas de cadavre, il n'y a pas de crime, mais il suffit de quelques ossements pour que le meurtre devienne plausible.

Deuxième paradoxe : ces os sont sans rapport avec le crime ! Leur analyse par le laboratoire spécialisé de l'institut de recherche scientifique et criminel de la gendarmerie nationale montre qu'il s'agit en réalité de morceaux de squelette de bovidé.

Néanmoins, à partir de cet instant, l'hypothèse du crime a pris de la consistance.

Peu avant ces fouilles, Émile Louis est entendu, pour la première fois depuis dix-sept ans. Le 17 septembre 1997, les gendarmes d'Auxerre procèdent à une audition de trois heures, à Draguignan, où il s'est installé. Il indique notamment :

J'ai bien creusé à cet endroit un trou d'environ un mètre carré sur une profondeur de cinquante centimètres dans le but de mettre des endives. C'était en 1981, en novembre, il faisait gris, je faisais un jardin [...]. *Je n'ai jamais creusé de trou en mai comme le prétend votre témoin* [...]. *En ce qui concerne Christine Marlot* [...] *je l'ai transportée de nombreuses fois, matin et soir lorsque je faisais les transports scolaires* [...] *j'ai su, sans doute par M. Jambert, qu'elle avait disparu [...] je n'ai rien à voir dans la disparition de Christine Marlot* [...] *il est exact que j'ai connu l'ensemble des disparues, je les ai toutes transportées dans le cadre de mon activité professionnelle, je n'ai rien à voir dans toutes ces disparitions.*

Le premier interrogatoire d'Émile Louis organisé après le dépôt de plainte met donc en évidence :
– qu'il reconnaît avoir transporté toutes les disparues ;
– qu'il connaissait Christine Marlot et qu'il était informé de sa disparition.

Or, le gendarme Jambert, lui, n'a pas connaissance du fait ! L'ADHY n'a fait figurer Christine Marlot sur la liste des sept disparues d'Auxerre que dans un souci de vérification, mais sans aucune certitude quant à sa disparition, puisque Jambert n'a jamais enquêté à son sujet.

PREMIÈRE ANNÉE D'ENQUÊTE : LA CERTITUDE DE L'EXISTENCE DES DISPARUES

Pendant plusieurs mois, les enquêteurs réunissent de nombreux témoignages et indices dans le secret le plus absolu.

Ils acquièrent rapidement la certitude qu'il ne s'agit pas

de fugues en constatant qu'aucune des jeunes disparues n'apparaît dans un quelconque fichier administratif : aucune modification de leur état civil, aucun mouvement sur leurs comptes bancaires, aucune prestation familiale ni aucune prestation d'invalidité versée à l'une d'entre elles, aucune demande de délivrance de passeport ou de carte d'identité, aucune déclaration de revenus, aucun remboursement à caractère médical, etc. Ils font également une recherche infructueuse auprès des services de police compétents en matière de prostitution sur l'ensemble du territoire français et ne trouvent pas trace d'un éventuel départ pour l'étranger.

Leur conviction est désormais établie : il s'agit bien de sept disparitions suspectes similaires, survenues entre les années 1977 et 1979.

Le juge d'instruction prend la décision d'informer, *via* les gendarmes de la section de recherche, les médias locaux. Les orientations de l'enquête sont fournies aux journalistes sans que les parties civiles en aient été informées au préalable. C'est ainsi qu'elles apprennent que les gendarmes travaillent sur la piste de la prostitution et sur la piste du chauffeur de car :

Après bien des péripéties, on peut affirmer que l'enquête judiciaire a pris de la consistance et que deux pistes au moins émergent du long puzzle rassemblé patiemment par la gendarmerie [...] *il y a bien eu sept disparitions authentiques. Sept disparitions inexpliquées* [...] *sur le terrain l'enquête avance* [...]. *Une découverte sur la piste de la prostitution à Paris* [...] *les gendarmes ont pisté une ancienne de la DDASS qui précisément a fait ses premières armes à Auxerre. On imagine dans ces conditions qu'un tel scénario ait pu exister dans les années 70. Cette piste est prise très au sérieux par l'adjudant-chef Potart* [...]. *Si aucune piste n'est négligée, les gendarmes avouent ne pas perdre de vue non plus le précieux témoignage d'Émile Louis qui pourrait peut-être, qui sait ? être l'une des clés de l'affaire*[1].

1. Alain Chaboteau, *Le Sénonais libéré*, 27 novembre 1998.

Le juge, au lieu d'informer les parties civiles dans le cadre normal de la procédure – alors qu'il leur a lui-même reproché de faire appel aux médias, voire de monter de toutes pièces une fausse affaire afin d'agiter l'opinion –, décide de les informer par l'intermédiaire de la presse, sans se préoccuper des répercussions psychologiques.

Le juge et les enquêteurs sont donc désormais convaincus de la réalité des disparitions.

Il est temps, pour les parties civiles qui ont été écartées, de redéposer leurs dossiers devant le doyen des juges d'instruction d'Auxerre. C'est ainsi que huit parties civiles complémentaires sont constituées pour les sept disparitions – au total dix parties civiles sont constituées pour sept disparitions, puisque plusieurs membres d'une même famille ont décidé de porter plainte. Comme précédemment, elles déposent plainte pour enlèvement et séquestration arbitraire. Elles demandent au magistrat instructeur de joindre leurs demandes aux procédures déjà poursuivies, bénéficiant des investigations menées jusque-là par les enquêteurs. Le dépôt a lieu le 25 février 1998. La mission des gendarmes est étendue aux cas de Chantal Gras, Martine Renault, Françoise et Bernadette Lemoine et Madeleine Dejust.

Quelque temps après ce dépôt, l'avocat rend compte aux familles de la situation : la recherche de traces administratives a été totalement infructueuse. Si l'une de ces jeunes femmes était vivante, quand bien même elle vivrait cachée, ces recherches auraient permis de la localiser.

Ce que ne voulait pas admettre la justice, ce que refusait l'APAJH, ce que redoutaient les familles, est maintenant certain : Christine, Bernadette, Françoise, Jacqueline, Martine, Chantal et Madeleine ont bien disparu entre 1977 et 1979 de la région d'Auxerre. Leurs camarades, présentes à l'Institut médico-éducatif d'Auxerre, au foyer de Montmercy, au Centre d'aide par le travail d'Auxerre ou au collège Paul-Bert, sont pour la plupart retrouvées – mais nous verrons que certaines manquent à l'appel.

LES PREMIERS ÉLÉMENTS RÉUNIS

Deux axes sont suivis par les enquêteurs. Le premier est relatif à des problèmes de prostitution. On apprend à Pierre Monnoir que les gendarmes ont retrouvé dès mars 1998 une dénommée Antoinette G. qui a été placée à la DDASS de l'Yonne et qui a fréquenté le foyer de l'enfance de Montmercy.

Cette jeune femme a commencé à se prostituer en 1975 face au magasin *Le Printemps* dans le centre-ville d'Auxerre. Elle aurait indiqué aux gendarmes s'être prostituée avec son amie Françoise (Françoise Lemoine ?), l'une des deux sœurs élevées avec elle, et avoir effectué des passes dans les hôtels à proximité de ce magasin.

D'autres témoignages corroborent l'idée selon laquelle certaines jeunes femmes disparues se seraient livrées à la prostitution dans Auxerre.

Compte tenu de ces témoignages, les parties civiles et leur défenseur commencent à construire l'hypothèse d'un réseau de prostitution. Paradoxalement, cela les rassure car ils redoutaient que les disparues aient connu le sort de Sylviane Durand-Lesage : ils commencent désormais à penser qu'ils peuvent les retrouver vivantes. Certaines parties civiles n'ont pas connu leur parente – il en va ainsi, par exemple, de Laurence Renault, épouse Carroué, sœur de Martine Renault – et cette hypothèse représente pour elles un grand espoir.

Le second axe que les enquêteurs n'abandonnent pas est la piste du chauffeur de car. Au contraire, certaines de ses victimes témoignent des sévices et des violences qu'il leur a fait subir. Les actes décrits ressemblent de façon troublante à ceux que Sylviane a endurés avant d'être tuée en 1981. Jocelyne B., en juin 1998, dit aux auteurs : « [...] il m'a attaché les mains derrière le dos, puis m'a mis un slip sur la tête, et il m'a frappée, je pense que j'étais nue. » Comme Sylviane, Jocelyne a été emmenée dans une cabane où l'on retrouve des effets vestimentaires féminins. Les faits se sont produits en 1978 ; Émile Louis apparaît selon ce témoignage comme un personnage pour le moins dangereux.

La rumeur des disparues d'Auxerre, fantasme à destination des médias, est devenue une affaire criminelle à hypothèses multiples : toutes les disparues ont-elles connu le même sort ? Certaines sont-elles encore vivantes ? Les autres ont-elles été éliminées ? Où diriger les recherches ? La liste des disparues est-elle exhaustive ? Quel lien établir entre les crimes et les responsables de l'APAJH de l'Yonne ? Qui est responsable du silence et de l'inaction généralisés ? Quel lien entre ces disparitions et d'autres affaires similaires (pavillon d'Appoigny, Sylviane Durand-Lesage, Annie G.)[1] ? Pourquoi le gendarme Jambert n'a-t-il pas été davantage écouté ?

D'AUTRES FUGUES SUSPECTES ?

En 1996, l'ADHY apprend qu'il existerait d'autres cas présentant d'importantes et troublantes similitudes avec celui des sept jeunes filles disparues déjà recensées :

– Marinette C., née le 27 mars 1961 à Auxerre, sortie de l'IME d'Auxerre le 15 juin 1979. Mention portée sur le registre matricule de l'établissement par Pierre Charrier : « Fugue ».

– Colette G., née le 14 juin 1958, sortie de l'IME d'Auxerre le 30 avril 1976. Mention : « Fugue ».

– Claudette B., née le 11 décembre 1957, sortie de l'IME d'Auxerre le 1er mars 1974. Mention : « Fugue ». Claudette est mineure. Pas plus que les autres disparues de l'époque, elle ne fait l'objet d'une procédure de recherche (pas de courrier relatif à un signalement à la gendarmerie, à la police ou au procureur).

– Jeannine L., née le 9 mars 1964, sortie de l'IME d'Auxerre le 14 juillet 1979. Mention « Fugue ».

1. Cf. p. 233 et suiv.

– Martine B., née le 10 septembre 1959 à Joigny, sortie de l'IME d'Auxerre le 8 mai 1978. Mention : « Fugue ».

– Jocelyne S.

En quelques années – de 1974 à 1979, soit en moins de cinq ans –, disparaissent de l'IME d'Auxerre dix jeunes femmes, présentant des analogies : pupilles de la DDASS, déficientes mentales, âgées de quinze à vingt-deux ans, elles croisent le même chauffeur de car. Ces nouvelles informations sont sources d'inquiétude légitime pour Pierre Monnoir, président de l'ADHY, qui les transmet à son conseil. Celui-ci établit une requête à fin d'investigation sollicitant du doyen des juges d'instruction qu'il veuille bien faire rechercher d'urgence ces six jeunes femmes nouvellement répertoriées. L'ADHY décide de déposer une plainte afin que leurs dossiers soient joints à celui des sept autres disparues. (Cette plainte ne sera prise en considération qu'après l'arrestation d'Émile Louis.) Trois de ces jeunes femmes, rapidement retrouvées, sont entendues comme témoins. Parmi les trois autres, deux ne sont retrouvées que plus tard par les journalistes, grâce au battage médiatique qui a lieu autour de l'arrestation d'Émile Louis. Entendue par les gendarmes, l'une d'entre elles évoque longuement le comportement anormal de Pierre Charrier... La troisième est décédée en couches.

L'ENQUÊTE S'ENLISE

ANNÉES 1998-2000

Pendant des mois, aucun élément nouveau n'intervient. Les pièces versées au dossier sont peu intéressantes : il s'agit essentiellement de listes d'élèves de divers établissements scolaires de l'Yonne, d'employés de bars et de boîtes de nuit de l'Yonne, tous témoins potentiels. Des centaines de noms qui ne sont pas exploitables.

Des dizaines de témoignages sont recueillis qui se résument à : « Je ne sais pas, je ne les connaissais pas, je ne me souviens plus... »

L'inquiétude resurgit pour Pierre Monnoir. La justice fait-elle croire qu'elle travaille ou n'y a-t-il plus rien à trouver ?

À plusieurs reprises, les pelleteuses s'activent.

Déjà, du temps de Christian Jambert, les gendarmes ont fouillé les étangs, les rives du Serein, la rivière où Émile Louis aime pêcher, les cabanons qu'il fréquente, etc. Après les fouilles de Seignelay, de nouvelles sont effectuées au château de Guilbodon, en 1998. Un soir, Corinne Herrmann reçoit un appel téléphonique de M. J. M., qui lui dit : « J'ai été contacté par un radiesthésiste, il a localisé l'emplacement des corps des jeunes filles disparues grâce à son pendule, dans un champ dépendant du château, près de Seignelay (village où Émile Louis a vécu). Il m'a emmené sur les lieux, je crois que c'est sérieux. Il parle de neuf corps féminins enterrés depuis quinze à vingt ans, en fonction des photos, il peut même préciser à quel endroit se trouve chacune d'elles... » M. J. M. est immédiatement renvoyé vers les gendarmes et le juge d'instruction informé. La presse ne le saura pas : si c'est une mystification il n'est pas question de discréditer l'action de l'association. Des fouilles sont rapidement effectuées, elles ne mènent à rien.

Puis c'est à Rouvray que les recherches se poursuivent... À chaque fois, il s'agit de moments intenses et angoissants : et si... on trouvait ? Les gendarmes concluent après plusieurs mois d'enquête que l'affaire du meurtre de Sylviane Durand-Lesage correspond en de nombreux points à celle des jeunes filles recherchées. Ils croient alors nécessaire d'effectuer des fouilles dans l'ancien emplacement de la cabane à bestiaux où le corps de la victime a été retrouvé en 1981, et dans son environnement immédiat. Après tout, les corps peuvent être rassemblés là. Ignorés de tous. Le cabanon a été détruit mais les procès-verbaux qui figuraient au dossier d'enquête établi par Christian Jambert permettent d'en situer l'endroit. Ensuite, un périmètre est délimité à l'aide de reconnaissances aériennes. Les fouilles commencent le 17 novembre 1999. Par chance la terre n'est pas gelée, elle a été détrempée par les pluies incessantes des derniers jours, la pelleteuse peut s'activer.

Les médias sont présents, quelqu'un les a informés. Mais le juge connaît désormais la chanson, il prévoit de verrouiller la zone. Tous les accès aux fouilles sont gardés, et tout le monde est parqué au P.C. de gendarmerie établi dans la salle des fêtes de Venouse, village proche de Rouvray. Un café chaud leur est offert, mais les journalistes vivent mal le fait d'être tenus à l'écart des fouilles, et de devoir se contenter des images floues de la tractopelle qui s'affaire dans le lointain, à l'orée d'un champ sinistre et boueux. Il est cependant impossible de passer les barrages. Certains essaient malgré tout. C'est ainsi que, malgré le

Au bout du chemin, à Rouvray, ont été exhumés les corps de deux jeunes femmes disparues.
(Photo prise le 16 décembre 2000, © Marc Chaumeil)

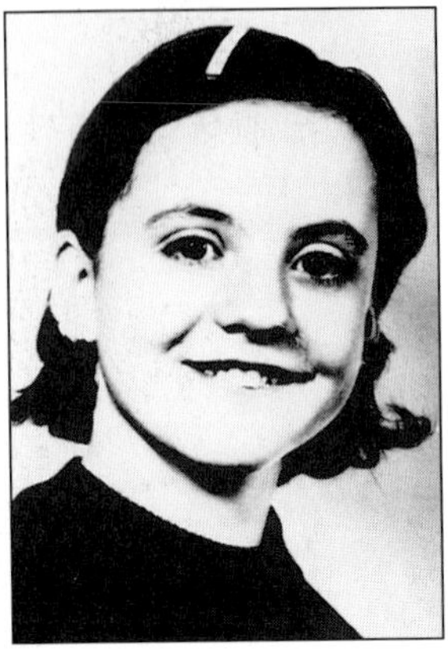

Christine Marlot,
née le 26 juin 1961,
disparue le 23 janvier 1977.

Jacqueline Weis,
née le 21 juin 1958,
disparue le 4 avril 1977.

Chantal Gras,
née le 19 janvier 1959,
disparue le 22 avril 1977.

Madeleine Dejust,
née le 1er octobre 1955,
disparue le 27 ou 28 juillet
1977.

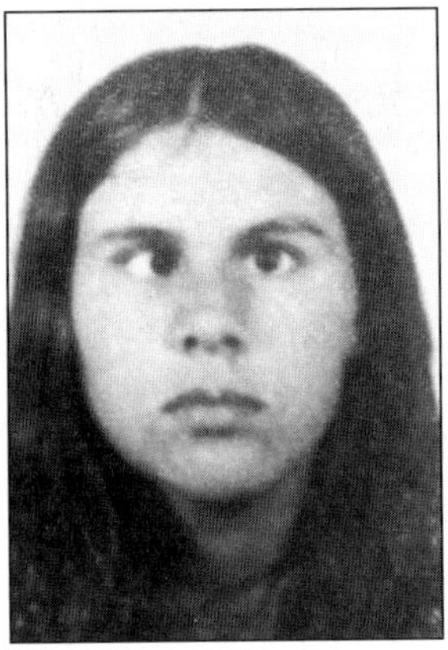

Bernadette Lemoine,
née le 22 novembre 1958,
disparue début 1978.

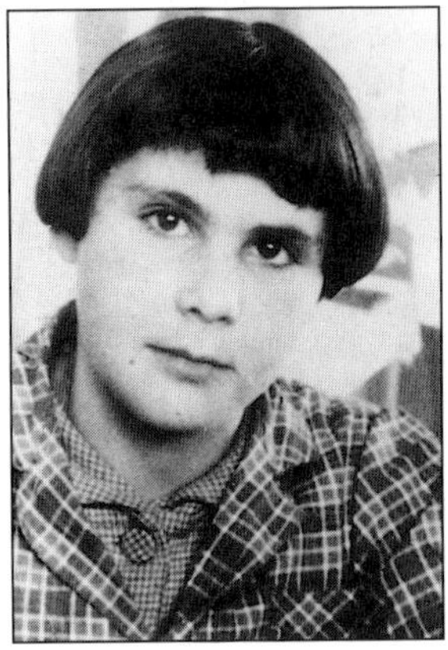

Françoise Lemoine,
née le 1er décembre 1948,
disparue à une date
inconnue.

Martine Renault,
née le 19 février 1963,
disparue
le 26 septembre 1979.

Les disparues d'Auxerre (photos D. R.).

© J.-M. Turpin/Gamma

Les familles des disparues lors des dépôts de plaintes le 3 juillet 1996.

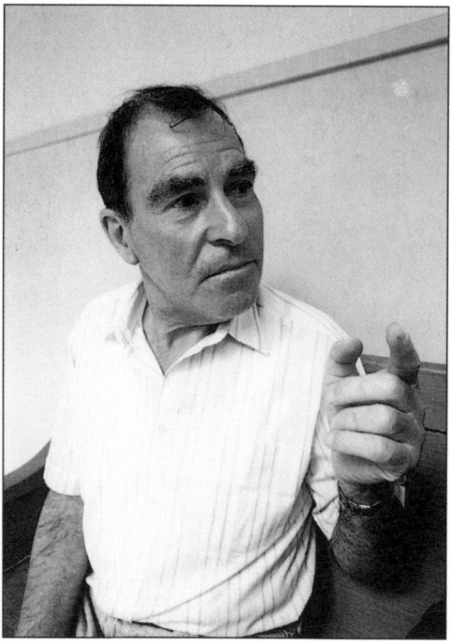

© J.-M. Turpin/Gamma

Le gendarme Christian Jambert en 1996.

Pierre Monnoir, président de l'ADHY.

© Marc Chaumeil

Émile Louis. En haut à droite, 1982. En bas, 1997.

froid qui sévit, un caméraman tente de dérober quelques images en passant par la rivière : il n'écope que d'un bon bain, et d'une caméra noyée.

Dans l'après-midi une visite des lieux est organisée sous une pluie battante. Les images que la presse ramène se limitent à celles d'un trou béant creusé dans un pré, sans intérêt. Ce jour-là les gendarmes ne trouvent rien, mais un an plus tard, ils mettront au jour les squelettes de deux des jeunes filles disparues, à deux cents mètres de là, sur les indications d'Émile Louis.

Quelques jours plus tard...

Gurgy, le 9 décembre 1999, au lieu-dit Le puits de l'enfer qui n'a jamais aussi bien porté son nom, à hauteur d'un trou d'eau naturel sur les bords de l'Yonne, deux enfants sont affairés. Ils ont posé leur matériel de pêche à terre, la journée n'a pas été fructueuse, enfin c'est ce qu'ils croient. Penchés vers le sol, ils ont l'air d'observer quelque chose. Quelle est leur trouvaille ? Est-il nécessaire de s'arrêter à une telle scène ? On sait bien que les enfants s'amusent ou s'étonnent d'un rien ! En fait ils creusent de leurs mains la terre autour d'une sorte de gros caillou saillant qui a une drôle de forme, une drôle de couleur... ils tentent de le déterrer. Et ils parviennent finalement à le dégager. Il est décidément très bizarre. Pour mieux l'observer, ils le nettoient dans l'eau... C'est un crâne humain qui affleurait sur la rive, certainement à la suite d'un éboulement dû aux crues récentes qui l'ont ravinée. Les enfants sont affolés, ils le posent, le reprennent.

« C'est toi qui le prends. »

« Non, toi, moi j'veux pas l'toucher. »

« Qu'est-ce qu'on fait ? »

Ils décident de remettre leur découverte au maire de Gurgy, qui s'empresse d'avertir les gendarmes. Ces derniers qui arrivent rapidement, avec le matériel nécessaire, mettent au jour deux squelettes humains ainsi que des os appartenant vraisemblablement à un troisième corps. Ils constatent que les squelettes ont été alignés comme dans un cimetière, côte à côte, sans vêtement, sans bijoux ou objet de nature à faciliter leur identification. Depuis combien de temps ceux-ci séjournent-ils dans les lieux, vingt ans ? Plus ? Moins ? S'agit-il de restes féminins ou masculins ?

Le lieu-dit du Puits de l'enfer n'est éloigné que de quelques kilomètres du lieu où le corps de Sylviane Durand-Lesage a été retrouvé, donc du site des dernières fouilles menées par la section de recherche de Paris, laquelle est d'ailleurs immédiatement alertée. Il est également proche du dernier domicile d'Émile Louis, de ses lieux de pêche...

Le lendemain, la vice-présidente de l'ADHY, Aurélie Thirion, découvre cette affaire dans la presse et, comme à son habitude, alerte le cabinet d'avocats de l'association, qui sollicite sans délais des expertises. À ce jour, aucun rapport d'analyse n'a encore été fourni.

À l'occasion de cette affaire, Jacques Cazals, procureur de la République, précise dans les médias que tous les ans on retrouve dans l'Yonne, en moyenne, trois corps, sans compter ceux qui ne sont pas répertoriés. Un, deux de plus...

Les parties civiles ont demandé que des recherches soient effectuées sur tous les corps non identifiés ; à ce jour elles n'ont pas obtenu satisfaction.

Puis la fille d'Émile Louis fait une découverte déterminante.

Des vêtements féminins ont été découverts dans le garage d'Émile Louis, dans un sac plastique au fond d'une malle. Mme Louis, sa première femme, et sa fille Maryline ont fait cette découverte lors d'une fouille systématique du pavillon. Elles contactent les enquêteurs et leur remettent un manteau pied-de-poule, deux débardeurs, deux slips, deux soutiens-gorge, une chaussure. Mme Louis leur indique qu'elle ne reconnaît pas ces vêtements qui ne sont ni à ses enfants, ni à ceux qui lui ont été confiés par la DDASS. Les gendarmes photographient les vêtements afin de les soumettre aux témoins. On constate sur ces clichés que les vêtements sont tachés et, lorsque maître Gonzalez de Gaspard prend connaissance de l'album photos, il s'étonne que des prélèvements d'ADN n'aient pas encore été ordonnés.

Cette inertie de la justice renforce l'inquiétude de Pierre Monnoir, alors même que plusieurs témoins disparaissent [1], parfois dans des conditions suspectes. Ainsi, Gilberte Lemenorel, l'ex-concubine d'Émile Louis [2], décède des suites d'un accident de voiture : lors d'un déplacement, le 7 août 1999, elle perd soudain le contrôle de son véhicule et percute un obstacle. Un témoin précise : « [Aux alentours de vingt-deux heures trente] j'ai vu sur ma gauche une voiture qui était plaquée en haut du talus, il y avait de la fumée, ce qui m'a fait penser que l'accident venait de se produire [...]. Dans l'obscurité j'ai vu une forme en boule à l'extérieur de la voiture, à côté de la portière chauffeur qui était fermée, l'autre portière était également fermée. La forme décelée dans l'obscurité était une femme recroquevillée sur elle-même. Elle respirait mais elle râlait, je n'ai pas vu qu'elle saignait. » Les médias jugent cet accident surprenant : le corps de la victime se trouve à côté du véhicule alors que le pare-brise est intact et que les portières sont fermées.

Le Journal du dimanche du 15 août 1999, dans un article d'Elsa Vigoureux, titre : « Gilberte ne parlera plus. » Et précise :

Témoin jugé capital par les parties civiles dans l'affaire des disparues d'Auxerre, elle est morte samedi dans un accident de voiture, deux ans après le suicide du gendarme [...].

1. Un des témoins décède le jour où son audition est programmée. Les gendarmes l'attendent en vain, puis tentent de le contacter pour connaître les raisons de son absence. Il est retrouvé mort dans la cabane à bestiaux...

2. Gilberte a été la concubine d'Émile Louis de 1977 à 1981. Elle fut la nourrice de Sylviane Durand-Lesage et des trois enfants victimes d'attentat à la pudeur.

L'hebdomadaire *Le Nouveau Détective* renchérit, le 18 août 1999 :

Disparues d'Auxerre, mort d'un témoin capital

Deux ans après l'étrange suicide du gendarme chargé de l'enquête, une femme est retrouvée morte dans un accident de voiture, une femme qui avait beaucoup de choses à dire sur cette affaire.

Ce décès incite Pierre Monnoir et son équipe à demander au juge des mesures immédiates, c'est-à-dire une perquisition au domicile du témoin, l'audition de ses enfants, mais également une analyse scientifique approfondie des vêtements [1] récemment découverts chez Émile Louis : elle pourrait permettre l'identification d'une empreinte génétique susceptible de correspondre à celle de l'une des sept disparues ou du suspect.

Dans le cadre de cette requête, les conseils des familles font une synthèse du dossier d'instruction existant et demandent au juge des investigations extrêmement importantes : une analyse des dossiers médicaux d'Émile Louis et de ses comptes bancaires, la fouille de tous ses lieux de pêche répertoriés, l'interrogatoire des responsables de l'APAJH, etc.

Quatre ou cinq mois plus tard, les conseils de Pierre Monnoir prennent contact avec le juge d'instruction afin de dresser un bilan de l'enquête. Ils demandent que celle-ci soit, dans un premier temps, orientée vers Émile Louis avant d'envisager les autres hypothèses.

1. La recherche de substances diverses (sang, sperme, salive, cheveux...) souligne que, compte tenu de l'ancienneté des pièces à conviction, il convient de procéder rapidement aux analyses pour éviter le dépérissement des preuves. Des prélèvements ont aussi été effectués sur les familles et les suspects. Émile Louis fera l'objet d'un prélèvement en décembre 1999. Manifestement cela lui causera des inquiétudes.

UN ENQUÊTEUR PRIVÉ : JEAN-FRANÇOIS ABGRALL

Les parties civiles ne sont pas convaincues par la construction du dossier d'enquête. En outre, elles disposent d'informations qui leur sont adressées de toutes parts, qu'elles n'ont pas les moyens de vérifier, mais qui peuvent se révéler déterminantes. Les journalistes d'investigation ne travaillent plus sur le dossier des disparues, il n'est donc pas possible de leur demander de procéder à des vérifications. C'est alors que maître Gonzalez de Gaspard reçoit dans son cabinet Jean-François Abgrall.

Jean-François Abgrall est alors gendarme affecté à la section de recherche de Rennes. Il envisage de quitter ses fonctions et d'exercer la profession de détective privé. Avant de se lancer, il prospecte les avocats qu'il connaît. Pierre Gonzalez de Gaspard et Jean-François Abgrall se sont rencontrés dans le cadre des cours d'assises relatives à Francis Heaulme. L'un défendait celui que l'autre avait arrêté.

L'avocat pense que les services de ce détective peuvent lui être utiles pour diverses affaires criminelles, dont celle des disparues de l'Yonne. Il décide de le présenter à Pierre Monnoir.

Ce dernier accepte d'avoir recours aux services de Jean-François Abgrall pour deux raisons essentielles. La première, c'est de faire vérifier les informations dont il dispose avant de les remettre à la justice ; la seconde, c'est de mener une co-enquête en complément de celle des enquêteurs pour permettre d'accélérer encore les investigations.

Jean-François Abgrall prend rendez-vous avec le cabinet d'avocats afin de déterminer quelles seront ses premières interventions. Mais dès ce premier moment, le programme est bousculé. Un journaliste qui suit l'affaire depuis des années prend contact avec le cabinet et fournit une information capitale : Mme Louis, qui vient de décéder, a laissé un journal intime, pratiquement écrit sur son lit de mort [1].

1. Elle décède d'une longue maladie le 15 mars 2000, encore un témoin capital qui disparaît.

Y a-t-elle mentionné les comportements particuliers de son ex-mari – qu'elle a tus toute sa vie selon sa fille aînée ? A-t-elle apporté des précisions sur les disparitions, celle de Jacqueline Weis qu'elle a élevée ?

Cette pièce qui peut se révéler capitale risque d'être dissimulée ou détruite. Que faire ? L'information est-elle véridique ? Vérifiable ? Comment la confier à la justice sans délais afin d'obtenir une saisie ? Le journaliste en question veut rester dans l'ombre, il ne fera même pas d'article. Finalement, la décision est prise de confier la mission à Jean-François Abgrall. Ce dernier se charge d'informer les enquêteurs. De ce jour, les gendarmes savent qu'un enquêteur privé, ex-gendarme, œuvre aux côtés des familles des disparues. Ils saisissent le journal en question, qui paraît cependant incomplet.

Jean-François Abgrall procède, durant les six mois de son enquête, à de nombreuses vérifications.

Il en est ainsi lorsqu'un témoin contacte le cabinet d'avocats afin d'indiquer un lieu de découverte d'un squelette. La conversation est transmise à Corinne Herrmann, le témoin dit : « En juin 1999, alors que je recherchais des fossiles, j'ai découvert un squelette à peine recouvert de terre. J'ai averti la brigade de gendarmerie locale. Ensemble nous avons mis au jour tout le squelette. Aucun vêtement, bijoux, etc. ne subsistait, permettant d'en déterminer au moins le sexe, mais il m'apparut comme étant féminin. Le crâne présentait un fracas facial de type blessure par balle. Depuis 1999, je n'ai pas été informé du résultat des analyses qui devaient être effectuées sur ce corps, j'ai pensé qu'il pouvait s'agir de l'une des jeunes filles que vous recherchez. »

L'enquêteur privé procède rapidement aux vérifications utiles qui démontrent que le témoignage est sérieux. Il en informe ses ex-collègues de la section de recherche de Paris, rencontre les témoins sur les lieux... qui sont proches d'un endroit habituellement fréquenté par Émile Louis, au sud d'Auxerre et qui fera l'objet de fouilles en mai 2000. Aujourd'hui on ne sait pas encore si les analyses ont été menées à terme, ni même si cette affaire a été rapprochée d'autres affaires criminelles locales irrésolues...

Jean-François Abgrall rencontre également les familles des victimes. En particulier Mme Gisèle Gras, la mère de Chantal. Elle lui raconte comment on « aurait donné le bon Dieu sans confession à Émile Louis » : il la transportait lorsqu'elle venait rendre visite à sa fille chez sa nourrice, il lui disait que l'enfant partirait dès sa majorité... Ce fut le cas, mais elle n'a jamais réapparu.

Mme Gras parle à l'enquêteur privé de la lettre que lui écrivit Émile Louis (et qui était portée en copie au dossier du juge, voir Doc. 4), mais elle ne la retrouve pas. Elle la recherche dès le départ de son interlocuteur, trouve l'original, le rappelle, il rebrousse chemin, il avait déjà parcouru une centaine de kilomètres. Ce courrier est très intéressant. L'enquêteur constate qu'Émile Louis fournit une autre adresse que la sienne, il s'agit de celle de son employeur. Pourquoi agit-il de la sorte ? Autre élément intéressant : ce courrier fixe un rendez-vous secret à Mme Gras, à la gare (un endroit où personne ne fait attention à personne). Il la sait seule, il l'isole plus encore en lui demandant de ne pas parler de ce rendez-vous, surtout pas à la nourrice de sa fille. Sait-il que c'est la seule personne qu'elle connaît ou qu'elle fréquente dans l'Yonne ? Ce courrier est une pièce à conviction importante, il permet de démontrer que Chantal Gras connaissait très bien Émile Louis, et qu'elle restait seule dans le bus en dehors des horaires scolaires. Que se passait-il alors ?

L'enquêteur privé se rend ensuite dans le sud de la France pour rechercher des témoins, entendre en particulier le père d'une enfant victime d'attentats à la pudeur perpétrés par Émile Louis en 1989. Son témoignage est connu depuis l'affaire Heaulme à Draguignan. L'enquêteur contacte cet homme, il n'est manifestement pas au courant de l'affaire d'Auxerre ou n'a pas fait le rapprochement. En 1989, Émile Louis lui aurait confié ses fantasmes concernant les violences qu'il souhaitait faire subir à des femmes. Cet homme en témoigne aux gendarmes en 1989.

Il fournit une attestation à l'enquêteur privé, qui sera remise à la justice.

Jean-François Abgrall retrouve également des victimes d'Émile Louis. Elles le mènent sur les lieux où elles ont subis diverses violences, non loin de l'endroit où les corps seront retrouvés en décembre 2000 et janvier 2001. Enfin, la fille aînée d'Émile Louis lui confie également son histoire... de victime.

Pierre Monnoir doit, de son côté, trouver les financements nécessaires à la rémunération du détective. Pour ce faire, il a recours aux médias. Il négocie un reportage exclusif avec un journaliste de l'agence Sunset Press, Samuel Luret, qui se déclare rapidement intéressé (il a déjà réalisé un reportage sur Jean-François Abgrall et sur son enquête dans l'affaire Heaulme). Une équipe de journalistes suivra donc le détective privé durant quelques jours, lors de son enquête sur les jeunes filles disparues.

Reste à déterminer le cadre de l'enquête, les informations à rechercher ou à vérifier, celles qui peuvent en priorité être médiatisées. Depuis quelques semaines, aucun article n'est paru sur l'affaire des disparues.

UN CD-ROM OU LA PISTE DE LA PÉDOPHILIE

Jeudi 24 février 2000, Paris. *L'Humanité* titre : « Pédophilie, le dossier de la honte ». Le journal s'est procuré un répertoire photographique et un CD-ROM montrant des centaines d'enfants. À ce moment-là, ces documents ont été quasiment inexploités dans la lutte contre les réseaux transnationaux.

Établi à partir du CD-ROM, qui contient plus de dix mille séquences pornographiques mettant essentiellement en scène des enfants, ce répertoire présente cinq cent soixante-douze photographies. L'article de *L'Humanité* fait la une de certaines revues de presse. Corinne Herrmann se le procure et le joint au dossier des disparues d'Auxerre, à titre informatif, dans l'éventualité où la piste du réseau pédophile s'avérerait sérieuse. Précisons que le juge d'instruction a retenu trois hypothèses de travail dans cette affaire : celles d'Émile Louis, de la prostitution et du réseau de pédophilie.

Très rapidement, d'autres médias reprennent l'information diffusée par *L'Humanité* et la développent, soulignant avec insistance que ce fichier est déjà utilisé par toutes les polices d'Europe sauf par la police française. Plus scandaleux et suspect encore : le CD-ROM est à la disposition des autorités françaises depuis plus d'un an sans être exploité.

Le ministère de la Justice n'a alors d'autre alternative que d'ordonner la transmission du fichier à tous les services de police et de gendarmerie pour permettre aux personnes intéressées de le visionner. Dans le même temps, il ordonne la centralisation de toutes les affaires qui pourraient en résulter devant un seul magistrat instructeur, affecté au tribunal de grande instance de Paris, le juge Ringot.

Le fichier transmis ne reprend que cinq cent soixante-douze photographies sur les milliers recensées sur le CD-ROM. Pourquoi une telle sélection ? Sur le fondement de quels critères ? Est-il utile de consulter un fichier expurgé de la sorte ?

À la même période, sur l'affaire des disparues d'Auxerre, les médias restent silencieux. Or, sans une certaine pression journalistique, le dossier est en danger. Il peut encore être étouffé. Les éléments qui y figurent restent fragiles, insuffisamment étayés par des indices, et il n'a encore été procédé à aucune mise en examen.

La presse, qui pense avoir traité tout ce qui présentait de l'intérêt, devient de plus en plus exigeante. Le mystère de la disparition des sept jeunes handicapées a un air de « déjà vu ».

Le 10 mai 2000, les gendarmes organisent des fouilles [1]

1. À la suite de ces fouilles, Liliane Renault, sœur de Martine, demande, le 17 mai 2000, à se constituer à son tour partie civile.

dans un cabanon ayant appartenu à Émile Louis, sur le territoire de la commune de Vallan (Yonne). Ce lieu présente beaucoup d'intérêt : Émile Louis y aurait séquestré, torturé et violé une jeune femme, qui en a témoigné auprès des enquêteurs, décrivant partiellement son mode opératoire. Il s'agit en outre du seul cabanon (connu) sous lequel existe une cave. Émile Louis peut y avoir enterré des indices.

Seuls les médias locaux sont présents. Les autres journalistes, qui se sont déplacés précédemment à l'occasion de fouilles infructueuses, se contentent de donner un coup de téléphone au cabinet d'avocats et à Pierre Monnoir. Les fouilles de Vallan font chou blanc. Le mystère de la disparition des jeunes filles prend encore de l'épaisseur, mais ce sont d'autres faits divers qui occupent l'actualité : les affaires Dils, Godard, Rezzala, celle du CD-ROM pornographique.

Les médias se passionnent pour cette dernière affaire. Corinne Herrmann apprend par la presse que le CD-ROM contient des photographies qui datent des années 70, que certaines concernent de jeunes adultes, des jeunes filles. Un soir de mai 2000, elle rencontre Pierre Monnoir dans un café à Montparnasse. Ils se demandent si les gendarmes seraient en mesure de leur faire visionner le fichier extrait du CD-ROM, afin de vérifier si l'une ou l'autre des sept jeunes filles disparues n'y apparaît pas. Il suffirait qu'une seule photo corresponde pour que l'enquête franchisse un pas déterminant. Quelqu'un y pensera-t-il ? Ils sont convaincus que ce serait une erreur de ne pas procéder aux vérifications de base, dans une province où les mœurs de certains sont pour le moins douteuses.

Jusqu'alors ni le juge d'instruction ni les enquêteurs n'ont eu, semble-t-il, le réflexe de comparer les photographies des disparues avec celles du fichier, alors même que leurs hypothèses de travail retiennent la piste de la prostitution et celle de la pédophilie.

Après réflexion, Corinne Herrmann et Pierre Monnoir décident de faire visionner le fichier aux parties civiles, les plus à même de reconnaître leurs proches. Par ailleurs, ils se disent qu'un tel événement devra indiscutablement faire l'objet d'une large couverture médiatique.

Il est facile et peu onéreux pour l'ADHY de réunir les familles à Auxerre. Dès le lendemain les gendarmes sont contactés pour organiser le visionnage du fichier à Auxerre, au bénéfice de toutes les parties civiles. Les enquêteurs sont sur la réserve, mais ils acceptent de coopérer en total respect des directives ministérielles, selon lesquelles le fichier doit être mis à la disposition de toute personne qui le souhaiterait.

Ils font publier l'avis suivant dans *L'Yonne républicaine* :

Le fichier pédophile est consultable chez les gendarmes, il s'agit d'un fichier de cinq cent soixante-douze portraits d'enfants victimes potentielles d'actes pédophiles qu'il faut identifier. Le fichier est consultable par toute personne auprès de la gendarmerie d'Auxerre.

Tout le monde y trouve un avantage : les gendarmes qui peuvent, selon une expression qui leur est familière, « fermer une porte », c'est-à-dire éliminer une hypothèse de travail ; l'association et ses conseils, qui trouvent ainsi le moyen de créer un événement médiatique et de présenter aux parties civiles l'enquêteur privé, Jean-François Abgrall, et la nouvelle venue, Liliane Renault. Les journalistes de Sunset Press, auxquels l'association accorde l'exclusivité de l'événement, et l'enquêteur privé, qui rencontre les parties civiles et peut les interroger sans avoir à effectuer de longs déplacements, ne sont pas lésés.

Personne ne pense sérieusement que le visionnage du fichier peut aboutir à des reconnaissances, mais aucune des parties ne peut faire l'économie de telles vérifications.

Le visionnage est fixé au 6 juillet 2000 dans les locaux de la gendarmerie d'Auxerre. Au préalable, Aurélie Thirion, vice-présidente de l'ADHY, téléphone à chacune des parties civiles pour lui expliquer les motifs de cette convocation et se met à sa disposition afin de régler tous les obstacles pratiques qu'elle pourrait rencontrer (problèmes d'horaires, de transports, frais de taxi, etc.).

À Auxerre, ce jeudi 6 juillet 2000 en début d'après-midi, il fait extrêmement chaud, plus de trente degrés. De ces chaleurs étouffantes qui précèdent un orage. Les familles des disparues qui se rassemblent devant les grilles de la gendarmerie d'Auxerre sont pourtant oppressées pour d'autres motifs. Elles sont toutes là, accompagnées d'amis qui les soutiennent. Toutes sont angoissées à l'idée de reconnaître leur parente sur ces clichés dans une attitude dont elles ne voudraient pas se souvenir. Ce qui les rassure et les réconforte, c'est la présence à leurs côtés de toute l'équipe de Pierre Monnoir.

Le premier visionnage s'organise. Les deux sœurs Renault, Laurence et Liliane, sont appelées dans une petite pièce, au premier étage de la gendarmerie. Un gendarme les attend derrière un bureau austère sur lequel se trouve le fichier extrait du CD-ROM.

L'avocat et Corinne Herrmann les accompagnent, mais également les journalistes, le caméraman, l'ingénieur du son, une photographe, qui ont été autorisés à tourner et à prendre des clichés par le Service d'informations et de relations publiques de l'armée. Sans doute les autorités pensent-elles que les images tournées ce jour-là seront sans aucune conséquence, qu'elles ne seront jamais diffusées, puisqu'il ne se passera rien. Elles ont tort.

Il y a donc beaucoup trop de monde dans ce bureau exigu et mal aéré. Chacun cherche sa place : les journalistes qui se font aussi discrets que possible, le gendarme qui ne veut pas apparaître sur les images, l'avocat qui au contraire souhaite être vu, les deux sœurs qui étouffent d'angoisse.

Laurence n'a jamais connu Martine. Elles ont été séparées par la DDASS et placées dans des familles d'accueil différentes. Un jour de 1979, les gendarmes l'attendent à la sortie de l'école pour la questionner au sujet de sa sœur Martine Renault, disparue. Dans le même temps, ils lui apprennent son existence et sa disparition. Elle n'est pas informée du résultat de cette enquête. Mais en 1979, Laurence est mineure, que peut-elle faire ?

C'est en regardant l'émission *Perdu de vue*, dix-sept ans plus tard, qu'elle comprend, le cœur serré, que sa sœur n'a jamais été retrouvée. Elle rejoint alors l'ADHY et se constitue partie civile. Elle accepte de se soumettre à l'épreuve du fichier car elle a encore l'espoir de rencontrer un jour sa sœur disparue.

Quant à Liliane, elle a été placée dans la même famille d'accueil que Martine. Elle aussi était mineure quand sa sœur a disparu.

Ensemble, elles feuillettent ce fichier de l'horreur. Cinq cent soixante-douze photos d'enfants et d'adolescents extraites de scènes pédophiles, qui ne peuvent que susciter le dégoût. Courageusement, elles en tournent les pages, une à une, sans montrer leur révolte ou leur colère. Elles scrutent avec attention chaque portrait. Liliane est assise, Laurence se tient debout derrière elle et l'étreint, la console, la rassure.

Elles ont pensé à prendre la seule photographie qu'elles possèdent de Martine. Celle que les médias publient régulièrement. Elles la posent sur le bureau, juste à côté du fichier. Le contraste entre cette image souriante et celles d'enfants abusés est insoutenable.

Soudain, page dix-neuf, Liliane pleure, suffoque... ses mains se tordent et s'agrippent à Laurence... Elle reconnaît la photo numéro cent soixante-treize, elle la compare à celle de Martine. C'est certain, c'est sa sœur.

Les témoins de la scène sont abasourdis. L'incroyable vient de se produire sous leurs yeux. Certains d'entre eux ne peuvent s'empêcher d'être gagnés par l'émotion des deux sœurs, qui pleurent dans les bras l'une de l'autre.

Le gendarme doit établir un procès-verbal. Il interroge les deux témoins et leur demande de lui remettre la photo qu'elles ont apportée : c'est un déchirement, car elles n'ont pas d'autre cliché.

Leur audition risque de durer encore longtemps. Un gendarme guide alors les neuf parties civiles, qui attendent dehors en pleine chaleur, vers un bureau encore plus petit, où un thermomètre indique trente-deux degrés. Là, en présence de Corinne Herrmann qui tente de les soutenir, tour à tour, Jean-Pierre Marlot, Marie Dejust-Julien et Gisèle Gras vont affronter cette épreuve. Ils ne sont pas préparés à visionner de tels clichés. Pourtant, courageux et déterminés, au-delà de la nausée et des larmes, ils le font, au cas où... Ils ne reconnaissent aucune photographie.

Gisèle Lemoine attend en compagnie de sa nièce depuis plus de trois heures. Il fait lourd. Leurs vêtements leur collent au corps, elles ont les cheveux plaqués au visage. C'est à leur tour. Gisèle pénètre dans le bureau, seule. Elle ouvre le document, détaille une à une les quatre cent soixante-dix photos. Ferme le document, le rouvre et, sans aucune hésitation, avec une voix déterminée, dit en désignant la photo numéro deux cent quarante-cinq : « C'est ma sœur, c'est le visage de ma famille, c'est le visage de ma sœur. »

« Êtes-vous certaine ? » lui demande le gendarme. Elle l'est. Il établit alors un procès-verbal constatant la reconnaissance, tout en se disant certainement, comme les autres spectateurs de la scène, que la ressemblance est quand même troublante.

Gisèle et Francine se croisent dans l'encadrement de la porte. Elles ne peuvent échanger aucun mot. Francine est la fille de Françoise et la nièce de Bernadette Lemoine. Elle ne les a pas directement connues puisqu'elle n'avait que deux ans lorsque sa mère a disparu.

Comme précédemment sa tante, elle examine l'intégralité du fichier sans manifester aucune émotion. Puis, à la stupéfaction générale, d'une petite voix douce, sans relever les yeux de cette photo qui lui fait penser à sa mère qu'elle recherche, elle désigne la photo numéro deux cent quarante-cinq, celle-là même que sa tante vient de reconnaître.

À l'extérieur, les amis et les accompagnateurs des familles, Pierre Monnoir, Aurélie Thirion et les autres écoutent, consolent... Les parties civiles se soutiennent et se comprennent mutuellement, au-delà des mots.

Jean-François Abgrall, l'enquêteur privé, raconte qu'il a pris ce jour-là la vraie dimension du dossier :

Je pensais avoir à travailler sur une affaire vieille de vingt ans, et je me trouve confronté à la souffrance des familles, et ça c'est actuel. Quand je croise les visages des frères, des sœurs, etc., des jeunes filles disparues, il y a de grandes ressemblances physiques et l'affaire est là devant moi, pas il y a vingt ans, aujourd'hui. En discutant avec eux, je pénètre leur intimité, je suis confronté à leur vulnérabilité et j'ai devant moi ce que recherchait exactement le suspect.

La journée est éprouvante, même pour les gendarmes, parmi lesquels se trouve l'adjudant Éric Barou, l'un des enquêteurs de la brigade de recherche de Paris, qui a fait le déplacement. Tous doutent cependant que les visages reconnus soient vraiment ceux des jeunes filles disparues car, même si les identifications sont troublantes, elles émanent de parentes qui ont eu peu de contacts avec les disparues. L'association reste tout aussi prudente vis-à-vis de ces reconnaissances, dans l'attente de nouveaux éléments. Les gendarmes établissent un rapport et le transmettent au juge Ringot, qui centralise toutes les affaires autour du fichier pédophile. Le rapport est ensuite porté pour information à la procédure d'instruction ouverte au cabinet du juge d'instruction auxerrois, Benoît Lewandowski.

Le dossier des disparues, étouffé pendant des années, risque d'être l'objet de trois enquêtes différentes à partir de ce 6 juillet 2000 : celle de la section de recherche de Paris, celle de l'enquêteur privé et, désormais, celle de la brigade des mineurs de Paris, spécifiquement désignée pour suivre les affaires en liaison avec le fichier pédophile. L'affaire, qui relève désormais de deux juges d'instruction et de deux tribunaux différents, devient donc de plus en plus complexe.

De nouvelles questions se posent et, au lieu d'avoir « fermé des portes », les reconnaissances en ont ouvert de nouvelles. Le coupable a-t-il agi dans le cadre d'un réseau ? Avec quelles complicités ? Pour le compte de qui ?

Cependant, d'autres événements, tout aussi capitaux, ont

lieu le même jour. Sont-ils suffisants pour relancer le dossier ? Le matin, l'avocat se rend au bureau du juge, afin de prendre connaissance de l'état d'avancement des recherches. Puis il informe les familles d'un rapport d'expertise établi par le CHU de Nantes, en particulier par les docteurs Pascal[1] et Roux.

Le juge d'instruction auxerrois a chargé ces spécialistes d'analyser les vêtements trouvés dans le garage d'Émile Louis. Après des mois d'attente, c'est donc avec beaucoup de curiosité et d'impatience que les familles prennent connaissance des analyses. Sont-elles positives ? Ont-ils bien fait de les solliciter quand tout le monde autour d'eux les disait inutiles, les pièces à conviction étant jugées trop anciennes ? La justice a d'ailleurs longtemps tergiversé.

Des prélèvements ont bien pu être effectués, mais de nombreuses substances, n'ayant pu être exploitées, sont conservées pour être analysées ultérieurement, si l'évolution des techniques le permet.

Cependant, trois prélèvements ont été exploitables : un cheveu sur le manteau, une tache sur un slip, de la salive sur un timbre. Il s'agit de trois ADN féminins.

L'avocat décide immédiatement de demander de nouvelles analyses, afin de comparer ces empreintes ADN avec celles des familles, ce qui permettra de déterminer l'origine des éléments relevés sur les vêtements. S'il existe une concordance entre ces empreintes et celles des familles, il faudra qu'Émile Louis explique comment des

1. Le docteur Pascal est l'homme qui a réussi à identifier l'empreinte ADN de Guy Georges, un tueur en série surnommé « le tueur de l'Est parisien ». À un moment où la justice piétinait, le docteur Pascal, sur demande du juge d'instruction Thiel, a procédé à une comparaison systématique entre les empreintes ADN de divers criminels analysées par son laboratoire et celles prélevées sur les victimes du tueur. Travail volumineux et minutieux, qui lui a permis d'identifier le tueur. Grâce à lui, Guy Georges est interpellé le 26 mars 1998 et mis en examen pour les agressions de onze femmes, dont sept ont trouvé la mort. Il sera condamné par la cour d'assises de Paris en mars 2001.

vêtements ayant appartenu à l'une ou l'autre des disparues pouvaient se trouver dans son garage.

LA RECONNAISSANCE DES VÊTEMENTS

Les gendarmes profitent de ce que les parties civiles sont réunies pour leur présenter les clichés des vêtements remis par la fille du suspect aux enquêteurs, en mai 1999. Ceux-là mêmes qui viennent de faire l'objet d'analyses scientifiques. Un slip et un débardeur sont reconnus par la famille de l'une des disparues. Les gendarmes établissent aussitôt des procès-verbaux constatant ces reconnaissances.

La journée a été particulièrement éprouvante pour les parties civiles, qui acceptent pourtant de poser pour la photo de famille, prise devant le palais de justice puis devant l'IME d'Auxerre. Photo de famille : expression tristement paradoxale pour ces gens sans famille qui recherchent des orphelines.

Après avoir quitté les parties civiles, l'équipe de Pierre Monnoir se retrouve dans un bar sur les quais de l'Yonne pour faire le point avant de reprendre la route. Là les attend un éducateur, l'un de ceux qui, à l'origine, avaient remis les photos des disparues à l'association, celles-là mêmes qui ont été diffusées par l'émission *Perdu de vue*, et reprises ensuite par tous les médias.

Il est venu aux nouvelles pour informer ceux qui œuvrent avec lui, anonymement, au bénéfice de l'ADHY. Jean-François Abgrall, qui le rencontre pour la première fois, prend immédiatement rendez-vous avec lui. L'éducateur doit lui expliquer le fonctionnement des instituts, le système mis en place par les dirigeants de l'APAJH à l'époque des disparitions, etc. Jean-François Abgrall a besoin de comprendre tout cela pour poursuivre son enquête.

Personne ne rend compte de l'événement : les médias sont plus silencieux que jamais.

L'exclusivité sur les informations et les clichés du 6 juillet 2000 est accordée à un hebdomadaire qui paraît le samedi et dont les auteurs taisent le nom par délicatesse. Cette exclusivité est monnayée, elle doit financer l'enquête privée – rappelons que l'ADHY ne dispose d'aucun revenu et que ses fonds fluctuent entre cinq mille et dix mille francs. Or, la prestation d'un détective privé représente en moyenne cinq mille francs par jour, plus les frais. Même si Jean-François Abgrall consent à effectuer son travail à un tarif relativement faible, cela dépasse de loin les possibilités de l'ADHY.

Il est convenu avec l'hebdomadaire que l'article sera publié avant le 15 juillet. Mais le magazine est frileux, il hésite, il craint de s'engager, de publier les informations recueillies, notamment celles concernant les fugues, qui sont consignées dans les registres de l'IME d'Auxerre. À chaque conférence de rédaction, la publication de l'article est repoussée. De ce fait, l'enquête privée, qui ne peut être financée, prend du retard. Le silence des médias perdure, il s'ajoute à celui des institutions. Une fois encore, la loi du silence menace... Pourtant, si la presse avait su que les familles des jeunes femmes disparues venaient de les reconnaître dans le fichier extrait du CD-ROM, il est certain qu'elle aurait très largement couvert l'événement. Mais les parties civiles ne peuvent rien dire tant que l'article n'est pas publié... L'attente dure plusieurs semaines. Frileusement, l'hebdomadaire finit par renoncer. Pour quelles raisons ? Manque de conviction ? Pressions ?

Il faut alors continuer de protéger ces informations et parvenir à les monnayer avec un autre partenaire. Pour les renégocier, il faut au préalable rebâtir un plan média. Or, le temps a passé, les révélations n'ont plus la même actualité, leur intérêt en est donc diminué. Survenue à l'occasion d'un événement tout à fait étranger à l'affaire des disparues de l'Yonne – la stérilisation supposée de travailleuses handicapées mentales à Sens –, la rencontre avec un journaliste de *France Soir* est déterminante ; elle influence le cours de l'enquête et la campagne médiatique.

L'AFFAIRE DES STÉRILISATIONS DES PERSONNES HANDICAPÉES MENTALES DE SENS

En juillet 2000, l'ADHY accepte de se charger, avec l'aide de son équipe habituelle, d'un autre dossier extrêmement sensible. Celui de quatorze jeunes femmes handicapées mentales que l'on suppose avoir été stérilisées contre leur gré.

Le 11 septembre 2000, une plainte avec constitution de partie civile est déposée à grand bruit devant le doyen des juges d'instruction du tribunal de grande instance de Sens. Cette plainte vise les infractions de non-dénonciation de crime et de violences ayant entraîné des mutilations et des infirmités permanentes. Les médias régionaux et nationaux, mais également certains médias étrangers, couvrent largement cette affaire : c'est en effet la première fois en France qu'une plainte de ce genre est déposée. L'ADHY, à travers cette action, a une fois de plus le mérite de soulever un problème complexe et tabou : celui, largement répandu, de l'accomplissement d'un acte illégal sur des jeunes femmes handicapées contre leur consentement. Les dirigeants des institutions nient les faits et cherchent, là encore, à instaurer la loi du silence – ce que les médias aiment combattre.

Tous les ingrédients sont donc réunis pour passionner le public. Dès le départ, l'ADHY sait que cette nouvelle affaire doit bénéficier du soutien des médias, qu'elle doit se dérouler sur la place publique afin de conjuguer transparence et exemplarité.

La stratégie type à appliquer à l'égard des médias est simple : pour éviter que l'affaire ne soit enterrée ou ne passe inaperçue, l'ADHY accorde son exclusivité à un quotidien national, qui procède à des vérifications et à des investigations avant toute publication (les informations ainsi recueillies peuvent se révéler utiles aux avocats, qui ne sont pas toujours en mesure de vérifier les dires de leurs clients). Après la parution, l'information exclusive sera immanquablement reprise dans les revues de presse du matin puis dans les autres organes de presse.

Peu avant que n'éclate l'affaire de Sens, Jean-Pierre Vergès, journaliste à *France Soir*, contacte le cabinet d'avocats pour savoir si le dossier des disparues d'Auxerre a connu des évolutions pouvant justifier un article. Corinne Herrmann ne lui parle ni du CD-ROM ni des reconnaissances qui ont eu lieu, mais elle évoque l'affaire de Sens et lui propose de lui en réserver l'exclusivité. Le communiqué de presse qui devait être adressé à l'ensemble des médias est donc retardé de quelques jours, pour laisser le temps au journaliste de procéder à son enquête, de vérifier, de recouper et de compléter les informations qui lui sont fournies, entre autres celles de l'ADHY.

Le lundi 11 septembre 2000, *France Soir* publie un article exclusif sur l'affaire de Sens et titre à la une : « Stérilisées contre leur gré ? » L'article est lui-même intitulé « Y a-t-il eu stérilisation forcée ? Quatorze jeunes filles handicapées mentales auraient été sexuellement mutilées à Sens, dans l'Yonne. La direction du centre se mure dans le silence. »

Ce silence, Jean-Pierre Vergès le connaît bien, pour y avoir été confronté dans l'affaire des disparues d'Auxerre. Il ne peut s'empêcher de compléter son article par un rappel de cette affaire, sous l'intitulé « Département sous surveillance ». Il n'y a pas amalgame mais analogie.

Le plan média mis en place est un succès, au-delà des espérances de l'ADHY. C'est alors que naît l'idée de proposer à *France Soir* à titre exclusif les informations retenues depuis l'été.

L'ARTICLE CAPITAL

France Soir accepte de traiter les informations relatives au CD-ROM. Il n'est cependant pas possible de révéler immédiatement leur existence car, si les faits sont importants, ils datent de plusieurs mois. Il faudrait donc les présenter en complément d'un événement qui les replacerait dans l'actualité.

Ce nouveau fait survient début octobre : les parties

civiles sont conviées par le juge d'instruction Benoît Lewandowski à se rendre dans les gendarmeries les plus proches de leurs domiciles et à se soumettre à des prélèvements de salive, qui doivent permettre la comparaison de leur empreinte génétique avec celles relevées sur les vêtements retrouvés dans le garage d'Émile Louis.

C'est ce jour-là, le 5 octobre 2000, que l'article de Jean-Pierre Vergès, écrit en collaboration avec Samuel Luret, présent lors des reconnaissances, paraît. Il tient la une du journal sous le titre « Enquête-rebondissements dans l'affaire des disparues de l'Yonne », et fait l'effet d'un coup de tonnerre. Le journal n'hésite pas à aborder les tests ADN : « Disparues de l'Yonne : la solution passe par l'ADN. Des empreintes génétiques vont être prélevées aujourd'hui sur les parents des jeunes filles. Elles pourraient permettre de confondre le suspect numéro un. »

Il parle également du CD-ROM (« Leurs proches sur le CD-ROM pédophile ? ») et des registres de l'IME (« Des fugues expéditives »).

Le tout sur une double page, accompagnée de la photo de famille prise le 6 juillet 2000 devant l'entrée de l'IME d'Auxerre.

Les revues de presse, notamment celles de la télévision, reprennent immédiatement le contenu de cet article, avant même que la plupart des lecteurs du journal n'en aient eu connaissance.

Les autres médias leur emboîtent le pas et mobilisent rapidement leurs équipes. En quelques heures, celles-ci sont présentes sur le terrain, soit dans l'Yonne, soit au cabinet d'avocats, soit auprès de Pierre Monnoir, soit enfin auprès de l'une ou l'autre des parties civiles. Les interviews se font dans l'urgence, rarement en studio, plus souvent au téléphone, dans une brasserie, devant une gare, à un péage d'autoroute, à domicile... Ce jour-là, les protagonistes de l'affaire sont rattrapés par les médias. L'effervescence dure plus d'une semaine.

Les médias sont également présents devant les gendarmeries d'Auxerre et de Migennes, occupés à guetter les parties civiles. On les sait fragiles : on espère obtenir d'elles des commentaires, des indiscrétions, voire un scoop. Les familles sont seules face aux journalistes mais, contrairement à ce qu'ils croient, depuis des mois, des années, elles ont appris à communiquer. Elles font face. Aux gendarmes pour les prélèvements, aux journalistes pour les interviews. Dans leurs chroniques, les journalistes n'hésitent pas à rivaliser de superlatifs, à prétendre qu'il s'agit de « l'affaire judiciaire du siècle », de « l'énigme judiciaire du siècle », du « fait divers de ces vingt-cinq dernières années ». À dater du 5 octobre 2000, ils entretiennent des relations très étroites avec Pierre Monnoir et ses avocats, épiant le moindre événement.

Pourquoi un tel engouement ? Il existe d'autres faits divers mystérieux – l'affaire Godard, l'affaire Grégory... –, d'autres affaires sinistres, comme celle de Perpignan [1], etc.

Les journalistes sentent que le suspect numéro un risque, dans un temps très proche, d'avoir à s'expliquer devant la justice. Si l'ADN qui se trouve sur les vêtements est le sien ou celui de l'une des jeunes filles disparues, il devra justifier leur présence dans son garage. Les journalistes savent qu'Émile Louis tentera de se disculper en prétextant que les vêtements en question ont été perdus ou oubliés par les jeunes filles dans son car. Qu'il les a ramassés et, comme ils n'ont pas été réclamés, il les a rangés... dans son garage. Qu'il les a même oubliés.

Mais comment expliquer qu'il ait conservé des vêtements de jeunes filles dont il avait seulement la charge du transport ? Comment expliquer surtout que des jeunes filles oublient ou égarent dans un car des slips, des soutiens-gorge, du linge de corps, des chaussures... fussent-elles handicapées mentales ?

L'actualité est porteuse : on parle de réaliser un test ADN sur le cœur de Louis XVII, sur le sang qui a permis

1. Il s'agit de jeunes femmes, présentant un profil identique, qui ont été enlevées devant la gare de Perpignan et dont les cadavres ont été retrouvés dans les environs.

d'écrire sur une porte « Omar m'a tuer »... Plusieurs émissions télévisées traitent de ce sujet.

Les tests ADN sollicités ici portent sur des pièces à conviction dont l'origine est très ancienne, peut-être vingt-cinq ans. Or, les tests ADN sur l'affaire Grégory viennent d'échouer, aucun résultat n'a pu être obtenu sur le timbre de la carte postale envoyée par le « corbeau », qui date de seize ans.

L'affaire des disparues d'Auxerre sera-t-elle la première résolue par des analyses scientifiques effectuées plus de vingt-cinq ans après les faits ? Un tel succès poserait de nouvelles questions à la justice ; ce serait en effet la première fois qu'un homme serait arrêté, tant d'années après les faits, uniquement sur la base de tests scientifiques, mais aussi la seule fois où le suspect de plusieurs crimes pourrait être interviewé avant son arrestation [1].

Émile Louis parle librement des victimes alors que tous ont la conviction qu'il est coupable. L'imaginaire joue un rôle important dans son image médiatique : on se demande ce qu'a pu commettre cet homme durant ses vingt-cinq années de liberté.

LES RUSHS DES MÉDIAS, LA NÉGOCIATION

Plusieurs télévisions envisagent d'effectuer un reportage sur l'affaire des disparues de l'Yonne, en particulier TF1 et France 2. Leur objectif : interviewer le principal suspect, qui est au centre des hypothèses et toujours libre. Émile Louis n'a toujours pas été entendu par les gendarmes, et les journalistes espèrent, en l'interrogeant, obtenir des indices inconnus de tous. Se voient-ils en quelque sorte investis de la fonction d'enquêteur laissée vacante par les gendarmes ? Ils prennent contact avec le cabinet d'avocats, avec Pierre Monnoir et avec les gendarmes, afin de ras-

1. Aucun tueur en série n'a pu être interrogé par les médias avant son arrestation, ni Guy Georges, ni Francis Heaulme.

sembler un maximum d'informations avant d'interroger Émile Louis.

Une journaliste effectue une interview du suspect à son domicile de Draguignan pendant une demi-heure. Après quelques minutes de négociation, Émile Louis accepte finalement de témoigner puis, hors caméra, confie à la journaliste son inquiétude en ce qui concerne les résultats attendus des tests ADN. Manifestement, cela le trouble.

Au fil des semaines suivent d'autres interviews : télévision, presse écrite... Il répond à tous avec une certaine délectation. Cela devient-il un jeu ?

Poursuivant le même objectif que les journalistes – accumuler des indices et comprendre le mode de fonctionnement et le système de défense d'Émile Louis –, Corinne Herrmann prend connaissance de certains de leurs enregistrements.

À la suite du visionnage, elle fait une première constatation : Émile Louis ne se cache pas, il reçoit tous les journalistes qui frappent à sa porte. Il prétend être la victime d'une machination d'origine auxerroise. Dans le même temps, au fur et à mesure des interviews, il est de plus en plus précis sur les faits, il se les remémore de mieux en mieux... Les intervieweurs, qui s'en aperçoivent, se font toujours plus pressants dans leurs questions mais, dès qu'ils sont trop incisifs, Émile Louis évoque la prescription des faits.

Deuxième constatation : il y a eu des fuites dans le dossier d'instruction. Dans une interview, Émile Louis fait en effet allusion au meurtre de 1967 décrit par sa fille aux enquêteurs (voir p. 212). Or, il ne devrait pas être au courant du contenu des procès-verbaux, donc du témoignage de sa fille. Comment a-t-il pu être informé d'un élément aussi capital ? Par les journalistes ? Par sa famille ? Par sa fille elle-même ?

Dernière constatation : le système de défense d'Émile Louis est déjà prêt. Ce qui est inquiétant, au regard de l'arrestation à venir, est qu'il a réponse à tout. Le dossier d'instruction sera-t-il suffisant pour le confondre ? Il faudrait, pour connaître son profil psychologique, disposer d'éléments nouveaux et l'amener à dire la vérité.

Les rushs sont remis dans un premier temps à un psychiatre pour analyse.

Un profil psychologique est établi, le *modus operandi* du meurtrier reconstitué. Ils sont portés à la connaissance de la justice.

ÉMILE LOUIS PARLE...

L'ARRESTATION

Draguignan, mardi 12 décembre 2000, six heures du matin.

Deux voitures sont garées devant les HLM des Billettes, plus exactement sous les fenêtres... d'Émile Louis.

Dans chacune d'elles, une équipe de deux journalistes, une de la presse écrite, l'autre de la télévision. Qu'attendent-elles ? Quel événement capital amène ces journalistes à « planquer » dans la nuit et le froid ? Ils sont là parce qu'une information a filtré de la gendarmerie d'Auxerre, celle de l'interpellation imminente d'un homme suspecté d'avoir, plus de vingt ans auparavant, tué sept jeunes filles handicapées mentales.

Ils sont d'autant plus impatients qu'ils connaissent bien Émile Louis. Ils savent que c'est un « coriace », qu'aucun gendarme n'a jamais réussi à lui faire dire ce qu'étaient devenues les sept jeunes filles de la DDASS de l'Yonne qu'il serait le dernier à avoir aperçues vivantes.

Tout au long de sa vie, il a nié, même devant les journalistes qui l'ont interviewé tout récemment. Eux ont la conviction que cet homme a bien quelque chose à cacher.

Chacune des deux équipes croit reconnaître, dans la voiture garée face à elle, des gendarmes en civil, occupés à surveiller le suspect en attendant l'arrivée de leurs collègues de la section de recherche de Paris.

Ils sont sûrs que l'arrestation ne devrait pas tarder : les gendarmes ont en effet l'habitude d'interpeller les suspects très tôt le matin, car ils sont moins dangereux au saut du lit, à moitié endormis, que le soir, où les gâchettes sont plus sensibles.

Les journalistes contactent d'abord Corinne Herrmann ; elle leur demande de décrire l'équipage de la voiture d'en face. Elle s'entend répondre : « L'un des gendarmes en civil ressemble à un légionnaire, il a le crâne rasé et la mine de celui qui n'a pas assez dormi... »

Amusée, Corinne Herrmann reconnaît immédiatement l'individu décrit, il s'agit d'un journaliste du *Parisien.*

Les journalistes contactent également Pierre Monnoir. Il réagit de même.

Tous ont l'impression de partager un moment unique. Les appels téléphoniques se croisent et s'entrecroisent entre les deux voitures, Corinne Herrmann et le président de l'ADHY. Ces derniers vivent donc l'événement par procuration. Pour tous il faut tuer le temps, minimiser l'attente, l'incertitude de l'arrestation. Les gendarmes restent pour l'instant absents ou dissimulés. À chaque voiture qui passe, les journalistes sont sur le qui-vive, agités par l'espoir d'avoir la photo, l'image que personne d'autre n'aura.

Les heures s'écoulent et rien n'arrive.

Tout à coup, le journaliste de la télévision qui est en ligne avec Corinne Herrmann a juste le temps de se dissimuler avant de s'écrier : « Il est là, c'est lui, juste devant la voiture ! » Son interlocutrice croit que les gendarmes arrivent, elle est soulagée : c'est fait. Mais ce n'est pas le cas : en réalité, Émile Louis vient de passer à quelques centimètres du véhicule, il se rend à son tabac-PMU habituel. Il n'a pas vu les journalistes, heureusement, car il les connaît. L'arrestation aurait pu échouer. Les voitures changent de place.

Les heures recommencent à s'écouler. La déception et le doute s'installent. Émile Louis ressort, il promène sa chienne, image innocente, la photo est prise, la dernière où cet homme, suspecté d'être un des plus grands tueurs et violeurs en série français, apparaît libre.

De temps en temps, les journalistes sursautent, croyant voir circuler des gendarmes en civil. Autant de fausses alertes ! Peu importe, ils sont là, ils resteront en faction plusieurs jours s'il le faut car ils savent que les enquêteurs de la section de recherche de Paris sont présents à Draguignan pour entendre Émile Louis. Mais quand ? Les journalistes appellent leurs rédactions toutes les heures pour savoir si elles disposent de plus d'informations.

Pierre Monnoir et Corinne Herrmann sont plongés dans l'angoisse, ils se doutent depuis plusieurs jours de la date de l'interpellation, ils l'ont gardée secrète afin d'éviter tout dérapage. Mais des fuites sont toujours à craindre.

De fait, l'information est éventée. Une équipe de France 3 Auxerre contacte le cabinet d'avocats afin d'obtenir confirmation de la possible interpellation d'Émile Louis. Elle a l'intention de diffuser une « brève ». Ce serait une catastrophe : les radios prendraient le relais, Émile Louis pourrait alors entendre la nouvelle, tenter de s'échapper, de détruire des indices, pire encore faire pression sur son épouse, qui a elle-même souffert de ses agissements, de se suicider, de tirer sur les gendarmes... Dans ces conditions, l'opération risquerait d'échouer : des mois d'efforts, des années d'investigations anéantis.

Un accord est heureusement passé avec France 3, qui indique à Pierre Monnoir d'où proviennent les fuites : il s'agit d'un membre de la gendarmerie. Pourquoi, comment ? Personne ne le sait. Il faut faire taire les médias aussi longtemps que l'interpellation n'a pas eu lieu, mais leur pression est de plus en plus forte au fil des heures : chacun veut être le premier à annoncer le scoop attendu depuis des années.

Pierre Monnoir et Corinne Herrmann informent de la fuite les gendarmes de la section de recherche et le juge d'instruction, qui semblent affectés par la nouvelle mais ne leur expliquent pas pourquoi rien ne se passe à Draguignan. Qu'attendent-ils ? La nuit ? Le départ des journalistes présents sur les lieux ? Ils indiquent simplement que l'interpellation est imminente.

Draguignan, il est dix-huit heures, la nuit est tombée. Les deux équipes présentes depuis six heures du matin sont toujours en planque. Les conducteurs somnolent derrière leur volant.

L'interpellation peut encore avoir lieu.

Si pour certains cette journée est exceptionnelle, pour Émile Louis elle se déroule à son rythme habituel : c'est bientôt l'heure du dîner, du journal du soir, le début d'une soirée tranquille en compagnie de son épouse Chantal...

Les gendarmes envahissent la cité HLM des Billettes, les jeunes de la cité se demandent qui mérite un tel déploiement de forces. Sous l'œil dissimulé des caméras, ils bloquent tous les accès avec leurs véhicules. Les journalistes obtiennent des images de cette arrestation malgré toutes les précautions prises.

L'interpellation doit être rapide afin d'éviter toute réaction dangereuse du suspect. Ils sont trois à se rendre devant la porte de l'appartement B 2/23 situé au rez-de-chaussée. Ils frappent ; l'un d'entre eux se tient un peu retrait, la main sur la crosse de son arme. Leurs collègues se postent devant les autres issues. Émile Louis leur ouvre sans difficulté. Sa garde à vue débute.

À partir de ce moment, les gendarmes disposent de peu de temps pour obtenir les aveux de cet homme rompu aux interrogatoires de police. Il leur a résisté depuis plus de vingt ans. Parlera-t-il cette fois ?

À dix-huit heures quinze, Corinne Herrmann est avertie par un appel que les gendarmes sont chez l'intéressé. Elle en informe immédiatement Pierre Monnoir, les familles des sept jeunes disparues et les médias.

Elle appelle ensuite les deux équipes de journalistes qui se trouvent sur place afin d'obtenir plus de précisions. Elle découvre alors que les journalistes du *Parisien* ignorent que l'arrestation vient d'avoir lieu : ils se sont éloignés quelques minutes pour faire développer leurs premières photos et les adresser à leur journal. Ils ont patienté douze heures... pour manquer les clichés de l'événement !

Pendant ce temps, l'information tombe dans toutes les rédactions : un retraité, qui a déjà fait l'objet d'au moins deux condamnations pour des faits de nature sexuelle sur des mineurs, vient d'être interpellé, placé en garde à vue, et est actuellement interrogé par des gendarmes à Draguignan au sujet de la disparition de sept jeunes filles handicapées dans l'Yonne à la fin des années 70, une affaire qui a plus de vingt-trois ans.

Les sollicitations des médias se font alors si nombreuses que l'ADHY et son avocat décident d'organiser une conférence de presse commune le lendemain, mercredi 13 décembre 2000, dans un café parisien.

PARIS, NUIT DU 12 AU 13 DÉCEMBRE 2000

Deux quotidiens ont pu traiter l'événement avant leur bouclage : *Le Parisien* et *France Soir*. Les rotatives tournent à plein régime. *Le Parisien* accorde sa une du 13 décembre, avec un article de Frédéric Vézard, à l'affaire pour annoncer la dernière interview d'Émile Louis :

Disparues de l'Yonne, le témoin numéro un interpellé. Enquête. Pas de cadavre, pas de meurtrier. Et pourtant sept jeunes filles handicapées mentales disparues dans la région d'Auxerre (Yonne) entre 1977 et 1979. Plus de vingt ans après les faits, la justice termine son enquête. Elle attend beaucoup des explications d'Émile Louis qui a côtoyé les jeunes disparues et a été interpellé hier dans le Midi. La veille, ce témoin numéro un s'était confié à notre envoyé spécial.

Cette une est accompagnée de la photo du suspect, où il apparaît avec une expression agressive et agacée. Mais l'article est paru en décalage. Il indique au lecteur que les enquêteurs disposent de moins de quarante-huit heures pour faire parler Émile Louis et reproduit l'interview de ce dernier :

[...] *quand on a commencé* [...] *à dire qu'elles avaient pu être assassinées, j'ai essayé de me rappeler, mais c'est une histoire vieille de vingt ans, c'est difficile de se souvenir* [...]. *Si j'avais fait disparaître ces jeunes filles, ce serait un poids terrible sur ma conscience. Une charge insupportable. Croyez-moi, si je savais quelque chose, je parlerais* [...].

Mais à Draguignan, entre vingt-trois heures et trois heures du matin, Émile Louis se souvient, il sait, il décharge sa conscience, il avoue six meurtres. Le lendemain, au moment même où les lecteurs prennent connaissance de ses dénégations dans *Le Parisien*, il avoue le septième meurtre.

Lui qui était censé ne rien avouer, en vieil habitué des interrogatoires de police, craque dès les premières minutes. S'il est reconnu coupable, il entrera dans le cercle très fermé des tueurs en série français. Il sera alors le dernier à y être admis mais aussi celui qui sera resté le plus longtemps libre de nuire.

Le 13 décembre 2000, le public découvre ce fait divers unique, qui donne lieu à une campagne de presse sans précédent.

LES AVEUX

Retour au 12 décembre 2000. À dix-huit heures, commencent donc à courir les heures les plus longues de l'histoire de ce fait divers hors du commun. Celles dont dépend l'avenir des disparues d'Auxerre. Quarante-cinq heures cruciales pour tous les acteurs connus ou inconnus de cette affaire.

La mesure de garde à vue prend effet à dix-huit heures quinze. À cette heure précise, trois gendarmes frappent à la porte du domicile d'Émile Louis, retraité paisible et apparemment sans histoires de la cité des Billettes à Draguignan.

Il ouvre sa porte et les laisse pénétrer chez lui sans opposer de résistance. Il respecte l'uniforme. Sa femme, elle, est impressionnée. Que peuvent-ils bien nous vouloir ?

Pour l'adjudant-chef Guy Potart et son coéquipier Éric Barou, l'adrénaline monte encore d'un degré. Après trois années d'une enquête difficile, c'est enfin la confrontation avec le suspect numéro un. C'est l'heure de vérité... Pendant la garde à vue, ils s'apprêtent à affronter celui qui a résisté à tous leurs collègues depuis plus de vingt ans. Ils savent qu'ils n'ont pas droit à l'erreur.

Le huis clos entre les deux gendarmes et le suspect commence.

Émile pense encore sérieusement, à cet instant, qu'il pourra rapidement rejoindre son épouse. Les gendarmes s'en iront dans quelques minutes, une ou deux heures tout au plus. Il en est convaincu, car les faits sont prescrits depuis longtemps. Pensez donc, une affaire qui a plus de vingt ans !

D'ailleurs, il n'a cessé de le répéter à qui voulait bien l'entendre. Au lieu de clamer haut et fort son innocence, son seul moyen de défense a été : « Les faits sont prescrits et il est temps qu'on me laisse tranquille avec cette affaire ! »

Qu'on le laisse vivre, lui.

Les gendarmes ne le détrompent pas, ce n'est pas leur mission. Ils doivent l'entendre sur les faits. Pour le reste, il appartient à la justice de décider.

Dès le début de la garde à vue, les enquêteurs donnent connaissance au suspect de la commission rogatoire, des faits pour lesquels il est entendu ainsi que de ses droits, conformément aux dispositions du Code de procédure pénale (article 63-1 et suivants [1]).

1. La personne mise en garde à vue doit en effet être informée immédiatement de ses droits et du délai pendant lequel la mesure prise à son encontre peut durer. Même si Émile connaît par cœur la procé-

Ils indiquent à Émile Louis que la durée de sa garde à vue sera en principe de vingt heures et trente minutes, sous réserve d'une prolongation de vingt-quatre heures [1].

Cette formalité exécutée, ils procèdent à une fouille du suspect. Puis ils lui indiquent qu'il peut faire prévenir un parent par téléphone. Émile refuse, puisqu'il a été arrêté en présence de sa femme. Elle est donc au courant. Ils l'avisent également qu'il peut demander à être examiné par un médecin. Émile dit qu'il souffre de problèmes cardiaques et il sollicite un examen médical. Il y est procédé. Enfin, les enquêteurs lui précisent qu'il aura le droit, dans seize heures et trente minutes, de s'entretenir avec un avocat de son choix ou désigné d'office [2].

Émile Louis n'a pas de conseil attitré. Il demande l'assistance d'un avocat désigné d'office mais, le 12 décembre 2000, les avocats sont en grève.

Puis les gendarmes procèdent à la perquisition des lieux. Mme Louis les voit passer de pièce en pièce, ouvrir ses placards, ses armoires, examiner chaque recoin de son appartement. Deux heures durant, ils cherchent des indices parmi les photos, les papiers, les vêtements, les médicaments... Elle est gênée de les voir inspecter son linge. Elle ne comprend pas pourquoi. Elle interroge son époux du regard. Attend un début d'explication. Pourquoi cette affaire ancienne resurgit-elle ? Pourquoi, depuis des semaines, les journalistes sont-ils à leur porte ? Pourquoi

---

dure, pour l'avoir vécue à plusieurs reprises, ne pas lui énoncer ses droits pourrait entraîner son annulation.

1. D'habitude, la durée de la garde à vue est de vingt-quatre heures, renouvelables une seule fois pour toute la procédure, soit au total quarante-huit heures. Mais Émile Louis a déjà été entendu pendant trois heures trente en 1997. Cette durée vient logiquement se soustraire aux quarante-huit heures possibles. Il ne reste donc que quarante-quatre heures trente aux enquêteurs pour entendre le suspect.

2. Jusqu'au 1er janvier 2001, lorsque la garde à vue se déroulait normalement, l'avocat pouvait intervenir à la vingtième heure. Depuis cette date, la loi ayant été modifiée, c'est à partir de la première heure que l'avocat intervient.

les gendarmes envahissent-ils son domicile et lui demandent-ils de répondre à leurs questions ?

Pendant ce temps, Émile Louis dîne.

La perquisition effectuée, les enquêteurs doivent transférer le suspect à la gendarmerie de Draguignan afin de l'interroger. Mais la presse attend dehors. Sont là les journalistes du *Parisien* et d'autres médias locaux qui les ont rejoints. Ils font face aux gendarmes en faction devant la porte d'entrée de l'immeuble, leurs appareils photo et leurs caméras prêts à fixer l'événement.

Autour d'eux, les curieux se sont amassés, surtout les jeunes de la cité. Des voisins sont aux fenêtres, d'autres posent des questions aux gendarmes, aux journalistes : Qu'est-il arrivé au père Émile ? C'est grave ? C'est sa femme ? Un accident ? Certains sont incrédules lorsque les journalistes leur expliquent ce qui se passe. D'autres encore s'enflamment : « Il était louche ce type, je m'en doutais, je ne lui ai jamais fait confiance... De toute façon je savais, j'avais vu des reportages sur cette affaire à la télévision, dans les journaux... »

Les journalistes en profitent pour recueillir des témoignages qui leur seront utiles par la suite, tout en guettant la sortie du suspect.

Tout à coup, un grand bruit. Des pneus crissent. Une voiture de gendarmerie arrive et se gare devant le bâtiment. À son volant, Éric Barou. Il positionne le véhicule de sorte que l'arrière soit vers la sortie de l'immeuble, de façon à ce que le suspect puisse l'atteindre rapidement. Les autres gendarmes prennent position afin de protéger Émile Louis pendant qu'il montera dans la voiture. Le colonel Pattin annonce : « C'est bientôt fini, on va le faire sortir... »

Les journalistes sont soulagés : trois heures au moins que la perquisition a commencé et qu'ils attendent debout, dans le noir et le froid. Ils se préparent à mitrailler la scène.

Samuel Luret, qui est là depuis six heures du matin, a un doute. Il trouve ça trop facile. L'expression qu'avait le colonel le laisse perplexe. Il charge son coéquipier caméraman de filmer la sortie du suspect, si elle a bien lieu de ce côté, et se dirige vers une autre porte, dont il connaît l'existence derrière l'immeuble. Pour lui, c'est certain, ils vont faire sortir Émile Louis par là. Mais il fait trop sombre, il n'a pas la caméra qu'il faut pour filmer dans ces conditions. Il place sa voiture devant la porte-fenêtre de l'appartement d'Émile Louis, pleins phares. Ça ne suffit pas. Il renonce. À peine a-t-il rejoint ses confrères qu'il entend les gosses du quartier hurler en gesticulant et en courant : « Venez ! Venez par ici ! Il part ! Il part, vite !... »

Émile Louis s'engouffre déjà dans une Clio banalisée, qui démarre bruyamment. Les gendarmes ont fait sortir le suspect par la porte-fenêtre de son appartement. Aucun journaliste n'a le temps de fixer l'instant. Le colonel Pattin, d'un petit air satisfait, leur dit : « Je vous ai bien eus ! »

Les journalistes du *Parisien* n'auront jamais la photo de l'arrestation. À vingt-trois heures quinze, Émile Louis est installé dans une pièce de la gendarmerie de Draguignan. Son interrogatoire commence[1].

Les enquêteurs lui présentent l'album qui contient les photos des victimes. Émile Louis reconnaît une première photo, puis une suivante, celle de Françoise Lemoine. Il n'a aucune hésitation. Il précise en outre qu'elle était sa maîtresse. En continuant à tourner les pages de cet album sinistre, sans marquer aucune émotion, il identifie d'autres clichés : la sœur de Françoise Lemoine, dont il ne se rappelle plus le prénom. Il la reconnaît sur une photo où elle ne louche plus. Or, sur le portrait qui, depuis des années, est reproduit par tous les journaux, elle est atteinte de strabisme.

Il ne se souvient pas, ou ne veut pas se souvenir des visages de Martine Renault, Madeleine Dejust et Christine Marlot. Il s'agit pourtant des photos reprises par tous les médias et que tout le monde connaît.

Depuis l'immeuble d'en face, des journalistes parvien-

---

1. Pendant ce temps, son épouse est également interrogée par les gendarmes. Elle répond ensuite aux journalistes jusque tard dans la nuit. Elle leur fait part de ses angoisses – que va-t-elle devenir sans son mari ? –, allant jusqu'à leur confier comment il lui attachait les mains pour lui faire l'amour.

nent à prendre, à la dérobée, quelques images d'Émile Louis pendant sa garde à vue. Sur ces images, diffusées lors de divers journaux télévisés, on l'aperçoit derrière un store, l'air parfaitement détendu, pas le moins du monde inquiet. Cependant, ce qui n'apparaît pas, ce qui est inimaginable, c'est qu'Émile Louis s'est déjà mis à table. Il parle, il soulage sa conscience. Il ne risque rien, puisque pour lui la prescription est acquise. Il parle, parle, raconte une histoire macabre, celle de la mort de sept jeunes filles, celle que le gendarme Jambert aurait souhaité entendre en 1981.

Il parle, il croit gagner sa liberté.

Il commence son récit par Françoise Lemoine, qu'il aurait rencontrée par l'intermédiaire de ses parents :

[...] *J'étais son amant depuis un an environ* [...] *il nous arrivait fréquemment de nous rendre sur la commune de Rouvray* [...] *près du Serein* [...] *nous avions l'habitude de faire l'amour soit dans la voiture, soit dans le petit bois* [...] *j'ai un trou noir, je ne sais pas ce qui s'est passé, je n'étais plus moi-même, je ne me souviens plus dans quelles circonstances j'ai été amené à tuer Françoise Lemoine* [...] *j'ai réalisé que j'avais fait une connerie, Françoise ne respirait plus* [...] *j'ai traîné son corps pendant cinq ou six mètres pour la cacher en bordure du bois, je suis revenu le lendemain avec une pelle pour enterrer son corps*[1].

Il indique ensuite un point sur la carte que lui présentent les enquêteurs, c'est l'endroit où il pense avoir enterré le corps.

Il enchaîne aussitôt :

À proximité de cet endroit [...] j'ai enterré une seconde jeune fille, je ne me souviens plus de son nom, de son prénom, je pense qu'elle fréquentait l'IME [...] c'était une

1. Frédéric Vézard, *Le Parisien*, 16 décembre 2000.

jeune fille que je connaissais pour l'avoir transportée dans mon bus[1].

Il enchaîne encore :

J'en ai également enterré une troisième dans les environs des deux premières [...] je me souviens avoir pris cette jeune fille qui faisait du stop sur la route entre Auxerre et Monéteau[2].

Et encore :

Les corps des autres jeunes filles qui ont également été tuées et enterrées par moi se trouvent dans la zone de Rouvray, et toujours en bordure d'eau [...] je pense qu'elles sont toutes enterrées dans un rayon de deux cents mètres[3].

Il est trois heures vingt-cinq. Émile Louis vient d'avouer six meurtres.

Pendant ce temps, pour ceux qui ignorent encore tout, la nuit est longue.

Pour les médias qui préparent leurs papiers, leurs reportages du lendemain, qui se documentent sur cette affaire à traiter coûte que coûte...

Pour Pierre Monnoir, qui ne trouve pas le sommeil. Le lendemain, il doit partir très tôt, se rendre à Paris pour la conférence de presse, fixée à dix heures trente. Il faut attirer tous les feux de l'actualité sur cette affaire afin d'éviter qu'elle ne s'enlise une nouvelle fois. Il porte aussi sur ses épaules l'angoisse des familles, qui attendent qu'Émile Louis parle, leur dise où se trouvent les jeunes filles, si elles sont vivantes ou mortes.

Pour le juge d'instruction, qui sait qu'Émile Louis a déjà avoué six meurtres. Il ne peut que s'interroger : a-t-il le

1. *Ibid.*
2. Franck Joannes, *Le Monde*, 27 décembre 2000.
3. *Le Parisien, ibid.*

droit de le placer en détention provisoire, alors que les faits peuvent être prescrits ? Il se demande ce que décideraient d'autres magistrats dans une telle situation. Il a peur de prendre la mauvaise décision.

Pour Corinne Herrmann, qui veut croire qu'Émile Louis va parler. Elle espère qu'à son âge, le suspect ne voudra plus combattre, se montrera sous son vrai jour, comme il commençait à le faire devant les journalistes. Elle sait également que c'est l'interrogatoire de la dernière chance car, sans aveux, la justice enterrera le dossier.

Pour les enquêteurs, qui ressentent tout particulièrement la pression médiatique, et qui savent qu'on ne leur pardonnera aucune erreur.

Pour l'épouse d'Émile Louis, qui lui disait devant les journalistes : « J'aimerais un jour connaître la vérité. » Ne la connaissait-elle pas déjà ? Elle se retrouve seule, elle qui ne savait pas vivre sans lui.

Et pour Émile Louis ?

MERCREDI 13 DÉCEMBRE, HUIT HEURES

Émile Louis est réveillé. Il vient de passer sa première nuit en détention à la gendarmerie de Draguignan. Les gendarmes ont laissé la porte de la cellule ouverte, il est sous la garde de deux des leurs. À son réveil, on lui apporte un petit déjeuner, café et croissant. Il en profite pour prendre les médicaments qui lui sont nécessaires.

Pendant ce temps, les gendarmes contactent l'ordre des avocats du barreau de Draguignan pour demander, au bénéfice du suspect, l'assistance d'un avocat commis d'office, comme il y a droit et l'a demandé. Malheureusement pour Émile Louis, les avocats sont en grève pour une durée illimitée (un mouvement qui a d'ailleurs pour objectif l'obtention d'une meilleure rémunération pour les prestations d'office). Il ne bénéficie donc pas de l'assistance d'un avocat.

Quand son interrogatoire reprend, il maintient ses précédentes déclarations et les complète :

Je ne peux expliquer ce qui s'est passé, après quelques minutes j'ai constaté que Jacqueline [Weis] ne respirait plus, j'ai mis le corps sous des feuillages, comme les autres, et je suis venu l'enterrer le lendemain dans la même zone que les autres jeunes filles.

Les enquêteurs tentent d'obtenir de lui les noms de ses victimes, il précise alors, à propos de Christine Marlot :

Il me semble que je l'ai transportée dans mon bus lorsqu'elle était à Montmercy. Je ne me souviens plus d'elle. Si vous cherchez sept jeunes filles, je pense qu'il doit s'agir de la septième jeune fille que j'ai enterrée dans le même coin que les six autres[1].

Brusquement, Émile Louis est pris d'un malaise. Un médecin est requis, un certificat médical établi. Le suspect est admis dans le service des urgences de l'hôpital de Draguignan et y subit un électrocardiogramme.

Le médecin qui l'examine estime qu'il n'est pas nécessaire de l'hospitaliser : il peut supporter la garde à vue et son transfert à la maison d'arrêt d'Auxerre.

JEUDI 14 DÉCEMBRE 2000 DANS LA MATINÉE

Il fait froid ce matin-là à Rouvray. Le jour vient de se lever ; dans le ciel gris et bas, des nuages promettent une journée de pluie.

Les champs détrempés et boueux ne sont pourtant pas livrés aux seuls corbeaux. Ils sont au contraire très animés. Il y a du monde au bord du Serein, la petite rivière qui coule paisiblement parmi les bois et les champs.

Dans les milieux bien informés, on dit qu'Émile Louis a été transféré à Auxerre dans la nuit et que, ce matin, il

1. Franck Joannes, *Le Monde*, 27 décembre 2000.

doit indiquer aux gendarmes l'endroit où il a enterré les cadavres de ses victimes.

C'est exact. Le vieil homme est là, au bord de la rivière où il avait coutume de pêcher. Il doit faire face à son passé. Engoncé dans un gilet beige et un blouson bleu, flanqué de plusieurs gendarmes, il chemine le long de tombes encore invisibles, pour en désigner l'emplacement supposé.

Sourit-il ? Éprouve-t-il des remords ? Ou cela l'amuse-t-il de faire suivre ce parcours à ceux qui l'ont arrêté ? Il leur dit :

Depuis vingt-cinq ans, la nature a fortement changé et j'ai eu du mal à reconnaître certains endroits qui ont été détruits par les crues du Serein depuis de nombreuses années, néanmoins je ne pense pas m'être trompé, à quelques mètres près, lorsque je vous ai indiqué les emplacements[1].

Au milieu des branchages, sur les bords glissants de cette rivière, Émile Louis visualise-t-il les scènes qui se sont déroulées en ces lieux ? Se remémore-t-il les cris, les pleurs, les corps sans vie des victimes ?

Les enquêteurs se demandent avec angoisse ce qu'ils vont trouver sous la boue. Un, deux, sept corps ou davantage ? Ils commencent les fouilles, après avoir marqué les emplacements indiqués par le suspect et établi un périmètre de sécurité.

Pendant ce temps, les journalistes affluent à Rouvray, espérant saisir l'image d'Émile Louis sur les lieux des crimes. Mais tous les accès au site sont barrés. Ils doivent se contenter de filmer des silhouettes lointaines, qui se déplacent comme des ombres à la lisière du bois. Seules les combinaisons blanches des techniciens d'investigation criminelle se détachent nettement du paysage. Une pelleteuse est à l'œuvre.

1. *Le Parisien*, 16 décembre 2000.

Les journalistes piétinent sous la pluie... La boue colle à leurs chaussures. Ils surveillent le ballet incessant des voitures de gendarmerie. Immanquablement, le convoi qui escorte Émile Louis devra passer devant eux. Là, il s'agira de saisir au vol l'image du suspect.

Certains d'entre eux tiennent Pierre Monnoir et Corinne Herrmann informés des allées et venues des gendarmes. Le téléphone ne cesse d'ailleurs de sonner dans la voiture de Pierre Monnoir comme au cabinet de son avocat : il s'agit tantôt de demandes d'interviews qui émanent de pratiquement tous les médias, tantôt d'informations que les journalistes leur fournissent à leur tour. C'est par ce biais qu'ils apprennent qu'Émile Louis doit comparaître après quinze heures, fin de sa garde à vue, devant le juge d'instruction. Par ailleurs, le procureur de la République d'Auxerre a précisé qu'elle tiendrait une conférence de presse au palais de justice à seize heures, et qu'une remise en liberté est à redouter.

Pour tous les intervenants, rendez-vous est pris au tribunal.

JEUDI 14 DÉCEMBRE 2000, SEIZE HEURES

L'avocat et Corinne Herrmann arrivent au tribunal. C'est un jour ordinaire mais on sent que quelque chose se passe.

Il pleut à torrents.

Les véhicules des radios et des télévisions ont envahi le parking du tribunal.

Pierre Gonzalez de Gaspard et sa collaboratrice montent les marches, entrent dans le tribunal, sont surpris par la foule qui se presse dans le hall.

Ils se dirigent vers le bureau de l'ordre des avocats. Sur leur passage, plusieurs personnes les saluent, pour la plupart des membres du tribunal, ceux-là mêmes qui, quelques années auparavant, s'opposaient au dépôt de plainte. Lorsque les journalistes aperçoivent l'avocat, ils se ruent sur lui et le plaquent quasiment au mur, les caméramans montent sur les bancs, sur les chaises, d'autres tendent leur micro, tous attendent ses commentaires. Maître Gonzalez de Gaspard prend la parole, résume et rappelle les faits, répond aux questions.

Il enchaîne ainsi les interviews, en attendant la conférence de presse du procureur.

À chaque claquement de porte, les journalistes sautent sur leurs caméras, espérant voir apparaître Émile Louis. Autant de fausses alertes, tandis que les heures passent. Pendant ce temps, Émile Louis se trouve en fait dans les geôles du tribunal, au sous-sol.

Les conseils de l'ADHY entrent enfin dans le bureau du juge d'instruction, désireux de connaître la teneur exacte des aveux d'Émile Louis.

La pluie bat contre les carreaux, et le juge est là, seul, accoudé à son bureau, plusieurs codes juridiques ouverts devant lui. Il a l'air épuisé, écrasé sous le poids de la décision à prendre : doit-il ou non incarcérer le vieil homme qui vient de reconnaître des meurtres que tout le monde suppose prescrits ? Le juge Lewandowski informe l'avocat et sa collaboratrice de son éventuelle intention de remettre Émile Louis en liberté. Il avoue avoir sollicité l'avis de ses collègues mais également celui de sa hiérarchie. Mais à cet instant, il n'a pas encore pris sa décision. C'est pourquoi Pierre Gonzalez de Gaspard plaide devant lui la cause des parties civiles et des autres victimes d'Émile Louis qui ont accepté de témoigner. Il indique au juge d'instruction que sa décision est de toute façon liée à l'arrêt rendu le 7 mai 1997 par la chambre d'accusation de Paris lui ordonnant d'instruire sur les faits de séquestration et d'enlèvement. Tant qu'aucun corps n'est retrouvé, l'instruction se poursuit sur la qualification d'enlèvement et séquestration arbitraire. Ce crime n'étant pas prescrit, Émile Louis doit être mis en examen pour séquestration et placé en détention provisoire.

Par ailleurs, l'avocat attire l'attention du juge sur les risques encourus par le suspect s'il est libéré. Il dépose une note à cet effet. En sortant du bureau, il informe les journalistes présents de l'état d'esprit du juge.

Tout le monde continue d'attendre la conférence de presse du procureur et la comparution d'Émile Louis.

Y aura-t-il prescription ? Pierre Monnoir déclare à France 2 :

Une famille, à partir du moment où elle a subi un meurtre, a envie que le coupable soit jugé. Et je pense qu'il le sera. – Et s'il ne l'était pas ? – Je n'envisage pas cette solution.

Émile Louis va-t-il être relâché ? Des juges passent d'un bureau à l'autre, échangent des documents. Les journalistes s'impatientent car ils doivent faire parvenir leurs articles et leurs images avant vingt heures à leurs rédactions.

À vingt heures, les médias sont conviés dans le bureau du procureur, Mme Le Quéau. Elle les reçoit en compagnie du colonel Pattin et procède à la déclaration suivante :

Émile Louis a avoué avoir tué les sept jeunes filles après avoir eu des relations sexuelles librement consenties, a-t-il indiqué. Il a expliqué son comportement par des pulsions incontrôlées. Émile Louis est mis en examen du chef d'enlèvement et de séquestration. Tant que nous n'avons pas retrouvé les corps, nous n'avons pas l'ensemble des éléments constitutifs de l'infraction de meurtre.

À ce moment, on ne sait toujours pas si Émile Louis va être relâché.

Après cette rapide conférence de presse, des policiers en civil paraissent et se postent à l'entrée du bureau du juge d'instruction. Les journalistes s'attroupent. Une porte s'ouvre. Émile Louis apparaît encadré de deux gendarmes. Les flashs crépitent. Tous sont étonnés par sa petite stature. Il entre chez le juge. Son avocat, maître Thuault, est avec lui.

L'attente reprend. Quel va être son sort ?

Une heure plus tard, on apprend par son avocat qu'il est placé en détention provisoire. Pour maître Thuault, les faits dont le juge est saisi sont prescrits :

Dans le dossier, je n'ai pas trouvé le moindre élément moral ou matériel permettant de dire qu'Émile Louis a séquestré ces jeunes femmes [...]. *Je suis sceptique sur la réalité que recouvrent ces aveux* [...]. *Cet homme a toujours nié toute implication dans ces disparitions* [...]. *Il est quand même troublant qu'il dise le contraire plus de vingt ans après. Ses aveux sont surprenants, incohérents, et incomplets.*

Pierre Monnoir déclare à son tour :

La justice n'a pas fait son travail, elle aurait très bien pu le faire avant, malheureusement à l'époque le gendarme Jambert, qui est décédé il y a quelques mois, avait fait une très bonne enquête préliminaire. Manifestement, on a toujours essayé d'étouffer ce dossier [...].

Le Parisien précise le lendemain : « Dès que le juge lui a signifié sa mise en détention provisoire, le vieil homme a pâli et est devenu muet [1]. »

L'ASSEMBLÉE GÉNÉRALE DE L'ADHY

Pierre Monnoir a, de longue date, convoqué les membres de son association à une assemblée générale qui, par un pur hasard, est fixée au 16 décembre 2000. Compte tenu de l'actualité, il profite de cette occasion pour donner des informations sur le déroulement des événements.

Les familles des disparues, bouleversées par les aveux d'Émile Louis, sont là, dans une salle, au premier étage d'un café, dans un village proche des lieux où ont débuté les fouilles. Les médias attendent à l'extérieur.

Pierre Monnoir retrace les événements des six derniers mois, revient sur le travail effectué avec Jean-François Abgrall, sur la collaboration avec les gendarmes de la

1. Frédéric Vézard, *Le Parisien*, 15 décembre 2000.

section de recherche et avec les journalistes, et sur la stratégie juridique mise en place par Pierre Gonzalez de Gaspard.

Il parle de l'actualité des derniers jours et de l'avenir : les fouilles seront longues, l'instruction va encore durer un certain temps. Mais on peut espérer que le suspect ne sera pas libéré.

Les membres de l'association interrogent : « De quelle manière les a-t-il tuées ? Les a-t-il vraiment tuées ? A-t-il des remords ? Qu'est-ce que la prescription ? A-t-il des complices ? Pourquoi ne l'a-t-on pas arrêté plus tôt ? On fouille depuis deux jours, pourquoi n'a-t-on pas encore trouvé de corps ? En a-t-il violé et tué d'autres ? Quelle est la personnalité d'Émile Louis ? »

Pierre Monnoir et tous les professionnels venus se joindre à lui (juriste, psychothérapeute, psychiatre, éducateur...) répondent à chaque question.

Certains pleurent, quittent la salle, d'autres expriment un désir de vengeance : ils se disent prêts à mettre le feu au tribunal si Émile Louis est relâché, ou à l'attendre à sa sortie de prison pour lui faire la peau...

« Il faudrait pas que je le voie devant moi », s'exclame Ginette Plumel, sœur de Françoise et Bernadette Lemoine. « Je suis en colère. J'éprouve de la haine contre lui », dit Marie Julien, sœur de Madeleine Dejust. Elle reste sceptique : « Je ne comprends pas pourquoi il avoue maintenant. Ça me paraît bizarre. Tant qu'on n'aura pas retrouvé les corps, on peut pas savoir. Il a peut-être raconté des bobards. » « Je croyais qu'elles seraient peut-être encore vivantes », murmure Ginette Plumet. « On avait de l'espoir. On pensait que les disparues étaient peut-être à l'étranger ou dans des sectes. On s'attendait pas à ça », explique Marie Dejust.

Le plus difficile commence. Le travail de deuil. Pour cela, ils sont seuls.

Deux propositions d'actions collectives sont faites : une

marche blanche, comme dans l'affaire Dutroux, et une pétition pour écarter la prescription[1].

La réunion se termine. Chaque famille est accaparée par des journalistes.

Les télévisions sont là et filment les parties civiles réunies.

Pierre Monnoir déclare en guise de bilan :

Ce n'est pas une victoire, juste une porte qui s'ouvre sur un vaste chantier. Maintenant, il va falloir établir les responsabilités de ceux qui ont laissé de jeunes handicapées mentales se volatiliser[2].

LA DÉCOUVERTE D'UN PREMIER CORPS

Les fouilles (qui ont été suspendues le week-end, le site étant d'ailleurs resté sans surveillance) reprennent le lundi 18 décembre 2000 dans un champ de la commune de Rouvray.

Les conditions climatiques sont toujours semblables : il pleut à torrents. Dès qu'un trou est creusé, il se remplit à la fois de la pluie et de l'eau du Serein qui détrempe les berges (la rivière inonde sans cesse cette zone, largement déboisée, depuis une vingtaine d'années).

Les gendarmes filtrent avec un tamis la terre et le sable extraits par la tractopelle. Il est quinze heures quand l'un d'entre eux pousse un cri. À moins d'un mètre de profondeur, des vêtements puis... des ossements. Des photos sont prises. Les gendarmes continuent à déblayer la terre à la main.

Un hélicoptère de la gendarmerie vient se stabiliser au-dessus du site, permettant aux enquêteurs de prendre des photos aériennes de leur découverte.

Dans les heures qui suivent, ils mettent au jour un sque-

1. Plus de huit mille signatures seront réunies et déposées au ministère de la Justice.

2. Déclaration faite au *Journal du dimanche*, 17 décembre 2000.

lette complet[1] et assez bien conservé, accompagné de vêtements féminins. La nouvelle se répand. Alors que tout le monde échouait depuis des années, Émile Louis a trouvé des corps.

Le procureur Le Quéau se rend sur les lieux et y fait une déclaration :

Des ossements humains viennent d'être découverts au premier endroit indiqué par Émile Louis. Le magistrat instructeur va diligenter une expertise pour préciser le sexe de la personne, son âge et la date approximative de son décès.

Pierre Monnoir apprend la nouvelle alors qu'il s'apprête à rencontrer Ségolène Royal, ministre déléguée à la Famille, qui souhaite officiellement apporter son soutien aux parents et suit attentivement cette affaire.

Il déclare aussitôt :

Si les proches veulent faire leur deuil, c'est effectivement très important, mais ça va être encore une épreuve parce qu'on ne va peut-être pas retrouver les autres tout de suite [...]. *Mais c'est aussi une validation du fait que nous ne racontions pas n'importe quoi.*

LA DÉCOUVERTE D'UN DEUXIÈME CORPS

Aux environs de Rouvray, le mercredi 3 janvier 2001, dix-sept heures. Les gendarmes qui poursuivent les fouilles font une deuxième découverte : des vêtements féminins[2], certains en lambeaux, extirpés du deuxième site indiqué par Émile Louis. La tombée de la nuit interrompt les recherches, qui reprennent le jeudi 4 janvier à neuf heures.

1. Celui supposé de Madeleine Dejust.
2. Dans cinq endroits au moins, on ne découvre que des vêtements. Émile Louis a-t-il confondu ces lieux avec ceux des corps recherchés ?

À quinze heures, sur le quatrième site désigné par Émile Louis, les gendarmes mettent au jour un deuxième corps.

Avec précaution, ils parviennent à déterrer un squelette quasi complet[1].

Les deux squelettes semblent appartenir à des victimes de sexe féminin. Ils sont en bon état et devraient permettre d'effectuer toutes les analyses scientifiques utiles à l'enquête.

Tous deux sont retrouvés placés sur le ventre, les bras repliés dans le dos, un slip entre les mâchoires (slip qui porte des traces de dents, preuve s'il en est besoin des souffrances éprouvées par les victimes) et un morceau de collant autour du crâne en guise de bâillon. L'un présente des liens autour des poignets et des lambeaux de tissu autour du cou. Les enquêteurs reconnaissent immédiatement des similarités avec le cadavre de Sylviane Durand-Lesage.

Au fil des jours et des semaines, est-ce le cimetière personnel d'Émile Louis qui apparaît aux yeux de tous ? La part d'ombre du suspect serait-elle dévoilée ? De la boue émergent des cadavres et des vêtements. Ce qui était virtuel et supposé devient une réalité. Qu'y a-t-il de plus concret que des ossements blancs, un porte-monnaie, des boucles d'oreilles, un bracelet, un manteau, des pantalons, des jupes, des collants, des slips, des soutiens-gorge, des chaussures de femme, un chemisier, une robe de chambre... ? Les étiquettes, les fils des coutures ont été dissous par le temps, comme le carton d'une valise dont il ne reste que l'armature. Il y a aussi une brosse à dents, du dentifrice à la pomme, une boîte de crème Nivea, des flacons de vernis à ongles rouge et bleu, des poudres de maquillage, du mascara, du rouge à lèvres, une brosse à cheveux, un réveil, un flacon de parfum[2]...

---

1. Celui de Jacqueline Weis.

2. Les planches photographiques de ces pièces ont été soumises, pour reconnaissance, aux familles, à certaines des nourrices et aux pupilles élevées avec les disparues, qui ont catégoriquement identifié des vêtements, des objets et des bijoux. Les familles ont décrit ces pièces aux auteurs et aux journalistes.

Les disparues d'Auxerre

Sept tombes éventrées font ressembler la campagne autour d'un petit village français aux charniers d'un pays lointain.

Nous supportons toutes les images. Supportons-nous l'insupportable ?

LE SUSPECT

PORTRAIT

Le 26 janvier 1934 naît à Auxerre celui qui se désigne lui-même comme « fils d'inconnu ». Trois semaines après sa naissance, sa mère l'abandonne aux services de la DDASS de l'Yonne. Cette institution lui donne le nom de « Émile Louis », dont il se dit aujourd'hui très fier[1]. Il n'a pas connu ses parents et prétend ne les avoir jamais recherchés.

Les services de la DDASS le confient à une famille nourricière, la famille Cannier à Pontigny, village situé à onze kilomètres d'Auxerre, dans laquelle il vit jusqu'à sa majorité.

Son père nourricier exerce la profession de maçon et s'occupe par ailleurs du cimetière. Il creuse les fosses, entretient les pierres tombales : il est fossoyeur.

Il apprend à Émile ces métiers. Il sait comment enterrer un corps dans les règles de l'art.

Lui apprend-il aussi le viol, en abusant de lui ?

Mme Cammier quant à elle élève les enfants qui lui sont confiés par la DDASS[2]. Selon Émile Louis, elle est d'une nature autoritaire.

1. Il a deux prénoms pour l'état civil : Émile, son nom de baptême, et Michel. Son parrain n'aimait pas le premier. A-t-il aussi deux personnalités ?

2. Cette habitude locale permet à des familles généralement démunies de se constituer un complément de revenus.

Toujours selon Émile Louis, pendant la guerre, alors qu'il poursuit ses études primaires à l'école communale de Pontigny, il est traumatisé par les nombreuses atrocités qu'il voit. Il est le souffre-douleur de ses camarades d'école, qui le surnomment « le bâtard ». Ils « lui tapaient dessus sans arrêt », lui « ne ripostait pas parce que plus faible que les autres[1] ».

À partir de quatorze ans, il travaille avec son père comme maçon. À dix-sept ans, son père le met dehors et il s'engage dans la marine nationale pour trois ans. Il part pour la guerre d'Indochine sur le porte-avions *L'Arromanches*, il en revient sur un destroyer d'escorte et, à sa grande fierté, il est décoré, comme son père nourricier, bien que ses interventions se soient limitées au transport des cadavres des militaires tués. Il n'a donc jamais été au combat comme il le fera croire. Il dit avoir été « profondément marqué par les nombreuses scènes de torture » auxquelles il a assisté.

À vingt ans, il est un jeune marin séduisant.

De retour en France, il se marie avec Simone Delagneau, le 23 octobre 1954. Quatre enfants naissent de cette union, Maryline (née en 1956), Fabrice (né en 1957), Manoëlle (née en 1959) et Fabien (né en 1961). Le couple s'installe tout d'abord à Rouvray. Émile trouve un emploi d'ouvrier en maçonnerie puis travaille comme cheminot. La famille déménage à plusieurs reprises, selon Émile pour les besoins de sa profession. Dans les années 70, il est employé dans une entreprise de garnitures de freins. La famille s'installe ensuite à Villefargeau, village situé à six kilomètres d'Auxerre. Le couple y exerce la fonction de gardien de château. Le grand manoir, entouré de bois et d'un étang, est rarement occupé par ses propriétaires. Dans les dépendances, la famille Louis dispose d'un logement

1. Extrait du rapport psychiatrique figurant dans la procédure de 1989. Émile Louis est alors condamné pour attentat à la pudeur sur mineurs. Selon son frère Lucien, ce n'est qu'à l'âge de onze ans qu'il apprend avoir été abandonné par ses parents naturels et il prend les choses très mal. Est-ce cela le traumatisme qui déclenche tout ?

suffisamment grand pour lui permettre d'accueillir plusieurs enfants de la DDASS. C'est ainsi qu'elle accueille les trois enfants Weis : Alain, Jean-Pierre et Jacqueline. À la même période, à partir de septembre 1971, Émile Louis, qui vient d'obtenir son permis de transports en commun, devient chauffeur de bus à mi-temps pour le compte des Rapides de Bourgogne. Il est employé à temps complet par cette entreprise à partir de 1973.

Il assure alors des ramassages scolaires en zone rurale. Le matin, il dépose les enfants dans les écoles et les ramène le soir. Il véhicule également les ouvriers d'une usine. La DDASS de l'Yonne lui confie en outre le transport de certains élèves, en difficulté ou handicapés, entre le foyer de Montmercy, l'IME d'Auxerre, le CAT d'Auxerre et leurs familles d'accueil. Il assure ces transports avec son véhicule personnel ou avec le car du foyer de l'enfance de Montmercy.

Après de multiples aventures amoureuses, il quitte définitivement son épouse, en 1978, et divorce pour aller vivre avec Gilberte Lemenorel au lieu-dit La Vilotte, sur la commune de Chevannes. Par la suite, Émile Louis et sa concubine acquièrent un pavillon à Seignelay.

En 1981, il est incarcéré à Auxerre pour attentat à la pudeur sur les enfants confiés à sa concubine par la DDASS[1]. Condamné à quatre ans de prison, il est rapidement libéré. À sa sortie, il tente de retourner chez sa concubine et chez son ex-épouse. Toutes deux lui ferment leur porte. Il décide alors de quitter la région. Il est hébergé par son ex-belle-sœur à Fréjus, dans le Var. Selon ses propres dires, il décide de s'installer dans ce département parce qu'il connaît bien la région pour avoir effectué son service national à Toulon.

Il se sépare rapidement de son ex-belle-sœur, acquiert un mobile home et se déplace de camping en camping, au gré de ses emplois. Successivement, il assure la garde

1. Cf. affaire Annie G., p. 267 et suiv.

d'une personne aveugle, travaille pour une société de transports, effectue des ramonages et divers autres travaux.

En 1989 il est à nouveau incarcéré, cette fois à Draguignan, pour attentat à la pudeur sur mineurs. Il effectue sa peine à Casabianda, un centre de détention près d'Aléria, affecté aux pervers sexuels. Il est libéré en 1992.

À peine remis en liberté, il rencontre Chantal Paradis, qu'il épouse deux mois plus tard, le 30 juin 1992. C'est sa seconde épouse. Invalide – elle a des problèmes nerveux –, elle touche une pension en conséquence. Émile Louis est son tuteur.

Le couple s'installe à Draguignan. Émile trouve un emploi dans les pompes funèbres, comme avant lui son père nourricier.

Pour Émile Louis, ses condamnations sont soit des « erreurs judiciaires », soit des « coups montés ». Aux yeux de ses voisins, c'est un citoyen et un époux modèle. L'âge aidant, il présente désormais le profil d'un retraité banal qui n'attire pas l'attention, dont on ne se méfie pas, à qui tout le monde accorde sa confiance, confie ses clés, ses enfants à garder. En apparence affable, il n'hésite jamais à rendre service et donne l'image d'un grand-père idéal.

Cet homme que tous les médias souhaitent interviewer apparaît comme un individu banal. Mais l'envers du décor n'est pas ordinaire.

TÉMOIGNAGE DE MARYLINE LOUIS, FILLE D'ÉMILE

Elle l'appelle toujours « Louis » et ne dit jamais « mon père ». Elle, c'est Maryline, sa fille aînée. Elle est un des rares témoins à connaître la vraie personnalité d'Émile Louis.

En 1997, Maryline prend contact avec Corinne Herrmann. Elle a besoin de se confier, sans vraiment croire qu'une affaire jusqu'ici étouffée sera résolue. Elle redoute de souffrir inutilement et d'entraîner ses enfants et sa mère dans une impasse. Son père est libre, donc menaçant : « Ma hantise, ma peur, c'est que personne n'a jamais pu l'avoir et on ne l'aura jamais ! » Elle s'est finalement convaincue que, si une chance existe de l'arrêter, c'est à ce moment qu'elle se présente. Jambert était seul face à son père, mais cette fois la justice, saisie par les familles des disparues et par une association conduite par un homme tenace, a désigné des enquêteurs d'expérience. Toutes les conditions sont enfin réunies pour que le témoignage de Maryline soit pris en considération.

C'est ce témoignage que nous reprenons tel quel dans ce qui suit. Maryline est fragile et, après ces longues années de silence et de souffrance, un tel témoignage – comme tant d'autres – doit être confronté aux faits.

Années 60. Émile s'occupe bien de ses quatre enfants et de ceux que la DDASS a confiés à son épouse. Il s'amuse avec eux. Les jeux sont divers. Certaines fois, il joue à simuler le cochon qu'on égorge. Émile parle souvent de « tuer le cochon ». D'ailleurs, lorsqu'il dépose Jacqueline Weis à la gare d'Auxerre, il dit par la suite qu'il est allé tuer le cochon. Il sait le faire : il a appris le métier de boucher. Est-ce complémentaire du métier de fossoyeur ?

L'un des enfants joue la bête : il doit, sous peine de punition, imiter les cris de peur, les râles de l'agonie. Les autres enfants, avec Émile, jouent les bouchers : eux simulent la mise à mort et le dépeçage de l'animal. Émile s'amuse beaucoup.

Vingt ans plus tard, il joue toujours à ce « jeu » : il attache sa dernière épouse, la bâillonne après l'avoir droguée puis, le plus souvent le vendredi soir, il lui fait des entailles sous les seins et recueille le sang [1]. Elle ne sait pas ce qu'il en fait.

Ce qui l'amuse également, c'est de pendre les poupées de ses filles, surtout celles de Maryline. Il les massacre, les défigure, les démembre avant de les pendre avec un ruban de tissu et de les laisser se balancer dans le vide.

1. Elle rapporte ces faits (proches des messes noires) à plusieurs journalistes, et à l'une de ses amies.

Les enfants découvrent ce spectacle en rentrant de l'école. Il a beaucoup d'autres jeux comme ça, Émile.

Maryline est son souffre-douleur. Révoltée, elle a droit à un traitement spécial. Pourquoi se révolte-t-elle ? Elle n'est qu'une enfant. C'est vrai qu'elle n'est pas docile, elle lui résiste. Elle ne sait pas elle-même pour quelles raisons son caractère est ainsi fait. Alors, il lui fait subir les sévices qu'il aurait voulu infliger aux résistants qui, à la fin de la guerre, ont tondu ses sœurs. Il dit vouloir les venger. Pour Maryline, ce n'est pas la réelle motivation de son père : elle se souvient en effet qu'il lui a confié avoir lui-même dénoncé ses sœurs. Se venge-t-il de lui-même à travers ce qu'il impose à Maryline ?

Elle résiste : il la traite donc comme une résistante. Il lui trempe la tête dans un lavabo rempli d'eau, au risque de la noyer à plusieurs reprises. Aujourd'hui, elle en garde des séquelles : des problèmes respiratoires. Mais elle est toujours une résistante et elle témoigne à charge.

Elle parvient à fournir aux gendarmes, par bribes, les informations qu'elle possède. Elle se confie ensuite, six heures durant, à Corinne Herrmann.

Elle indique que sa mère et elle-même ont subi, pendant des années, des tortures et des agressions sexuelles sans pouvoir les dénoncer. Mais sa mère lui avait fait promettre de se taire jusqu'à son décès. Elle a respecté cette volonté. Elle a tu également des faits dont elle a été le témoin.

Elle raconte encore. Un soir de 1967, son père prend en charge à bord de son véhicule une jeune femme qu'il connaît, afin de la raccompagner à son domicile. Maryline est là, avec ses frères et sa sœur. Émile Louis arrête la voiture en pleine forêt, il en descend en compagnie de la jeune femme et explique à ses enfants qu'il l'escorte jusque chez elle parce que les bois ne sont pas sûrs. Il leur demande de l'attendre. Le temps passe, il fait noir, il fait froid. Maryline s'inquiète, elle sort de la voiture, referme la portière et s'avance sur le chemin. Elle aperçoit une lueur, se dirige vers elle et surprend une scène qui s'imprimera définitivement dans sa mémoire : la jeune femme est attachée à un arbre, nue, bâillonnée. Émile Louis gesticule autour d'elle, il la torture puis l'éventre avec un couteau. Maryline confie, avec des sanglots dans la voix :

Il a tué sous mes yeux une jeune femme [...] *je ne la connaissais pas, je ne l'avais jamais vue, il faisait nuit quand elle est montée dans la voiture, je ne peux pas la décrire* [...]. *J'ai dû pousser un cri ou parler, je ne sais pas, c'est ce qui l'a fait se retourner. Lorsqu'il m'a vue il l'a laissée là, je ne sais même pas si elle était morte.* [...] *il m'a tirée par les cheveux et m'a remontée dans la voiture. Il m'a dit : « Ce que tu as vu, je le fais à ta mère si tu le dis. » Alors, forcément, quand vous avez dix ou onze ans, votre mère c'est quelqu'un de sacré, j'avais tellement peur pour elle, déjà avec ce qu'il lui faisait...*

Pendant des années, Émile Louis lui rappelle qu'elle doit se taire [1].

Maryline se tait pour protéger sa mère, qui, selon elle, est aussi l'une des victimes d'Émile Louis : régulièrement, il lui fait absorber des médicaments qui la plongent dans une semi-inconscience et lui permettent de l'attacher, de la battre, de la violer avec divers objets, sans qu'elle oppose de résistance et sans que les enfants l'entendent crier. Il l'abandonne gisante sur son lit et Maryline la découvre fréquemment le matin dans un état comateux, parfois gisant dans son sang [2]. Il lui faut alors des heures pour la réveiller.

Maryline se marie à dix-sept ans pour échapper à Émile Louis. Elle se dit qu'elle quittera plus facilement un mari que son père. Malheureusement, en 1976, elle revient séjourner quelque temps chez ses parents. Elle raconte

1. À propos du témoignage de sa fille Maryline, voilà ce que déclare Émile Louis le 21 janvier 2001, lors de l'émission *Zone interdite* sur M6 : « Elle serait devant moi, j'lui foutrais deux claques dans sa gueule... Elle raconte que des mensonges qu'elle invente... »

2. Elle se confie à Éric Belahouel du *Nouveau Détective*, le 27 décembre 2000 : « Après l'école, je ne savais pas si j'allais retrouver ma mère vivante. »

qu'Émile Louis la drogue et l'emmène, inconsciente, dans une cabane du côté de Rouvray. Elle n'oppose aucune résistance. Il la bâillonne et lui attache les mains dans le dos. Elle est sur une paillasse. Émile Louis repart. Elle se réveille. Il revient et lui fait avaler des comprimés qui la paralysent et l'empêchent d'agir. Elle le voit faire...

Elle explique : « Il est impuissant, il se sert d'objets pour violer... S'il ne peut plus se servir de ses organes, il pourra toujours utiliser des objets[1]. »

Maryline précise. Lorsque Émile Louis la torture ou torture son épouse, il s'arrange pour qu'il subsiste peu de traces visibles sur leurs corps. Il laisse tout au plus quelques hématomes sur des parties qui ne sont pas socialement apparentes : le torse, le dos, l'aine, les cuisses... Il frappe avec divers objets. Ce qu'il affectionne le plus, c'est infliger des blessures internes à ses victimes.

Il idolâtre les nazis, il vénère la Gestapo, c'est pourquoi il étudie et tente de reproduire les expériences faites sur des femmes par ces tortionnaires. Il ne possède pas beaucoup de livres, mais parcourt studieusement et régulièrement les pages d'un ouvrage datant du IIIe Reich, consacré aux tortures pratiquées sur les femmes[2].

Il est également abonné à plusieurs revues spécialisées : il a la même culture que Claude Dunand.

Maryline se demande combien d'autres jeunes femmes ont enduré les mêmes souffrances. Combien ont été séquestrées dans ce cabanon ? L'enquête judiciaire a révélé qu'il y en aurait eu plusieurs, dont certaines peuvent encore témoigner aujourd'hui.

Lorsque Maryline est relâchée, elle se retrouve devant la gendarmerie d'Auxerre sans savoir comment. Les gendarmes la ramènent à son domicile, dont elle a été absente

---

1. D'autres témoins confirment cette impuissance. Voir notamment l'article de Jean Ker, *Paris-Match*, avril 2001.

2. Alors que même le droit à la vie est écarté en cas de guerre ou de légitime défense, le droit qui bannit la torture ne connaît, lui, aucune dérogation.

plusieurs jours. Son père a déclaré qu'elle avait fugué. Pierre Charrier utilisera lui aussi le mot « fugue » dès l'année suivante...

Après une tentative de suicide, Maryline se retrouve en hôpital psychiatrique. Elle ne parvient pas à témoigner. Pourquoi ? Son père est là, tous les jours. Le personnel de l'hôpital est sensible à ce père attentionné. Alors Maryline se tait.

Pourtant elle a des choses incroyables à révéler. Mais sa hantise est de ne pas être crue. En juin 2000, quand elle décide finalement de témoigner, elle souhaite que sa parole soit conservée et restituée fidèlement, aussi accepte-t-elle d'être filmée.

Quelques instants du film sont diffusés le 21 janvier 2001, dans le cadre du reportage réalisé par Samuel Luret, de l'agence Sunset Press, pour M6. L'émission n'est pas encore terminée que l'AFP diffuse une dépêche.

Son témoignage impressionne particulièrement les téléspectateurs. Il est repris par tous les journaux le lendemain. On commence à découvrir la vie d'Émile Louis...

CURRICULUM VITÆ D'ÉMILE LOUIS : UNE LONGUE HISTOIRE...

En 1948, Émile Louis a quatorze ans, il voue une haine sans bornes aux résistants et ressent une certaine admiration pour les nazis. Pourquoi ? Personne ne le sait, l'histoire d'Émile Louis reste pour l'instant mystérieuse sur ce point. Est-ce parce qu'ils ont tondu ses sœurs, maltraité sa famille nourricière, en particulier son père, pourtant décoré militaire ?

Ce qui est avéré, c'est qu'il possède une personnalité complexe et présente dès l'adolescence différents troubles.

Lui-même en parle au gendarme Jambert, lorsque ce dernier l'entend pour la première fois, le 28 décembre 1981 :

Je ne sais plus ce qui se passait. En fait, j'étais victime de crises qui m'empêchaient de me contrôler, je ne me rappelle plus après ce qui se passait...

Il explique au gendarme qu'il a ces crises depuis l'âge de quatorze ans. Il s'agit de problèmes sexuels, il est poussé par quelque chose qu'il ne peut contrôler. Il décrit ses crises de la manière suivante :

Quant aux petites crises dont nous parlions tout à l'heure [...] *je ne peux pas dire ce qui se passait, j'avais des suées, j'étais comprimé de partout, j'étais dans un état second, je ne peux pas dire si mon état, dans ces moments-là, a pu me conduire à faire des choses dont je ne me souviens pas, non, je ne sais pas ce qui se passait. Quand de telles crises me prennent, je ne peux rien faire, c'est malgré moi et sans raisons apparentes. Cela m'arrive peut-être trois ou quatre fois par an et cela dure environ un quart d'heure. Et après je ne me souviens plus du tout de ce que j'ai fait pendant cette crise. Après je redeviens normal*[1]...

De quatorze ans à soixante-sept ans, cela fait beaucoup de crises. Qui y prend garde ? Cela ressemble étrangement aux états dont parle H., violeur et tueur multirécidiviste, qui écrit de sa cellule : « [...] c'est juste pour que les experts ou vous [...] se rendent compte que je ne suis pas bien dans ma peau et dans ma tête... et si personne ne se rend compte de mon état, eh bien, je continuerai à faire souffrir des gens malgré moi[2]... »

Sa mère nourricière est au courant de ses problèmes puisqu'elle l'emmène dès l'après-guerre à l'hôpital psychiatrique d'Auxerre, où il est examiné par le docteur Scherrer. Il se souvient :

1. Il reparle de ces crises le 13 décembre 2000 aux gendarmes qui l'interrogent.

2. Article sur les auteurs de viols multirécidivistes et les assassins, revue *Soins psychiatriques*, mars 1995, n° 173.

J'avais quatorze ou quinze ans, j'avais été accusé d'avoir mis le feu à un hangar, à Lordonnois, puis placé dans un centre de redressement. J'ai bénéficié d'un non-lieu dans cette affaire[1].

Maryline confie également qu'il n'a pas hésité à tuer leur chien, uniquement pour faire souffrir ses enfants. D'autres témoins rapportent qu'ils l'ont vu exécuter avec sa carabine un autre chien sans manifester la moindre émotion.

Dans les années 60, à peine marié, il est mis en cause dans une affaire de mœurs : « [...] lorsque j'étais à la SNCF, au début [1962] j'ai été inquiété pour avoir détourné une fille mineure [...] je n'ai pas été poursuivi. » L'affaire est classée sans suite. Certains de ses collègues de l'époque qui s'en souviennent en témoignent auprès des enquêteurs. Selon Maryline, Émile Louis travaillait, en plus de la SNCF, pour un poissonnier d'Avallon, qui avait une fille de quatorze ou quinze ans. Il sera retrouvé avec elle par les gendarmes, à Rouvray, dans son cabanon, au petit matin.

Peu après cette période, des jeunes filles confiées au foyer de l'enfance de Montmercy se plaignent de viols répétés, perpétrés par un jardinier dénommé Louis. Ces viols auraient lieu dans une cabane à outils. Les mains attachées dans le dos, elles seraient violées avec des objets divers. Lorsqu'elles en parlent, personne ne les croit.

Au cours de l'année 1967 ou 1968, on le soupçonne d'avoir tué une jeune femme. C'est ce que nous rapporte Maryline[2], qui fait état d'une autre affaire de mœurs. Émile Louis est alors membre de la maison des jeunes, il en sera exclu.

En 1971, Émile Louis est recruté comme chauffeur de car par les Rapides de Bourgogne. Dès cet instant, des bruits courent, selon lesquels il adopte un comportement

1. Selon les études américaines, plus de 56 % des tueurs en série étudiés ont eu à l'adolescence une tendance à la pyromanie.

2. Cf. *supra*, p. 212-213.

anormal avec les enfants qu'il transporte : il se livrerait à des attouchements sur eux. Le maire de Villefargeau, où Émile Louis est conseiller municipal, précise en 1981 à Jambert que des personnes dignes de foi lui ont rapporté les faits. Mais le maire ajoute : « Aucune plainte n'a été déposée contre Louis, qui n'a jamais été pris en flagrant délit... » Ce qu'il semble déplorer.

De 1971 à 1978, qu'a fait Émile Louis ? D'autres enfants, confiés par la DDASS à son épouse, accusent Émile Louis de les avoir violés. Une de ses cousines, Edwige B., en témoigne de la manière suivante :

J'ai été victime d'attouchements dès l'âge de onze ans [...] *les faits se sont produits plusieurs fois en l'absence de mon père et pendant que ma mère était occupée aux travaux ménagers. Il trouvait le prétexte d'aller aux WC, à côté de la salle de bains, pendant que je faisais ma toilette pour entrer car cette pièce ne fermait pas à clé. Il me faisait des caresses sur tout le corps, il pénétrait un doigt dans mon vagin, il m'obligeait à lui caresser le sexe* [...]. *Un jour* [...] *il m'avait rejointe dans la salle de bains* [...] *pour me faire des attouchements, il m'avait ceinturée et je me suis débattue, je me suis cogné la tête volontairement pour qu'il me lâche. Lorsqu'il a vu le sang, il m'a lâchée. Ma mère n'a pas cru à mon histoire car il s'est défendu et m'a traitée de menteuse*[1].

Émile Louis a alors quarante-deux ans, sa cousine est élève à l'IME d'Auxerre. Il l'aurait violentée pendant plusieurs mois et séquestrée par moments dans le même cabanon que Maryline. Edwige ne peut cependant décrire le chemin pour y accéder parce qu'Émile Louis lui bandait les yeux. Elle décrit en revanche le cabanon de bois :

Il est au bord de l'eau, il y a un genre de plage, il y avait un grand lit, un buffet, une table et une gazinière,

1. Sa fille Maryline en parle devant les médias (voir l'article de Jean Ker, *Paris-Match*, 10 mai 2001).

j'avais remarqué que le lit possédait des liens à la tête et au pied, il s'agissait d'une grosse ficelle à laquelle j'ai été attachée...

Officiellement, Edwige fait des fugues dès l'âge de quatorze ans... Fugues ou séquestrations ? La psychologue de l'IME d'Auxerre écrit, le 16 mars 1977 : « Comportement d'Edwige : fugues successives avec élaboration d'un scénario (fabulation viol ? Enlèvement ?) depuis janvier. » Le scénario est certes plus concret pour Edwige que pour la psychologue. Quel est donc le poids accordé à la parole d'une personne handicapée ?

Edwige est au foyer de l'enfance de Montmercy lorsqu'elle « fugue » à l'âge de dix-sept ans, en 1978. Le directeur de l'IME d'Auxerre, Pierre Charrier, la raye de sa liste fin septembre 1978. Elle ne sera plus véhiculée par le chauffeur de car entre le foyer et l'IME.

En 1978 également, Jocelyne B. se réveille dans une chambre du château de Villefargeau, dont Émile Louis est le gardien. Elle raconte qu'il lui a fait avaler des cachets :

Je pense qu'il aurait essayé de me jeter par la fenêtre de cette chambre. Je précise que je me trouvais complètement nue dans le lit. J'ignore si durant mon inconscience il a abusé de moi. Il lui est arrivé de me conduire dans une cabane pour aller chercher des cerises. [...] Je me suis retrouvée dans la cabane, il m'a attaché les mains derrière le dos, il m'a frappée avec une trique, je pense que j'étais nue. Il y avait des effets vestimentaires féminins.

Jocelyne B. confie à Jean-François Abgrall que, lorsque Émile Louis la séquestrait, il la torturait et tentait de la convaincre de se suicider. Lorsqu'il lui déliait les mains, il posait à côté d'elle une arme, lui précisant qu'elle pouvait s'en servir pour se supprimer. L'arme était-elle chargée ? Était-ce celle saisie par le gendarme Jambert ?

Jocelyne B. témoigne à visage découvert, avec courage et lucidité, devant les caméras de Samuel Luret pour le reportage diffusé le 21 janvier 2001 sur M6.

En 1979, Émile Louis, selon ses propres termes, est « inquiété par la brigade de gendarmerie d'Auxerre, à la suite de la disparition d'une jeune fille du foyer de Montmercy, Martine Renault. Là encore, j'avais été soupçonné d'avoir emmené cette jeune fille disparue ».

Martine Renault disparaît en effet le 26 septembre 1979 du foyer de l'enfance de Montmercy. Les gendarmes démontrent qu'il ne s'agit pas d'une fugue, mais d'une disparition suspecte de mineur. Ils informent le procureur et entendent un suspect, un certain Émile Louis.

Ce dernier a été aperçu près du foyer au moment où Martine s'en est échappée. Mais il est mis hors de cause. Pour quelle raison ? Son alibi, quoique fragile, est admis par les gendarmes. Pourtant, ils ont constaté :

Une enquête d'environnement permet d'établir qu'Émile Louis a été inquiété plusieurs fois et même déjà interpellé par le commissariat de police d'Auxerre pour des faits plus ou moins similaires et surtout des problèmes de mœurs. Il sera mis hors de cause à chaque fois[1].

Les gendarmes le croient.

Le 5 juillet 1981, les restes d'un corps humain sont retrouvés dans une cabane à bestiaux. C'est le cadavre de Sylviane Durand-Lesage.

Le gendarme Christian Jambert découvre à cette occasion l'existence de six disparitions suspectes dans l'entourage d'Émile Louis.

Le 28 décembre 1981, Émile Louis est interpellé par Christian Jambert et interrogé de longues heures durant. Il nie avoir tué Sylviane. Il détourne le gendarme de son objectif en lui avouant des pratiques de nature pédophile.

1. C'est à cette époque qu'une des filles de la concubine d'Émile Louis est aperçue par un voisin. Hagarde, en chemise de nuit, pieds nus dans la rue, elle prétend qu'Émile Louis a tenté de la violer. (Lettre anonyme.)

Jambert note avec inquiétude que plusieurs personnes sont au courant des travers d'Émile Louis : sa concubine (« Ma concubine est au courant de mes problèmes, nous en avons parlé. ») et M. J. M. (« J'étais allé voir un docteur, c'était pour lui expliquer des problèmes nerveux et affectifs. C'était par l'intermédiaire d'un ami, M. J. M., que j'ai contacté ce docteur car je lui avais dit que j'avais des problèmes de comportement. En fait, je suis allé voir ce docteur parce qu'on m'avait soupçonné d'avoir tripoté des gamines »). En 1985 il quitte rapidement Fréjus et sa belle-famille. Sa nièce viendra passer quelques jours dans un camping-car. Elle sera récupérée par son père dans un état dramatique. Il leur faudra plusieurs jours pour la réveiller, d'après Maryline, la fille d'Émile Louis.

En 1986, Émile Louis s'installe dans le camping du Blavet à Roquebrune-sur-Argens, dans le Var. Anne-Marie X. est sa voisine, elle a deux enfants, qu'elle lui confie occasionnellement. Ils lient connaissance. Elle décrit ainsi la scène. Il lui offre un café. Peu après, elle se sent bizarre. Elle croit ce malaise naturel, mais se réveille dans la voiture d'Émile Louis, nue. Elle tente de s'échapper, il la rattrape, la frappe à la tête, elle s'écroule en sang, il l'enferme dans son coffre. Il la ramène chez lui, dans son mobil-home. Il la soigne et la laisse partir. Pourquoi ne la laisse-t-il pas mourir ? Quelqu'un était-il au courant de leur rencontre ? Elle n'a, semble-t-il, jamais dénoncé les faits aux autorités.

Toujours en 1986, le 25 novembre, selon l'enquête menée par Jean Ker, journaliste à *Paris-Match*, une jeune femme, Ségolène Werner, est retrouvée morte dans son mobil-home, au camping du Blavet, à côté de celui d'Émile Louis. L'affaire est effectivement très suspecte [1]...

En 1989, l'histoire se répète. Émile Louis est soupçonné d'avoir enlevé et tué Joris Viville, neuf ans. Entendu par les gendarmes du Var le 24 août 1989, il dit trop aimer

1. Ce qui est surprenant, c'est que malgré son passé, on confie à cette époque des transports scolaires à Émile Louis. Il sera remercié à la suite de plaintes d'enfants.

les enfants pour qu'une telle affaire puisse le concerner. Cependant il apparaît qu'il s'est livré à des attouchements sur divers enfants du camping où il séjourne. Un journal local titre : « Roquebrune, le maniaque sexuel sévissait au camping. Le quinquagénaire récidiviste abusait depuis plusieurs mois des enfants dont il avait la garde. Il a été mis hors de cause dans l'affaire Joris. »

Le quotidien précise que trois familles, dont l'une est originaire de l'Yonne, ont déposé plainte contre Émile Louis. Elles lui ont confié la garde de garçons et de filles entre neuf et onze ans et le suspectent d'avoir exercé à leur encontre des violences sexuelles. Il ne comparaît qu'à deux reprises devant les tribunaux. À chaque fois la qualification de viol est écartée.

Le journal explique pourquoi la participation d'Émile Louis au meurtre de Joris Viville est exclue : il ne ressemble pas au portrait-robot, l'analyse de ses cheveux ne correspond pas à celle des cheveux retrouvés dans la main de Joris. Enfin, les traces laissées par sa voiture ne sont pas identiques à celles relevées sur les lieux. Cependant, les gendarmes qualifient Émile Louis d'esprit retors, précisant qu'il tente de mener les enquêteurs en bateau [1].

Émile Louis est condamné à cinq ans de prison ferme et à trois ans de mise à l'épreuve pour attentat à la pudeur sur mineur de moins de quinze ans [2].

Placé en détention en Corse, à Casabianda, il attire la sympathie de ses gardiens qui, selon plusieurs témoignages, lui confient une estafette bleue pour aller faire des courses et assurer le transport de leurs proches.

En 1992, de retour à Draguignan, Émile Louis reprend ses occupations préférées : il attache, séquestre et torture sa seconde épouse, Chantal, selon ses dires et ceux d'une amie. Il la maltraite au point d'être obligé de la faire hos-

1. Ils ont le même sentiment que Christian Jambert dix ans plus tôt.

2. Voir la version d'Émile Louis devant les experts psychiatres en 1989 (voir Doc. 11).

pitaliser sous de faux prétextes (il prétend par exemple que Chantal a été agressée par des Arabes : ses idées politiques sont très marquées).

Il s'occuperait avec une égale attention des deux filles de Chantal, de sa femme de ménage et d'autres femmes encore. Il retrouve un emploi dans les pompes funèbres. Émile va-t-il creuser de nouvelles tombes ? Alors que nous écrivons ces lignes, la cellule Louis 83 [1] réétudie toutes les affaires non résolues depuis dix ans. Quatre disparitions datant du début des années 90 attirent leur attention. Le corps d'une jeune femme a été retrouvé enterré dans une décharge, les mains attachées dans le dos, et a été immédiatement envoyé pour analyse à l'institut de recherche criminelle de la gendarmerie nationale.

Par ailleurs, des plaintes plus récentes auraient été déposées par des voisins d'Émile Louis, dans la cité des Billettes à Draguignan, pour attouchements et agressions sexuelles sur leurs enfants.

Les habitants de cette cité étaient tellement en colère que, en février 2001, lorsque les gendarmes de la cellule Louis 83 ramènent Émile Louis à son ancien domicile afin d'y effectuer une perquisition, ils doivent le protéger d'un gilet pare-balles [2]. Lors de cette perquisition, ils saisissent une arme blanche (une machette rapportée d'Indochine ?) qu'il transportait dans sa voiture, diverses photos, des CD-ROM, des livres sur le nazisme.

En décembre 2000, il est temps de compter les crimes mais Émile Louis est présumé innocent tant qu'aucun tribunal ne l'aura condamné pour l'un ou l'autre des faits qui viennent d'être décrits.

---

1. Cellule d'une vingtaine de gendarmes créée spécialement pour enquêter sur les crimes d'Émile Louis dans le Var.

2. *France-Soir* titre le 6 mars 2001 : « Émile Louis a failli être lynché. »

MODUS OPERANDI D'UN TUEUR EN SÉRIE

Qu'est-ce qu'un tueur en série ?

Micki Pistorius, *profiler* sud-africain, parle du syndrome du « garçon d'à côté », celui d'une société qui a généralement du mal à croire que des personnes en apparence normales puissent commettre des atrocités telles que des meurtres en série. Le garçon d'à côté vous ressemble, il est votre voisin et vous le trouvez sympathique. Pourtant, depuis son enfance, il a fait une fixation, il est assailli de fantasmes de destruction et de vengeance, il ne parvient pas à s'identifier à ses parents. Un jour, un stress, un événement apparemment banal, le fait passer à l'acte. Il commet un premier meurtre. Maladroitement. Il tente pour la première fois de réaliser son fantasme. Il franchit la frontière. Cependant, la réalité n'est pas à la hauteur de son attente, elle ne la comble pas. Il n'atteint pas le plaisir escompté.

C'est pourquoi il recommence, recommence, recommence... Incessamment, car le réel restera toujours en décalage avec son imaginaire, la poursuite n'aura donc pas de fin.

L'honnête homme tue aussi, parfois, mais seulement de manière imaginaire et fantasmatique : « Je suis honnête homme, n'ayant jamais assassiné, jamais volé, ni violé que dans mon imagination. Je ne serais pas honnête homme sans ces crimes [1]. »

Le tueur véritable, lui, donne chair et sang à ses sombres désirs. S'il entre dans la répétition, il devient un tueur en série. Michel Benezech, psychiatre, nous donne une définition générale de ce type de criminel : « Un criminel est qualifié de tueur en série à partir de trois homicides sans mobile apparent et de sang-froid. »

Pour qu'il y ait crimes en série, les trois crimes doivent être perpétrés en des lieux différents, dans un laps de temps qui ménage une période d'accalmie et alors même que le

1. Paul Valéry.

tueur est aux prises avec ses fantasmes. Le *serial killer* a toujours l'impression d'être mû par une compulsion irrésistible, alimentée par son imaginaire. Ce qui le conduit à torturer et à mutiler ses victimes.

L'expression *serial killer* a été inventée en 1970 par Robert Ressler, agent du FBI, qui enquêtait sur des meurtres en série – elle est apparue parallèlement au terme *serials*, qui désigne les séries télévisées aux États-Unis.

Le phénomène des *serial killers* commence à être connu du grand public par le biais de la littérature et du cinéma : *Psychose*, *Le Silence des agneaux*, *Henri portrait d'un serial killer*, *Massacre à la tronçonneuse*... Toutes ces œuvres sont inspirées de faits réels. Aujourd'hui, la presse entretient la curiosité du public en développant ce genre de faits divers, mais elle ne distingue pas toujours clairement le tueur en série d'autres types de tueurs à victimes multiples.

Le tueur en série se différencie du tueur de masse *(mass-murder)* qui massacre le même jour, par exemple avec une arme à feu, toute personne qu'il croise ou toute sa famille.

Il se différencie également du tueur en cavale *(spree-murder)*, qui assassine ceux qu'il croise au hasard d'une fuite, alors qu'il est généralement poursuivi par la police. C'est le cas de Florence Rey et d'Audry Maupin, vingt-deux ans, qui, armés de fusils à pompe, braquent deux policiers en faction, prennent en otage un chauffeur de taxi, tuent et blessent une dizaine de personnes, en quelques heures de fuite dans Paris.

Il se différencie, enfin, des tueurs à gages, qui répondent à une commande et exécutent leurs victimes de manière professionnelle, en obéissant à des règles de précaution et d'efficacité.

En France, le nombre de tueurs en série est en évolution constante. Ils sont considérés comme incurables par les spécialistes.

Émile Louis est suspecté d'être un *serial killer*. Il n'est pas de ceux qui se livrent, ni de ceux qui se suicident [1].

1. Il est extrêmement rare que les forces de police mettent directement un terme aux crimes en série. Dans la présente affaire, ce sont

Émile Louis est apparemment inoffensif et sociable. Il lie facilement connaissance, surtout avec des jeunes filles et des femmes. Il commence par leur rendre service, essentiellement en leur proposant de les véhiculer, soit dans sa propre voiture, soit dans son car, en les dispensant du ticket, par exemple. Peu à peu, il les accompagne jusque chez elles, se fait inviter. Certaines deviennent ses maîtresses. Parfois, il leur trouve du travail, un logement. Il utilise les confidences qu'elles lui font pour repérer leur point faible. Rappelons que l'une des caractéristiques des jeunes handicapés mentaux est leur propension à se confier au premier venu. Ainsi, Jocelyne B. lui dit qu'elle se trouve trop grosse : il lui fait avaler des cachets « pour maigrir », elle se réveille quelque temps plus tard, nue dans un lit.

Émile Louis a besoin d'apprivoiser ces jeunes femmes, pendant un temps plus ou moins long selon leur état de vulnérabilité, il a besoin de les fréquenter pour connaître parfaitement leur vie, leurs habitudes, leur entourage. De sorte que, lorsque les gendarmes l'interrogent, il parvient à se disculper : quand on sait presque tout, on risque moins d'être pris en flagrant délit de mensonge.

Afin de brouiller les pistes en cas d'enquête, il utilise des pseudonymes. Il se fait ainsi appeler : Michel, Michou, Jean-Michel, Jean-Louis, Louis, Mimile, etc. La multiplicité de ces noms rend difficile tout recoupement : « La victime fréquentait un certain Jean-Michel. » Émile Louis peut dormir tranquille.

Lorsqu'il a réussi à établir une relation de confiance avec les jeunes filles, il les entraîne dans des lieux où elles ne l'auraient peut-être pas suivi : dans une cabane perdue dans les bois, par exemple. C'est ce qui lui permet de prétendre aujourd'hui que les victimes étaient consentantes. Or, il n'y a pas de consentement : le consentement est l'acquiescement donné à un projet. En l'occurrence, le projet est dissimulé. C'est le principe même de la trom-

---

pourtant les gendarmes qui ont mis en évidence la série de meurtres attribués à Émile Louis.

perie, de la duperie... On est aisément dupé par ceux auxquels on s'attache et qui, apparemment, sont bien intentionnés.

Si l'on en croit les victimes, il fait usage de divers médicaments, qu'il se fait prescrire par son médecin traitant sous prétexte d'insomnies. Maryline, sa fille, affirme qu'elle ne l'a jamais vu absorber un seul médicament. Toutes les victimes qu'il épargne racontent aux enquêteurs qu'elles se réveillent dans un état comateux, en ayant oublié tout ce qui s'est passé. C'est pourquoi il leur est difficile de porter plainte. Combien sont-elles dans ce cas ?

En 1996, la femme de ménage d'Émile Louis se réveille chez lui, partiellement dévêtue ; prise de vertiges, elle est dans l'impossibilité de rentrer chez elle. Son ami vient la chercher et la fait immédiatement hospitaliser. Plus récemment, la meilleure amie de la femme d'Émile Louis, après avoir bu un jus d'orange dans leur cuisine, a la surprise fort désagréable de se retrouver en quelques minutes dans une léthargie qui la contraint à faire appel à son mari.

Émile Louis utilise la même technique avec ses épouses et ses concubines, afin de faire ce qu'il veut d'elles.

« Toutes les filles à qui j'ai fait l'amour étaient volontaires et consentantes. » Émile Louis a raison : il est difficile d'exprimer un refus catégorique lorsqu'on est sous l'emprise d'un psychotrope et qu'un « ami » vous guide vers un lieu tel qu'une cabane de jardin ou le bord d'une rivière.

Un sujet sans volonté est un parfait objet.

Le processus qui conduit à droguer les femmes avec lesquelles on envisage des relations sexuelles n'a pas pour seul objectif d'annihiler leur volonté : c'est qu'elles ressemblent alors à des cadavres. Les plus grands tueurs en série sont en effet davantage intéressés par les actes *post mortem* que par les violences sur personnes vivantes. Le plus fréquemment, ils jouissent de se livrer à des actes sexuels sur la victime évanouie ou morte, certains affectionnent même particulièrement de « faire l'amour avec un cadavre, dans un mouvement de réappropriation absolue, empreint de destructivité à l'égard d'un objet maniable parce qu'inanimé [...] impuissant à répondre[1] ».

Ainsi, le tueur californien Ed Kemper assassine treize jeunes filles avant de les décapiter et de s'assouvir sur le corps mutilé de certaines d'entre elles.

Émile Louis a une relation particulière avec la mort depuis son enfance : son père nourricier est fossoyeur, il apprend ce métier très jeune ; pendant son service militaire, il convoie des cadavres. Par la suite, il donne des rendez-vous galants dans des cimetières, et l'un de ses derniers emplois à Draguignan est, à nouveau, fossoyeur.

Selon les témoignages, Émile Louis, après avoir mis ses victimes en condition, les emmène dans un lieu isolé où il dispose de tout le matériel nécessaire pour exercer des tortures.

D'après celles qui en réchappent, on y trouve un matelas, des vêtements féminins (certains en lambeaux), des liens, des bouts de tuyaux, des pinces, des seringues, des aiguilles, des objets tranchants, etc.

Selon elles, Émile Louis a aménagé spécifiquement pour exercer ses crimes et séquestrer en toute sécurité ses victimes. Il ne dispose pas d'une cave bétonnée comme Dunand ou Dutroux.

Lorsqu'il séquestre une femme, il commence par la déshabiller, lui lier les mains dans le dos et les chevilles. Parfois, il les attache debout, à un arbre ou à un poteau. Il les bâillonne. Il veut une partenaire parfaitement soumise, réduite à sa merci. Il pratique de la même manière avec ses épouses et ses maîtresses. Il utilise comme liens des lambeaux de vêtements féminins, ceux de ses précédentes victimes, créant ainsi une continuité entre elles.

Selon elles, Émile Louis se livre à des tortures et à des viols. Il affectionne notamment les violences qui font couler peu de sang, les actes internes, pratiqués à l'aide de tuyaux, de bouts de bois. Il donne aussi des coups, surtout sur les parties génitales. Il ajoute à cela des élé-

1. Daniel Zagury, *La Justice et le Mal*, éditions Odile Jacob, 1997.

ments de torture psychologique : séjours dans le noir, isolement, insultes, menaces, etc.

Le témoignage d'une victime, Anne-Marie, rapporté par *Le Journal du dimanche* en décembre 2000, est à ce titre édifiant :

Il lui a ligoté les mains derrière le dos, a frappé sa tête plusieurs fois contre l'établi, l'a giflée. Ensuite, il a pris une faucille qu'il a passée autour de sa gorge. Là, il a commencé à la violer. Quand elle hurlait trop, il levait la faucille jusque devant ses yeux. « Pour que je voie qu'il pouvait me tuer », raconte Anne-Marie. Elle lui a mordu le bras de toutes ses forces, il l'a lâchée, elle s'est enfuie, elle a rejoint son dortoir. Le lendemain, une assistante sociale l'emmenait dans un autre institut, loin d'Émile Louis. C'était en 1961 à Montmercy, Anne-Marie avait quinze ans, elle rêvait du prince charmant, elle était accro du magazine Nous deux. *Émile Louis lui avait promis de lui en donner quelques exemplaires, qu'il avait soigneusement mis de côté pour elle. Il n'y avait qu'à le suivre là-bas, dans son cabanon de jardinier. Là, un soir, après le repas, elle l'a fait. « Il faut que vous sachiez que je suis handicapée à 50 %, en fait je suis malade des nerfs depuis toujours, je ne suis pas folle, je suis malade, c'est comme de l'anxiété. »*

Émile Louis relâcherait certaines de ses victimes et en tuerait d'autres. Pourquoi ? Pour une raison au moins. Ainsi, Jocelyne B. dit :

Lors de mes sorties avec Michel, il me posait toujours la question de savoir si mon ami Jean-Paul était au courant. Je lui répondais tout le temps que oui. Et c'est pour cette raison, je pense, que Michel n'est jamais allé plus loin avec moi.

Depuis Sade et *Justine*, il y a des invariants dans les critères de choix des victimes à sacrifier :

[...] ses demandes non seulement s'arrêtaient avec complaisance sur les détails obscènes, mais s'appesantissaient même avec affectation sur les [...] points suivants : 1. S'il était bien vrai que je fusse orpheline et née à Paris. 2. S'il était sûr que je n'eusse plus ni parents, ni amis, ni protection, ni personne enfin à qui je pusse écrire. 3. Si je n'avais confié qu'à la bergère qui m'avait parlé du couvent le dessein que j'avais d'y venir.

Sa fille Maryline redoute qu'Émile finisse par tuer sa seconde épouse, Chantal. C'est pourquoi, lors d'une visite, elle conseille à cette dernière :

Dis bien à Émile que tu nous as raconté les tortures qu'il te fait subir, comme ça il ne te tuera pas. Tu prendras une bonne raclée, mais au moins il ne te tuera pas.

Lorsque des orphelines handicapées mentales disparaissent, il n'y a pas de voix pour en témoigner. Comment se fait-il qu'Émile Louis n'exprime jamais de crainte et ne se dise pas : « Les responsables de l'IME d'Auxerre, M. et Mme Charrier, éducateurs consciencieux, vont se manifester auprès de la police, de la gendarmerie, du procureur et, comme ce sont des gens influents, ça va faire du bruit ! Je risque la peine de mort [1] ! » Compte-t-il sur l'inertie des responsables ?

Comment Émile Louis dit-il avoir tué les sept jeunes disparues ? Selon ses aveux, c'est au cours de relations sexuelles, prétendument consenties, qu'il est soudainement pris d'une « crise » :

J'étais habité par quelqu'un d'autre qui me poussait au mal, cette force me poussait à tuer [...] *ce démon m'habitait, c'était la pleine lune* [...] *j'étais possédé par une force*

1. La peine de mort n'ayant été abolie qu'en 1981, Émile Louis aurait encouru ce risque.

surnaturelle, je n'étais plus moi-même [...] *j'étais habité par ce personnage* [...].

Avec de tels aveux, il évite de raconter comment il a procédé. Il ne se souvient pas, c'est *l'autre* en lui qui a agi : « Je ne sais pas comment je l'ai tuée [...]. Je ne me rappelle de rien. » La plupart des tueurs en série parlent de la sorte. L'autre, le diable, la force surnaturelle, c'est son fantasme de mort et de destruction qu'il attribue à autrui.

L'autre a-t-il un *modus operandi* ? Il étrangle ? Il donne des coups de couteau ? Il frappe avec une pierre ? Il obéit à sa spontanéité pure et utilise les moyens à sa portée dans cet instant-là ?

Toutes les victimes sont retrouvées dénudées, les mains et les pieds liés par des lambeaux de vêtements féminins. On leur a placé dans la bouche une boule confectionnée avec des collants ou des bouts de slip et elles portent un bâillon réalisé de la même façon. Or, cela nécessite une préparation, ce qui infirme totalement la thèse d'Émile Louis, selon laquelle il agirait dans un état de crise [1].

Après le meurtre, Émile précise avoir dissimulé temporairement le corps sous des feuillages. Il raconte :

Je suis revenu le lendemain avec une pelle pour enterrer le corps [...]. *J'ai mis le corps sous des feuillages comme les autres, et je suis venu l'enterrer le lendemain dans la même zone que les autres jeunes filles.*

1. Micky Pistorius, profiler sud-africain, fait état dans un ouvrage d'un tueur en série qui, dans les champs de canne à sucre, près de Phoenix, laissa dans la même zone plusieurs corps de femmes, les mains et pieds liés par des bandes de tissu fabriquées dans des vêtements de victimes. Une boule de tissu, en principe un slip, dans la bouche. L'analyse est la suivante : une telle mise en scène exige du temps et de la préparation, le tueur connaît donc bien les lieux, se sent tranquille et a préalablement maîtrisé sa victime !

Il a donc chaque fois l'intention de revenir sur le lieu de son crime pour s'occuper du cadavre.

Pratique étrange, car il a l'habitude d'enterrer des corps depuis son enfance : il lui faut donc peu de temps pour le faire. Il pourrait y procéder immédiatement après le crime mais il remet cela au lendemain, ou à plus tard. Il court ainsi le risque que le cadavre soit découvert. Pourquoi ce risque ? Pour procéder à des actes *post mortem* : nécrophagie ? Relations nécrophiles ? Démembrement ? Au sujet de circonstances analogues, Ed Kemper dit : « Je voulais ces filles pour moi, comme possession, c'était l'unique moyen qu'elles puissent être miennes. »

Émile Louis reconnaît enterrer aussi, à distance des corps, les vêtements de ses victimes qu'il n'utilise pas comme liens. Pourquoi prendre la peine de creuser un autre trou ?

Le cimetière personnel qu'il décrit est décidément étrange.

Il est difficile pour une personne normale de saisir comment une autre personne, apparemment normale, conformiste, peut commettre des actes atroces.

C'est parce que cette idée est difficile à accepter que les gens pensent à tort que les tueurs en série sont des personnes « anormales », ce qui est rare.

Lors de son procès, les médecins psychiatres auront à se prononcer sur l'état mental d'Émile Louis afin d'établir sa responsabilité ou son irresponsabilité au moment des actes. Quelle sera leur analyse ? En 1989, ils écrivent à son propos :

En ce qui concerne les faits incriminés, la version de l'inculpé évoque plus la réalisation d'un fantasme sadomasochiste qu'une conduite occasionnelle ou fortuite. Dans l'hypothèse peu plausible où le sujet aurait été en présence d'enfants pervers[1], *il aurait de toute évidence eu*

1. Émile Louis se justifie en prétendant que les enfants qu'il a agressés étaient de « petits vicieux », que c'est eux qui pénétraient

une attitude complice en conformité avec sa propre perversion. Il est plus vraisemblable de penser que le sujet a lui-même organisé ces jeux pervers. Pendant les faits, l'inculpé n'a présenté aucun trouble de la conscience et doit donc être considéré comme responsable. L'examen du sujet ne révèle pas chez lui d'anomalie mentale ou psychique, il présente par contre un caractère pathologique de type pervers masochiste [...] le sujet est accessible à une sanction pénale. Le sujet est peu curable ou réadaptable en raison de son âge et de son absence de motivation pour cela.

Il est cependant remis en liberté en 1992, sans soin réel...

L'ENVIRONNEMENT D'ÉMILE LOUIS

Christian Jambert à *L'Événement du jeudi* :

Il était démoniaque, ce monsieur. Pendant les interrogatoires, il avait une manière de répondre... Il était sûr de lui. Tout ça le faisait rire et il clamait haut et fort qu'il ne risquait rien parce qu'il avait des relations[1].

Quelles sont donc les « relations » d'Émile Louis à l'époque des disparitions ?

Il connaît bien les époux Charrier, même s'ils s'en défendent aujourd'hui. La femme d'Émile est nourrice, or c'est Nicole Charrier qui, à l'IME, s'occupe des relations avec les familles nourricières. Quant à Émile, il assure le transport des élèves de l'IME dirigé par Pierre Charrier.

Sa première épouse, Simone Delagneau, confirme aux enquêteurs en 1998 :

---

chez lui pendant sa sieste et lui « tiraient le sexe » ou lui « ouvraient la raie des fesses » (voir Doc. 11).

1. Thibault de Maillard, *L'Événement du jeudi*, août 1997.

Mon mari entretenait d'excellentes relations avec M. et Mme Charrier. M. et Mme Charrier sont venus au moins à deux reprises à mon domicile. [...] Mme Charrier avait plutôt des contacts avec moi, mon mari parlait beaucoup de M. Charrier. Je ne sais pas s'ils se voyaient en dehors des relations professionnelles.

Émile Louis connaît d'autant mieux le couple Charrier que, après s'être séparé de sa femme, il vit avec Gilberte Lemenorel qui, elle aussi, accueille des élèves de l'IME d'Auxerre.

C'est Nicole Charrier qui se charge également des relations avec cette famille.

Gilberte Lemenorel précise aux mêmes enquêteurs le 13 mai 1998 :

À cette époque, dans les années 70-80, Louis Émile avait de très bonnes relations avec les responsables de l'IME Grattery, le couple Charrier.

En janvier 2001, à la question « Avez-vous entretenu des liens amicaux avec lui [Émile Louis] ? » Pierre Charrier répond :

Absolument pas. Je ne suis jamais allé chez lui, et je ne l'ai jamais reçu à mon domicile. Il n'est jamais entré dans mon bureau à l'IME. Pour moi, il était un chauffeur de car qui amenait les élèves. Un point c'est tout. Je suis catégorique.

Émile Louis a d'autres relations bien placées : il est ami avec M. J. M., assesseur au juge des enfants. Proche du gendarme Jambert, M. J. M. connaît également le proxénète local, M. B., qu'il reçoit régulièrement en même temps qu'Émile Louis. Celui-ci est élu conseiller municipal de Seignelay en 1981. L'ancien maire de cette commune s'en souvient comme d'un individu sans personnalité capable de se fondre dans la foule : « Il m'était quasiment impossible de déterminer quelles étaient ses qualités et ses défauts [1]. »

En réalité, Émile Louis a plus de relations que d'amis véritables. Au nombre de ces relations, on compte encore les époux tenanciers du *Nicki Bar*, situé près des Rapides de Bourgogne. Françoise Lemoine a d'ailleurs vécu dans une chambre sur cour, derrière le bar, que lui avait trouvée Émile Louis. Françoise et (peut-être) Bernadette Lemoine disparaissent de ce bar en y abandonnant leurs valises.

Quel type de relations Émile Louis entretient-il avec ses « amis » d'une manière générale ? Un témoignage récent le décrit de la manière suivante :

M. Louis a tenté des actes malhonnêtes sur mon épouse [...]. *Mme Louis s'est confiée en disant que son mari l'attachait pour lui faire l'amour* [...]. *Émile Louis avait prêté des livres à mon épouse sur les aventures de femmes soldats en Allemagne se livrant à des pratiques sadomasochistes.*

Émile Louis est donc égal à lui-même, on retrouve là le comportement antérieur maintes fois dénoncé.

En conclusion, il convient de donner la parole à sa première épouse qui écrit à quelques jours de sa mort dans son journal intime, pour ses enfants, et confie à sa fille Maryline :

Je sais que vous souffrez d'avoir eu un tel père, et je m'en veux de vous avoir conçu avec un tel homme.

1. Entretien accordé à *L'Yonne républicaine*, 15 décembre 2000.

LORSQU'UNE INSTITUTION AU SERVICE DES PLUS FAIBLES DYSFONCTIONNE

LES ASSOCIATIONS DÉDIÉES AUX PERSONNES HANDICAPÉES

L'histoire de la France (et de quelques autres pays européens) est ainsi faite que la gestion des établissements accueillant des personnes handicapées est confiée à des associations de bénévoles. Dans notre pays, elles sont créées dans le cadre de la loi du 1er juillet 1901 relative aux contrats d'association dont on fête le centenaire. La loi de 1901 est une loi de liberté, hautement démocratique, qui permet aux citoyens français de se regrouper et d'œuvrer ensemble à ce que bon leur semble, sous réserve de ne pas enfreindre les lois de la République.

Pour avoir une existence légale, les associations doivent être déclarées à la préfecture et faire paraître leur intitulé, leurs objectifs et leurs statuts au *Journal officiel*.

On enregistre aujourd'hui en France plus de sept cent mille associations, dont environ quatre-vingt-dix mille dans le secteur médico-social. Elles sont d'une grande diversité : de l'association de philatélistes jusqu'au club de football en passant par l'association gestionnaire d'établissements pour personnes handicapées.

Le secteur social et médico-social (personnes âgées, handicapées, en difficulté) compte aujourd'hui vingt-deux mille établissements ou services (plus de 22 % accueillent des adolescents et des enfants en difficulté ou handicapés : IME, foyers, services de soins à domicile), près d'un million deux cent mille lits ; il représente une capacité bien supérieure à celle du secteur hospitalier. Les établissements relevant du secteur des personnes handicapées ou en difficulté emploient plus de deux cent mille personnes.

En permettant « à plusieurs personnes de mettre en commun, d'une façon permanente, leurs connaissances ou leur activité dans un but autre que de partager des bénéfices [1] », l'État a, pendant ce siècle, favorisé l'émergence de centaines de milliers d'associations.

À ce jour, 90 % des établissements médico-sociaux sont gérés par des associations. Les plus importantes, reconnues d'utilité publique, sont l'Union nationale des associations de parents et amis de personnes handicapées mentales (UNAPEI), l'Association pour adultes et jeunes handicapés (APAJH) et les Pupilles de l'enseignement public (PEP). La fédération de l'APAJH regroupe quatre-vingt-dix comités départementaux qui totalisent vingt-cinq mille adhérents et vingt-deux mille personnes handicapées, prises en charge par douze mille employés.

La plupart des associations dédiées aux enfants handicapés mentaux ont vu le jour au lendemain de la Seconde Guerre mondiale. Elles sont aujourd'hui essentielles dans le système médico-social qui prend en charge les personnes handicapées.

Leur statut est celui de toute association : le conseil d'administration est composé de bénévoles. Le président est souvent un parent, un politique, un ancien professionnel. L'association est le gestionnaire, c'est-à-dire qu'elle est l'employeur des personnels.

Des fonds de la Caisse d'assurance maladie, des fonds d'État ou ceux du conseil général sont confiés à des personnes privées, et servent à remplir des missions de service public : éducation et soins des enfants handicapés, travail

1. Article 1 de la loi du 1er juillet 1901.

et accompagnement psychologique, hébergement-soins des adultes souffrant de handicaps divers.

Qui garantit l'exécution correcte de cette mission ?

HISTOIRE DE L'APAJH DE L'YONNE

L'APAJH de l'Yonne, créée en 1963, est adhérente à la fédération des APAJH. Elle a connu un développement important et comporte huit établissements en 1992 : quatre instituts médico-éducatifs, une maison d'accueil spécialisé, un foyer pour adultes et deux centres d'aide par le travail. Ces huit établissements accueillent environ cinq cents usagers de six à soixante ans.

L'APAJH de l'Yonne emploie deux cent cinquante salariés : éducateurs, médecins, infirmiers, enseignants, personnels administratifs et généraux. Elle peut ainsi s'enorgueillir d'être le quatrième employeur d'Auxerre. À la différence de ceux des autres entreprises, les dirigeants d'une association ne risquent pas leurs fonds mais ceux de la collectivité : si un établissement est en déficit, la Caisse d'assurance maladie y pourvoit.

Dans le secteur social ou celui de la santé, certains se piquent parfois de jouer les « entrepreneurs »... Ils sont heureusement peu nombreux. La plupart des responsables d'associations remplissent leur mission avec dévouement et honorabilité.

L'APAJH de l'Yonne possède un conseil d'administration, un bureau, un siège administratif. Le conseil d'administration comprend vingt-sept membres élus par l'assemblée générale, plus trois membres de droit et trois membres désignés. Les membres de droit sont, au titre des fondateurs, la Mutuelle générale de l'Éducation nationale (MGEN), le Syndicat national des instituteurs, la Fédération des œuvres laïques. Les membres désignés sont l'inspecteur d'académie, la Caisse primaire d'assurance maladie, le maire de la ville d'Auxerre. Le conseil élit un bureau pour deux ans. Trois médecins se succèdent tout d'abord à la tête de l'APAJH de l'Yonne : le docteur

Robert de 1963 à 1966, le docteur Charles de 1966 à 1974, le docteur Waechter de 1974 à 1987. Le 14 mars 1987, le docteur Waechter est l'objet d'un retrait de mandat, ainsi que le trésorier Colas-Adler. Il démissionne le 10 juillet 1987. « L'offensive contre lui a été menée par Pierre Charrier qui était déjà secrétaire général et véritable cheville ouvrière de l'association [1]. »

Pierre Charrier est, nous l'avons dit, un des fondateurs de l'APAJH de l'Yonne. Instituteur, il devient directeur de l'Institut médico-professionnel de la place Saint-Pierre à Auxerre en 1966. L'établissement accueille soixante adolescents débiles moyens de quatorze à dix-huit ans en semi-internat.

En 1968 ouvre l'Institut médico-pédagogique des Isles situé dans la zone industrielle d'Auxerre. Il dispose de trente places pour accueillir des débiles profonds de six à quatorze ans. Trois ans plus tard, cette ancienne base de l'armée américaine accueille trente-cinq débiles profonds supplémentaires, âgés de quatorze à vingt ans. Les locaux sont inadaptés et vétustes : il s'agit de petites cabanes préfabriquées aux murs de béton et aux toits de tôle ondulée. Le directeur en place pendant vingt ans, Georges Decuyper, y fait construire, souvent par des bénévoles, un certain nombre d'autres petits bâtiments, tout aussi inadaptés et laids, sans jamais demander un seul permis de construire.

En 1973, Pierre Charrier et l'APAJH de l'Yonne créent un institut médico-pédagogique à Vincelles, dans un château datant du XVIIIe siècle entouré d'un parc.

En 1974 Pierre Charrier crée un établissement qui lui correspond : un institut médico-éducatif de quatre-vingt-seize places pour adolescents et jeunes adultes débiles moyens de douze à vingt ans, surnommé « l'IME Charrier [2] ».

L'établissement est de plain-pied ; d'une architecture

1. Rapport IGASS, 1993, p. 74.

2. On l'appelle aussi « l'IME de Grattery » car il est situé avenue de Grattery.

standard, il possède une rampe d'accès pour fauteuil roulant, qui conduit jusqu'au hall d'entrée. Les locaux présentent une caractéristique propre à ce type de lieu : les fonctions des pièces sont parfaitement repérées de façon à ce que les usagers ne s'y perdent pas, ne fassent pas de confusion. Une aile, à gauche en entrant, est consacrée aux personnels administratifs : directeur, comptabilité, secrétariat et standard. Le bureau de Pierre Charrier est proche de l'entrée principale, ce qui lui permet de surveiller les allées et venues. Une aile, face à l'entrée, distribue les ateliers de formation professionnelle et les salles de cours. Les jeunes filles du temps de Pierre Charrier apprennent à repasser, à coudre, à cuisiner. Elles font du sport également, dans la salle de gymnastique. Après les activités physiques elles prennent une douche. Pierre Charrier y veille. Une aile, à droite de l'entrée, accueille les bureaux des médecins et du personnel paramédical, ainsi que le bureau de l'éducatrice chargée de l'insertion des jeunes après leur sortie.

L'IME d'Auxerre appartient à la ville, il est construit sur un terrain de la municipalité, en bordure de champs et de vergers. Le loyer est compris dans le budget de l'établissement ; il permet au propriétaire de rembourser les intérêts d'emprunt. Les lieux sont bien adaptés aux enfants, qui s'y trouvent comme dans un collège.

En 1977, un autre IME voit le jour. Plus petit, perdu au fond de la campagne à Saint-Fargeau, il accueille trente débiles moyens et profonds de six à seize ans.

À partir de 1977, l'association entreprend de construire des établissements pour des adultes handicapés : un centre d'aide par le travail, situé à côté de l'IME des Isles à Auxerre [1]. Il accueille soixante travailleurs handicapés moyens avec troubles associés. Son activité est orientée vers la prestation de service (lingerie, pressing, entretien des espaces verts...) et la sous-traitance (conditionnement, empaquetage...). En 1986 ouvre un foyer pour adultes situé

1. C'est là que travaillera Madeleine Dejust.

au fond d'une impasse, sur un terrain dominant la route qui mène d'Auxerre à Nevers. L'établissement dépend, non pas de la DDASS, mais du conseil général. Pierre Charrier l'a conçu, sa femme en prend la direction. D'une capacité de quarante-cinq lits, le foyer Guette-Soleil accueille des travailleurs handicapés qui ne peuvent vivre de manière autonome une vie sociale.

En 1989 s'ouvre à Mézilles un centre d'aide par le travail à vocation agricole : travaux de forestage et de maraîchage, un peu de conditionnement[1].

En 1990 Pierre Charrier crée à Augy son huitième et dernier établissement : une maison d'accueil spécialisé (MAS) destinée à accueillir des adultes de vingt à cinquante-cinq ans n'ayant pu acquérir un minimum d'autonomie et nécessitant des soins médicaux constants.

Pierre Charrier dirige ses établissements d'une main de fer. Entre 1963 et 1989, il n'est pas président de l'APAJH de l'Yonne, mais il en est le secrétaire général omniprésent et omniscient, autrement dit le réel dirigeant. Il milite à l'Association nationale des communautés éducatives, avec laquelle il voyage.

Pierre Charrier devient l'homme fort de l'APAJH en 1987, après le départ du docteur Waechter qu'il accuse d'autoritarisme ! L'hôpital se moque-t-il de la charité ? Voici en effet ce que disent de Pierre Charrier les inspecteurs des affaires sociales :

À la lecture des procès-verbaux des conseils d'administration on perçoit la montée progressive de M. Charrier qui devient le personnage central, le passage obligé de toutes les créations et des projets[2].

En 1987 un cantonnier retraité, Marcel Villatte, succède au docteur Waechter à la présidence de l'APAJH de l'Yonne. Comme le note le rapport IGASS : « Un secré-

1. M.F., qui sera le soutien de Claude Dunand, siège aux côtés de Georges Decuyper au comité de gestion de ce CAT.
2. Rapport IGASS, 1993, p. 74.

taire général fort ne peut s'accommoder que d'un président peu directif[1]. » Il ajoute : « Sous la présidence de M. Villatte, et avec son accord, M. Charrier est le véritable patron de l'APAJH[2]. »

Pierre Charrier a une double personnalité, qu'il dévoile en 2000 lorsque, après s'être mis en scène dans le rôle de l'homme raffiné jouant du violon et pratiquant l'aquarelle, il se révèle autoritaire et violent en tapant sur une caméra de télévision[3].

Le personnage pense, d'une manière générale, que « les autres ne sont pas compétents, ou bien mus par la malveillance[4] ».

L'APAJH DE L'YONNE AUJOURD'HUI : LE « SYSTÈME CHARRIER » PERDURE

Au moment de l'arrestation de Pierre Charrier, *L'Yonne républicaine* dit de lui : « Pierre Charrier c'était plus qu'un homme dynamique, travailleur, c'était un système... »

L'APAJH est aujourd'hui encore un système, un système qui parle et pense par l'intermédiaire de son président, Georges Decuyper, ami de Pierre Charrier, ami intime de Nicole Charrier.

Les témoignages sur Georges Decuyper sont peu nombreux. Ce personnage côtoyé par tous est inconnu de chacun.

Quel pouvoir, quelle aura possède-t-il pour être encore, à plus de soixante-dix ans (il est né en 1929), à la tête d'une association de deux cent cinquante salariés, dévoués à cinq cents handicapés ? Quelles peurs archaïques déclenche-t-il pour provoquer une crainte sans révolte ? Est-ce simplement le pouvoir fantasmatique du chef ? Ou

1. *Ibid.*, p. 74.
2. *Ibid.*, p. 75.
3. Images de TF1 et de France 2.
4. Rapport IGASS, 1993.

y a-t-il quelque chose chez lui qui engendre chez ses interlocuteurs un sentiment de malaise ?

L'APAJH de l'Yonne n'est pas l'ARC ni le Patriarche, mais tous ces hommes dévoués ont une même manière de faire, de penser, de s'exprimer. L'urbanité n'est que de façade : d'autres particularités affleurent et trahissent la véritable personnalité de ces acteurs...

En quoi Georges Decuyper est-il un individu déterminant dans l'affaire des disparues de l'Yonne ? En raison du silence qui l'entoure et qu'il fait régner ? Il est le président de l'APAJH de 1995 à aujourd'hui. Dans cette période, sans aucune aide de sa part, l'affaire des disparues va enfin être prise en compte.

Les salariés de l'IME d'Auxerre qui ont connu quatre des jeunes disparues (Madeleine Dejust, Christine Marlot, Chantal Gras et Bernadette Lemoine) ne se sont jamais exprimés. On ne les entend pas (seuls les retraités osent s'exprimer du bout des lèvres). On ne les a pas entendus non plus expliquer la manière dont Pierre Charrier gère la communication dans l'IME d'Auxerre.

Le système Charrier est-il un système du genre... totalitaire ? La parole libre y est-elle étouffée ? Personne n'aurait-il eu le droit de parler de ces jeunes filles qui disparaissaient ? Est-ce qu'entre hier (1977-1979) et aujourd'hui règne la même loi du silence ?

[...] vingt ans de silence et d'yeux fermés. Mais pourquoi aurait-il fallu s'inquiéter ? Les belles âmes qui s'occupent des handicapés sont si dévouées, si admirables[1]*...*

Gadh Charbit s'interroge dans l'émission *Le Vrai Journal*, le 28 janvier 2001 : « Pourquoi certains prétendent que les disparitions étaient un sujet tabou, une omerta imposée, affirment-ils, par la direction de l'APAJH ? »

Georges Decuyper rétorque : « Sur ces cinq dernières

1. *Le Canard enchaîné*, 27 décembre 2000.

années je n'ai jamais interdit à qui que ce soit ni de parler des disparues ni de parler d'autre chose. »

Un autre discours se fait néanmoins entendre, celui de Serge Lange, responsable de la Mutualité de l'Yonne et de la MGEN, ancien administrateur de droit de l'APAJH de l'Yonne, personnalité du monde icaunais dont les positions éthiques sont connues et reconnues : « Il ne fallait pas en parler [des disparues] et ces derniers mois, c'était encore pire, il y a eu une volonté, une présence dans les établissements pour dire : "Taisez-vous, taisez-vous !" et brandir des sanctions. [...] pourquoi ? Rien que ce fait-là incite les gens à se poser des questions et à tout imaginer[1]. »

Il ajoute, dans un courrier au préfet, le 13 février 2001 : « L'arrivée de Georges Decuyper à la présidence [de l'APAJH], le 20 juin 1995, déclenche une forte hostilité à l'encontre de l'ADHY. [...] Toute demande d'explication est interprétée comme un acte nuisible à l'association [l'APAJH]. »

Les communautés que sont les institutions pour personnes en difficulté permettent les dérives totalitaires car, fondées sur la liberté, elles laissent le champ libre à des agissements divers et variés... les meilleurs comme les pires.

Fin décembre 2000, au cœur de l'émotion médiatique déclenchée par l'affaire Émile Louis, Decuyper dit aux directeurs de l'association qu'il n'a « aucune compassion pour des familles qui se réveillent vingt ans après ». En apparence, il n'a pas tort, mais cette remarque est en fait « terriblement perverse », car elle feint d'ignorer :

– l'âge des parents au moment des faits : certains étaient bien trop jeunes, trop isolés, trop démunis, pour porter plainte ;

– l'attitude de son ami et collègue Pierre Charrier : qu'a fait ce dernier, à l'époque, pour « réveiller » les parents, les mobiliser ?

1. *Le Vrai Journal*, Canal +, janvier 2001.

– sa propre incapacité à pallier les insuffisances de Pierre Charrier. A-t-il lancé les recherches ?

Les salariés de l'APAJH de l'Yonne ont tellement peur de parler que les inspecteurs généraux des affaires sanitaires et sociales (IGASS) demandent à Philippe Jeanne, début 2001 : « Comment expliquez-vous cette peur que l'on ressent fortement et partout dans les établissements de l'APAJH ? » On peut l'expliquer par des raisons objectives : un employeur peut licencier le salarié qui lui déplaît.

En 2000, Georges Decuyper affirme, devant une quarantaine de salariés réunis : « Le mot *démocratie* n'existe pas dans le code du travail. » On comprend, surtout en entendant cette formule digne d'un Groucho Marx déprimé, que le mot *démocratie* n'existe peut-être pas dans la conception du monde de celui qui parle...

Serge Lange écrit une lettre ouverte aux administrateurs le 20 juin 1995, quelques jours après une assemblée générale de l'APAJH. Il y exprime une vision de la démocratie différente de celle de Georges Decuyper :

> [...] *la démocratie nous a fait vivre des jours heureux parfois mais [...] ce samedi* [de l'élection des amis de Decuyper] *aura été pour moi une parodie où la manipulation a atteint des sommets. [...] je ferai des propositions qui permettront peut-être de mettre un terme à de telles actions qui font de nos adhérents une masse de manœuvre.*

Aujourd'hui, les délégués syndicaux de l'APAJH de l'Yonne réagissent, ils sont les seuls à oser s'exprimer devant les médias. Le 21 décembre 2000, ils déclarent à *L'Yonne républicaine* :

> *Depuis la médiatisation de l'affaire des disparues de l'Yonne, notre existence de salariés de l'APAJH devient compliquée* [...]. *Nous avons en son temps dénoncé le manque de transparence et de démocratie à l'APAJH, et nous nous y tenons.* [...] *nous demandons à être respectés et pris en compte.*

Pris en compte ? Respectés ? Les habitudes de Georges Decuyper, président de l'APAJH de l'Yonne depuis 1995, ex-directeur d'un établissement APAJH (seul et unique établissement qu'il dirigea), ami de Pierre et Nicole Charrier, les habitudes de Georges Decuyper, disons-nous, sont différentes.

GEORGES DECUYPER OU LE TRIO RECONSTITUÉ

Georges Decuyper, Pierre et Nicole Charrier ont été surnommés « le trio infernal ». Ils forment effectivement un trio étrange, traversé d'agitations, de conflits, de contradictions, souvent exposés en public.

Deux jours après l'arrestation de Pierre pour viol, Georges et Nicole arrivent bras dessus, bras dessous au Centre d'aide par le travail de Mézilles.

La réalité est sordide, avec ses scènes publiques, ses courses poursuites... Pierre feint de surveiller Nicole et de guetter Georges... La prison... L'interdiction d'exercer de Nicole. C'est la fin d'un règne entouré d'individus épinglés par l'IGASS et par la presse...

Les disputes conjugales entre Pierre et Nicole Charrier se déroulent effectivement en public, dans l'univers clos qu'ils affectionnent, celui de leurs institutions. Une lettre stupéfiante (voir Doc. 9) est par exemple distribuée le 7 juin 1975 ; Charrier y explique qu'il n'est pas l'amant d'une certaine Mme T., contrairement aux bruits que sa femme répand sous prétexte qu'il s'enferme dans un bureau à clé avec elle pour « prendre [sa] formation en charge » :

Il faut [...] que les choses soient claires et chacun est en droit de savoir : 1°) que les problèmes familiaux que connaît la famille Charrier [la liaison entre Georges et Nicole] *ont été transposés sur le plan de l'Institut médico-éducatif par la volonté ou l'inconscience de Mme Charrier (d'ailleurs certains et certaines d'entre vous étaient bien au courant avant M. Charrier) ; [...] 3°) afin de se décul-*

pabiliser, Mme Charrier s'efforce de faire porter les responsabilités de sa mésentente familiale sur Mme T. et M. Charrier, n'hésitant pas à utiliser la calomnie et à associer un certain nombre de personnes de l'établissement. On va même jusqu'à exercer certaines pressions et intervenir ou faire intervenir à l'extérieur de l'établissement dans la vie privée ce qui est contraire aux droits et porte une atteinte à la liberté des individus. [...] *P.S. Cette lettre est adressée à chacun des membres du personnel de l'IME ainsi qu'au président de l'association.*

Mais cela n'est pas plus significatif que ce qu'il écrit.

Le trio s'amuse, s'expose, s'exhibe... Émile Louis, pendant ce temps, se distrait.

« Il faut [...] que les choses soient claires et chacun est en droit de savoir... », écrit Pierre Charrier. Nous sommes en 1975, deux ans avant les premières disparitions d'élèves répertoriées, ces disparitions dont il ne faudra pas parler, dont il taira l'existence. Il est vrai que, si M. et Mme Charrier dévoilent certains aspects de leur sexualité, ils en voilent d'autres.

Il est intéressant de remarquer au passage l'importance du langage dans cette affaire : les mots surgissent parfois de manière étonnamment significative dans un silence généralisé. On voit ainsi Nicole Charrier écrire que l'une des jeunes victimes d'Émile Louis a été « sadomisée » (contraction de *sadisme* et de *sodomisée*), qu'Émile Louis était « très près des jeunes ». On voit Decuyper parler du « viol des statuts » et demander si la vie associative a été « bafouée ».

Lorsque les inspecteurs de l'IGASS écrivent en 1993 : « Cette association a une histoire plus violente que la plupart des associations de même nature [1] », ils évoquent essentiellement la violence de ce trio. C'est une violence en actes : Pierre Charrier est violent lorsqu'il surveille les douches des filles, lorsqu'il s'enferme dans son bureau

1. Rapport IGASS, 1993.

avec des élèves... Nicole Charrier violente des pensionnaires en leur montrant ses seins ou ses fesses : « Un jour, je l'ai vue de mes yeux montrer ses seins à une enfant trisomique qui n'avait même pas la parole. L'adolescente a hurlé, et Nicole Charrier a baissé son pantalon pour lui montrer ses fesses. Personne ne disait rien[1]. » Georges Decuyper est violent lorsqu'il licencie le directeur administratif et financier – poste jugé essentiel par les inspecteurs de l'IGASS –, lorsqu'il s'immisce dans la vie des établissements et refuse ce que le rapport de 1993 écrit en gras : « le retrait des administrateurs de la gestion quotidienne[2] ».

La violence est également psychologique à l'APAJH de l'Yonne. Lorsque Nicole Charrier prête les chambres des résidents du foyer à des gens qui fêtent un mariage, on est face à une violence psychologique indiscutable. Dans ce cas de figure, les handicapés n'ont pas le droit de revendiquer un quelconque territoire : on présente leurs chambres à des inconnus qui font la moue, qui n'aiment pas les posters qu'il y a au mur, ni la photo de leur mère, mais qui finalement disent : « D'accord, on prend, ça ira... » Et voilà quelqu'un qui dort dans leur lit, quelqu'un qui n'est pas de leurs amis, qu'ils ne connaissent pas mais que la directrice connaît. C'est ce qui prévaut : les désirs de la directrice.

Les inspecteurs de l'IGASS rappellent en 1993 qu'une telle attitude de la part d'un professionnel exige des sanctions. En l'occurrence, mystérieusement, il n'y en a pas :

Dans l'affaire du « mariage » [...] on peut remarquer que l'espace personnel n'a pas été respecté, et que cette intrusion d'un étranger dans ses affaires personnelles peut constituer un traumatisme. Ceci a d'ailleurs entraîné le départ du foyer d'une jeune pensionnaire qui n'a pas supporté cette situation. Ce manquement aux règles élémen-

1. Témoignage recueilli dans *Le Journal du dimanche*, 24 décembre 2000.

2. Rapport IGASS, 1993.

taires [...] n'a donné lieu à aucune sanction à l'encontre de Mme Charrier[1].

La toute-puissance pousse aux abus. Le plaisir de l'abus : le personnage de Caligula d'Albert Camus se rend compte que cela le conduit dans une impasse. Dans les cas évoqués ici, il n'y a pas de prise de conscience.

D'autres abus surviennent à l'APAJH de l'Yonne en 1996 et en 1997, dans l'ancien établissement dirigé par Georges Decuyper.

Juin 1996. Il est révélé qu'un éducateur, Daniel P., violerait régulièrement une jeune fille handicapée mentale au sein de l'IME des Isles. Il est licencié et incarcéré en juillet. L'APAJH a-t-elle porté plainte ou s'est-elle portée partie civile comme l'exigerait la logique ? Non. Georges Decuyper, qui se déplace facilement dans les établissements pour parler des finances (alors qu'elles ne sont pas particulièrement alarmantes), ne se déplace ni n'écrit lorsque survient ce grave manquement à la déontologie professionnelle et à la loi. Le fait que la loi ne soit pas rappelée par l'autorité associative est, en soi, scandaleux.

L'Yonne républicaine des 14-15 septembre 1996 dévoile quelque chose que personne ne savait : « Daniel P. aurait également avoué être impliqué dans plusieurs affaires semblables couvertes par la prescription. » Les événements auraient-ils eu lieu sous la direction de Decuyper ?

Bis repetita en octobre 1997. On découvre qu'un homme d'entretien viole régulièrement une jeune fille de l'IME des Isles. Quel diagnostic pour cette institution que M. Decuyper dirigeait ?

D'une manière générale, sans faire référence aux établissements cités ci-dessus ni même à l'APAJH de l'Yonne, on observe que certaines personnalités, par leur façon de vivre, de diriger les établissements, laissent émerger des comportements déviants. Il s'agit, certes, de

1. Rapport IGASS, 1993, p. 57.

phénomènes individuels, mais ils se produisent et s'épanouissent dans des climats spécifiques. Un contexte malsain conduit à l'apparition et à la multiplication d'actes limites. Entourés et dirigés par des responsables soucieux de poser des règles de fonctionnement éthique, certains individus auraient peut-être contenu leurs débordements. « Il suffit d'un ou de plusieurs individus pervers dans un groupe, dans une entreprise [...] pour que le système tout entier devienne pervers[1]. »

Georges Decuyper est un homme d'une extrême prudence. À l'exception de Nicole Charrier, peut-être, rares sont ceux qui ont été témoins d'une imprudence de sa part.

PORTRAIT D'UN HOMME SECRET

Rien n'a été écrit sur Georges Decuyper, l'alter ego de Pierre Charrier, qui dirige l'IME des Isles de 1970 à 1988, date de sa retraite. C'est un instituteur qui, lui aussi, est féru de comptabilité.

Apparemment au-dessus de tout soupçon, il s'est consacré pendant plus de quarante ans aux personnes handicapées, d'abord dans le cadre de sa profession puis en tant que gestionnaire bénévole d'une association de deux cent cinquante salariés. Au milieu de la campagne médiatique qui entoure l'arrestation d'Émile Louis, il encourage l'APAJH à se porter partie civile. Au début de 2001, soit huit années après que l'ADHY s'est engagée aux côtés des familles. Il claironne alors : « Nous avons fait notre devoir, nous n'avons aucune responsabilité dans cette affaire[2]. »

Huit ans après la constitution de l'ADHY – qu'il ne désigne jamais autrement que par l'expression « les c... d'en face » –, l'APAJH ne s'est toujours pas constituée partie civile.

Le 13 septembre 1996, il déclare pourtant au *Sénonais*

1. Marie-France Hirigoyen, *Le Harcèlement moral*, éditions Syros, 1998.
2. Une de *L'Yonne républicaine*, 21 décembre 2000.

libéré, à propos de l'affaire des disparues de l'Yonne : « Cette affaire n'aurait jamais rebondi sans l'agitation de l'ADHY... »

En 1999, il persiste dans cette opinion et affirme à *Libération* : « Dire que ces jeunes filles ont disparu, c'est du roman. On sait qu'elles ont quitté la région dans des conditions normales [1]. » Que sont « des conditions normales » pour Georges Decuyper ? Être à l'arrière d'un véhicule conduit par Émile Louis ?

S'il n'y a rien, hormis l'agitation de quelques hallucinés regroupés dans l'ADHY, si tout relève du roman, sur quelle base et dans quel but s'effectue l'annonce d'une plainte déposée en 2001 ?

Plus grand que Pierre Charrier, maigre, rarement hilare, Georges Decuyper révèle sa vraie nature dans des instants rares. C'est ce qui se produit au cours d'une interview accordée à FR3, en janvier 2001, lorsqu'un journaliste lui demande si les salariés de l'entreprise APAJH qui parleraient à la presse risquent des sanctions, il répond : « Vous êtes impertinent. » En d'autres temps ou sous d'autres latitudes, l'impertinence peut vous coûter la vie.

Il partage avec Pierre Charrier beaucoup de choses : une carrière professionnelle et une femme, mais aussi un goût démesuré du pouvoir et la volonté de demeurer, envers et contre tous, le gardien de secrets que chacun devine sans les connaître.

Le personnage est arrogant, comme le montre sa réponse écrite au rapport IGASS de 1993 dans laquelle il critique le travail réalisé par les inspecteurs, autrement dit les experts les plus fins et les plus solides du monde de la santé :

... le rôle politique des uns et professionnel des autres ne sont pas correctement perçus [...] *méconnaissance complète de la réalité associative.*

1. Cité à nouveau dans *Libération*, 10-11 février 2001.

Ainsi, dès les premières lignes de sa lettre, Georges Decuyper juge les inspecteurs atteints de cécité et d'inculture. De la part d'un instituteur qui a dirigé durant près de vingt ans un seul et unique établissement qu'il conviendrait désormais de reconstruire, cela prête à réflexion ! L'IGASS n'a, à notre connaissance, jamais répondu à cette attaque.

Le pire n'est pourtant pas là ! Georges Decuyper s'exprime, souvenons-nous, dans le cadre d'une affaire de viol et quelle question pose-t-il ? Celle qui importe au plus haut point, la question des questions, celle que Socrate fécondant Hegel n'aurait jamais su poser : « Les statuts ont-ils été violés ? »

Nathalie P. a été violentée mais Georges Decuyper se soucie avant tout des statuts... Les statuts de l'association, dont tout le monde se moque ! Ce qui importe alors, c'est une jeune fille. La voyez-vous, la jeune fille ?

Charrier sortit de la voiture en remontant son pantalon. Une jeune fille remontait son slip. [...] *Il faut que tu apprennes les choses de la vie* [...]. *Lorsque M. Charrier faisait l'amour, je n'aimais pas cela, j'étais crispée... je savais que c'étaient des choses qui ne se faisaient pas car M. Charrier a plus de soixante ans et je n'en ai que vingt-deux*[1].

« Elle pleure, elle pleure, elle pleure... »

L'entendez-vous pleurer ?

Sans commentaires.

Là encore, on s'interroge : Que défend Georges Decuyper en 1993 en s'opposant au rapport IGASS et en s'efforçant d'en démontrer la vacuité ? Défend-il les Charrier ? Nicole ou Pierre ? La personne agressée ?

Que défend Georges Decuyper en 2001 lorsqu'il s'oppose à l'ADHY et à la campagne médiatique mettant en cause Pierre et Nicole Charrier ? Georges Decuyper est

1 Arrêt de la cour d'appel de Paris, 30 mars 1992.

présent à l'APAJH de l'Yonne au moment des disparitions : il est déjà directeur de l'IME des Isles, il est déjà l'ami de Pierre et de Nicole Charrier... Savait-il ? Il prétend que non. Nicole Charrier ne dit d'ailleurs pas autre chose : « Il n'y avait pas de réaction à avoir à l'époque puisqu'on ne savait pas qu'il y avait des disparues[1]... »

Pierre Charrier tient le même discours. Il déclare par exemple, à propos de Bernadette Lemoine, dans *L'Yonne républicaine* du 13 janvier 2001 : « Nous n'avons jamais eu connaissance de la disparition de Bernadette Lemoine. Elle était déjà partie de l'établissement, et ne souhaitait pas avoir de contacts. »

Or, le 19 mars 1982, Nicole Charrier, interrogée par le gendarme Jambert au sujet d'Émile Louis inculpé de « viols, attentats à la pudeur sur mineures de quinze ans » (affaire Annie G.), déclare :

Mis à part le cas d'une nommée Bernadette Lemoine il y a plusieurs années, en 1974, sur qui des bruits avaient couru. C'est-à-dire que les enfants (je veux dire mineurs) disaient que M. Louis avait une attitude très affectueuse envers Bernadette, c'est-à-dire d'après eux, qu'elle « se faisait peloter par M. Louis ».

Encore une fois, je n'ai pas cru ce que disaient les enfants car M. Louis avait un comportement paternel envers les enfants qu'il transportait. Lui avait dit qu'il y avait très longtemps qu'il connaissait Bernadette, qu'il pouvait être son père et la considérait un peu comme sa fille.

En fait, j'ai eu à connaître à nouveau Lemoine Bernadette, en effet, ne faisant plus partie de l'IME, elle venait me voir et m'avait confié qu'elle avait quitté son mari [Gay-Para], et que M. Louis la protégeait et l'aidait, il l'hébergeait même dans sa chambre aux Rapides de Bourgogne, elle m'avait fait savoir également que sa sœur

1. Déclaration à Gadh Charbit, *Le Vrai Journal*, Canal+, 28 janvier 2001.

Françoise voyait M. Louis dans un café vers les Rapides de Bourgogne.

Bernadette disparaît aussitôt après avoir quitté le domicile conjugal. Il est donc étonnant que Nicole Charrier l'ait vue entre-temps... Quoi qu'il en soit, elle sort de l'IME le 24 juillet 1976 et disparaît en février ou mars 1978 : Pierre Charrier, en janvier 2001, ment délibérément, ou est trahi par sa mémoire.

Rappelons ces propos d'Émile Louis : « ... avec Mme Charrier je pouvais tenir des conversations assez longues, on discutait de tout, de tout et de rien... » Nicole Charrier n'a-t-elle jamais eu l'idée de demander à Émile Louis des nouvelles de Bernadette, qu'elle était censée suivre après sa sortie de l'IME, et qu'il « protégeait[1] »... ?

Revenons à Georges Decuyper. À défaut de savoir comment il agissait hier, on sait comment il agit aujourd'hui.

S. T., directeur de l'IME d'Auxerre à partir de septembre 2000, adresse le 18 janvier 2001 un document aux inspecteurs de l'IGASS qui enquêtent à la demande de la ministre des Affaires sociales, Élisabeth Guigou. Ce document est intitulé : « Contributions pour l'enquête administrative sur le fonctionnement actuel de l'APAJH 89 ». Il nous livre quelques éléments d'information sur le comportement de Georges Decuyper, qui n'a rien à voir avec le management ni avec la prise en charge qualitative des jeunes handicapés tels qu'on les conçoit aujourd'hui.

Rapport remis au directeur de l'IME d'Auxerre à partir de septembre 2000, et à l'IGASS le 18 janvier 2001

Septembre 2000 : Mme J. me fait part discrètement qu'elle a répondu à un gendarme (par téléphone) concer-

1. Au sujet des autres filles, Nicole Charrier confie au gendarme Jambert : « J'ai entendu dire que des jeunes filles, que M. Louis aurait transportées dans son car et à titre privé, auraient disparu – Chantal Gras, Madeleine Dejust... »

nant les dossiers des disparues. Je lui dis qu'il n'est pas question pour moi de demander à qui que ce soit de ne pas répondre à une enquête de justice, mais je lui suggère de se méfier et de s'assurer de l'identité véritable de son interlocuteur dans une communication téléphonique. Quelques jours plus tard, le président (au courant de cette communication alors que ni elle ni moi n'avons ébruité cette conversation) lui dit en ma présence qu'elle n'a pas à répondre à qui que ce soit concernant cette affaire, et que cette affaire concerne le siège.

D'autre part, Mme J. a constaté la disparition (dans les archives) des copies des quatre dossiers des jeunes qui avaient été remis à la justice par M. Jeanne. Nous avons porté plainte, également à la demande de M. Decuyper qui avait demandé à les consulter.

18 décembre 2000 : il demande à la secrétaire, Mme J., de lui fournir les dossiers de trois jeunes disparues (nouvellement citées dans la presse) et emmène les deux dossiers que nous avons à disposition avec les registres du personnel en place à l'époque. J'avais pris le soin de les faire photocopier au préalable (à l'insu de M. Decuyper) au cas où des pièces auraient été enlevées. Je le laisse faire (je suis peu méfiant) étant en présence d'un conflit d'autorité. Je téléphone à Mme S.-A., inspectrice de l'Éducation nationale, pour lui demander conseil en début d'après-midi.

La présence autoritaire et permanente de M. Decuyper dans beaucoup de secteurs de l'IME, mon manque d'expérience ne m'ont pas permis de m'opposer comme me l'a demandé Mme l'inspectrice d'académie par téléphone ce soir-là.

Je préviendrai par fax les tutelles sur son conseil. Je récupérerai les dossiers le lendemain après que M. Decuyper m'a informé qu'il les a photocopiés intégralement puisqu'ils pourraient disparaître à l'IME.

Une mesure d'interdiction de sortie des dossiers a été prise par Mme le procureur à la demande de Mme la directrice de la DDASS.

Récemment une commission rogatoire a permis à la

gendarmerie de chercher les deux dossiers que nous avons remis avec un jeu de photocopies.

On note dans ce rapport les interventions de Georges Decuyper relatives au dossier des disparues mais également ses immixtions constantes dans la vie de l'établissement, immixtions relatives à l'embauche de personnel (gardien, éducateur technique, psychologue, infirmière), à la coopérative scolaire, à la formation professionnelle...

Autant d'interventions qui sont à l'opposé du point de vue du directeur et de son équipe.

S. T. souligne : « Le président affirme continuellement que l'IME n'a jamais eu de projet [depuis le directeur Charrier]. » Est-ce à dire que M. Charrier était exemplaire aux yeux de M. Decuyper, et que ses successeurs n'ont pas fait mieux ?

S. T. livre aussi quelques exemples de propos tenus en public par le président, soulignant son mépris des personnes :

28 septembre 2000. Réunion de directeurs : j'entends M. Decuyper se féliciter publiquement de l'hospitalisation de T. R. (délégué syndical) et ajouter qu'il est prêt à ouvrir une bouteille de champagne si on lui annonce son décès.

23 septembre, 15 h 30 : M. G. M. (secrétaire de l'APAJH 89), de passage à l'IME, dit en ma présence à Mme J., secrétaire, que « cet établissement dysfonctionne, et qu'il s'agit de remettre un certain nombre de choses en ordre, quitte à taper du poing sur la table ».

18 décembre 2000. Le président tient les propos suivants en présence de L., chef de service à l'IME : « Il faut que la CDES arrête de nous envoyer des merdes ! »

19 janvier 2001. Réunion de directeurs avec M. Decuyper, au siège : parlant de la déléguée du personnel de l'IME de Grattery, Mme I. L., qui a fait une déclaration le matin même à six heures sur Radio France Auxerre, M. Decuyper évoque cette personne en utilisant des propos grossiers et insultants que je cite ci-après : « C'est une mal baisée. C'est la dernière des gourdes ! »

Il dit aussi qu'elle ferait bien de se faire soigner par le psychiatre de la cellule de crise. Bien que je trouve cette situation inique et insupportable, d'autant plus que ces propos font rire certains directeurs, je reste silencieux, me contentant de prendre des notes.

M. Decuyper a pris soin d'enregistrer les déclarations de Mme I. L., ajoutant qu'il ne prendrait pas de sanction à son égard même si ces propos commençaient par être diffamatoires. Il n'a pas réussi à nous faire écouter la cassette, prétextant que le magnétophone était de mauvaise qualité. « Je l'ai payé à Nicole en 1980. »

Cependant, il dit qu'il mettra au tribunal certaines personnes et certains journaux[1]*.*

[...] Devant ce que racontent certains directeurs à propos de la manière dont ils ont vécu leur rencontre avec les inspecteurs de l'IGASS la veille, M. Decuyper parle du manque d'objectivité et dit qu'il insistera auprès du préfet pour que seuls les écrits soient pris en compte et non pas des déclarations sous anonymat.

Il rappelle que les directeurs comme les personnels sont des salariés de l'association et qu'en contrepartie ils étaient toujours payés par elle.

S. T. conclut son propos de la manière suivante :

Dans ce contexte, des risques me semblent exister : le premier risque est sans doute la mise en cause de la capacité de l'institution à développer des démarches intégratives (scolaires, sociales et professionnelles) alors qu'il s'agissait d'une politique très prononcée les années antérieures.

Le second risque concerne la capacité actuelle de l'encadrement à maintenir un cadre sécurisant pour les cent six jeunes actuellement inscrits dans notre établissement. Ce n'est en aucun cas l'investissement personnel des

1. Ce qu'il fait, allant jusqu'à attaquer, semble-t-il, l'APAJH nationale.

professionnels que je mets en cause, mais c'est un contexte particulièrement difficile.

Je reconnais qu'il peut y avoir ici ou là des résistances. Je ne nie pas non plus qu'il faille améliorer, transformer certaines pratiques, relancer la réflexion dans certains domaines, mieux adapter certains dispositifs, mais je crois important que les personnes soient acteurs de ces changements.

Or le drame actuel de cette institution, c'est probablement que le droit à la réflexion et à la parole ne lui est pas reconnu par l'association gestionnaire (particulièrement en raison d'une présence très interventionniste et autoritaire de son président et de certains administrateurs, du manque de personnels éducatifs et thérapeutiques), et qu'on veuille l'inscrire dans un projet qu'elle n'a plus les moyens d'élaborer.

[...] je pensais qu'une association pouvait être une aide pour un directeur débutant, il m'a vite semblé que pour jouer la carte de l'établissement il fallait surtout m'appuyer sur le travail en équipe et m'informer en permanence du sens et de la manière dont les pratiques ont été élaborées jusqu'ici. À certains moments, il fallait trouver des conciliations pour éviter le conflit. Tout est fait pour que l'autorité du président ne puisse pas s'accommoder du travail d'élaboration en équipe qui permet de donner du sens et de construire un véritable projet. Il m'a clairement été demandé de taper du poing sur la table car l'établissement dysfonctionnait. La cohérence du travail de l'équipe, ainsi que la forte implication des chefs de service à préserver cette qualité du travail ont permis d'assurer la continuité tout en me permettant d'apprendre ce qui est pour moi un nouveau métier. Et pour que je puisse ne pas accompagner la soumission de l'institution aux pressions parfois dangereuses du président, que je puisse sortir d'une double contrainte permanente, il a fallu cette détermination des salariés à préserver et conserver l'identité de l'établissement. Il en a été ainsi du maintien des formations qualifiantes, du maintien de la qualité de l'encadrement des repas, de la défense des

actions d'intégration sociale individualisées. Je tiens pour cela à leur rendre hommage car c'est ce qui a nourri le travail d'équipe des années antérieures qui permet dans ce contexte difficile le maintien d'exigences justifiées.

Je souhaite également insister sur le mépris affiché du président à l'égard des personnes (handicapés, personnels, directeurs), les grossièretés qu'il n'hésite pas à employer en public, et le chantage déguisé qui ne peut pas nous laisser indifférents. Qui se réclame du respect de la personne humaine et des handicapés, ne peut cautionner certaines attitudes de M. Decuyper, mais au contraire se doit de travailler avec ceux qui au sein de l'établissement œuvrent depuis longtemps (et sous la direction des trois précédents chefs d'établissement) pour que chacun accède à la citoyenneté.

En janvier 2001, face à l'attitude du comité de l'APAJH de l'Yonne, le président de la fédération de l'APAJH, Fernand Tournan, et son conseil d'administration décident sa radiation définitive :

[...] *suite aux dernières révélations concernant l'affaire des « disparues » de l'Yonne* [la fédération de l'APAJH] *réitère son soutien aux familles des victimes de ces agissements ignobles. Elle rappelle qu'elle est prête à assumer la direction et la gestion des établissements, comme elle l'a déjà proposé aux pouvoirs publics en 1993 à la suite du rapport IGASS et en 1997 après contact avec l'avocat des familles*[1].

Georges Decuyper pense alors que « les treize millions de francs » de son comité auraient la particularité de « faire saliver » les instances fédérales et que

La fédération APAJH est simplement inquiète du déploiement médiatique qui touche cette affaire. Cette sus-

1. Ceci n'est pas tout à fait exact. L'APAJH a contacté cet avocat afin de lui proposer un simple rendez-vous.

pension ne correspond à rien du tout. Elle est d'ordre symbolique. La Fédération cherche simplement à se protéger. Les comités départementaux sont constitués en associations loi 1901. Ils sont autonomes, cette suspension est vraiment sans portée[1]*...*

À la suite de quoi, il décide de convoquer une assemblée générale pour le 10 mars 2001 et, avec l'accord d'un conseil d'administration unanime, de soumettre une modification des statuts de l'APAJH de l'Yonne et un changement de l'intitulé de l'association.

Nicole Charrier, quant à elle, est suspendue par le préfet à la même période[2]. Georges Decuyper, lui, résiste. Est-ce par souci des personnes handicapées ? Par intérêt personnel ? Sans doute pas...

Le 7 février 2001, le président de la fédération de l'APAJH écrit à Mme Élisabeth Guigou, devenue ministre de l'Emploi et de la Solidarité, pour lui confirmer la détermination de « reprise de ces établissements ».

Le 22 février 2001, par décision de la ministre, un administrateur, Claude Lagarrigue, issu de l'IGASS, est nommé pour une durée de six mois. Un arrêté du préfet de l'Yonne prononce au même moment la fermeture administrative des huit établissements placés jusque-là sous l'autorité de l'APAJH 89. L'arrêté du préfet précise que

les investigations de l'IGASS sur le fonctionnement de l'APAJH de l'Yonne ont mis en évidence des faits et des comportements actuels d'une particulière gravité, de nature à compromettre, dans tous les établissements gérés par l'association, la santé et le bien-être physique ou moral des personnes qui y sont accueillies.

Obstiné dans la négation des faits, Georges Decuyper fait appel de cette décision :

1. Entretien accordé à *L'Yonne républicaine*, 4 janvier 2001.
2. En réalité, Nicole Charrier est en congé maladie à la veille de cette mesure, ce qui suspend sa mise en œuvre...

Nous allons [...] contre-attaquer[1] *en effectuant un recours auprès du tribunal administratif. [...] Le communiqué du ministère est invraisemblable. Outre le fait que nous ayons été informés par la presse, on ne sait pas sur quoi se fonde le ministre pour prendre sa décision*[2].

Fidèle à son arrogance, il s'étrangle d'indignation :

Je n'ai rien compris aux explications de Mme Guigou, et ce ne sont pas les explications vagues de M. le préfet qui m'ont fait changer d'avis. Pour l'instant, pardonnez-moi l'expression, c'est de la bouillie de chat[3].

Que cache cette morgue ?
Que dit Ségolène Royal, ministre déléguée à la Famille et à l'Enfance ?

On ne dira jamais assez la lourdeur de la loi du silence parce que les enfants ont peur de parler, ils ont peur de ne pas être crus, ils se sentent coupables alors qu'ils sont victimes et que, souvent, les adultes qui les entourent ne voient pas ou ne veulent pas voir. Je crois qu'il y a aussi beaucoup de lâcheté dans cette loi du silence, de la part d'adultes qui savent mais qui ont peur du scandale. Souvent, dans la plupart des cas, cela oppose des notables à des enfants fragiles, timides, silencieux, parfois socialement défavorisés. [...] *Je crois que ce sont d'abord les criminels qui sont coupables, ce sont d'abord ces adultes qui profitent de la faiblesse des enfants, de la faiblesse des personnes handicapées et puis, bien sûr, il y a des dysfonctionnements. Je crois qu'on en sort* [...][4].

De la « bouillie de chat » ?
À propos de notables, on peut légitimement se demander

1. Il semble à ce jour que ces procès n'aient pas été gagnés.
2. Ludovic Berger, *L'Yonne républicaine*, 25 février 2001.
3. *Ibid.*, 24 février 2001.
4. Intervention de Ségolène Royal sur France 2 dans le cadre du magazine *Les Quatre Vérités-Télématin*, 2 mars 2001.

ce que faisait le président de la caisse primaire d'assurance maladie de l'Yonne, M. Paul G., aux côtés de Georges Decuyper tout au long de ces semaines. Il l'a par exemple soutenu ardemment lors d'une rencontre avec le conseil d'administration de la fédération des APAJH, le 12 janvier 2001. Y représentait-il les assurés sociaux ?

LA MAIRIE D'AUXERRE

En 1992, conscients des difficultés que connaît l'APAJH de l'Yonne dans l'aboutissement de certains projets, des membres du bureau rencontrent Jean-Pierre Soisson, maire d'Auxerre, et le président du conseil général afin de faire avancer les démarches. Mais les deux élus les éconduisent : « Tant que vous aurez ces deux personnes à l'APAJH [Georges Decuyper et Nicole Charrier], vous n'obtiendrez rien. Ils vous font du tort. » Trois ans plus tard, Georges Decuyper est président de l'APAJH de l'Yonne.

Les directeurs des établissements de l'APAJH qui ont les mêmes inquiétudes les expriment à Jean-Pierre Soisson, membre de droit du conseil d'administration de l'APAJH et demandeur du rapport IGASS de 1993. Ils le rencontrent en avril 1995 afin de lui faire part de leur crainte de voir se détériorer gravement l'équilibre de l'association.

Trois directeurs attendent dans le couloir qui mène au bureau du maire. Ils ont eu les échos des manœuvres que mène un vieil administrateur pour prendre le pouvoir au sein de l'association. Ils n'ont tout d'abord pas cru ce qu'on leur racontait : cette volonté de devenir président, ces démarches à domicile de Decuyper, de sa maîtresse et peut-être d'un ou deux affidés... Puis, ils se sont rendus à l'évidence : le vieil homme (il a près de soixante-dix ans), malgré le regard sévère du rapport IGASS de 1993 à son encontre, malgré l'isolement dans lequel il est tenu par l'équipe des administrateurs en place, se distingue toujours par des prises de position baroques et agressives et veut prendre les rênes de l'APAJH de l'Yonne.

Le maire les reçoit tous trois de manière fort conviviale.

Ses premiers mots sont : « Je sais pour quelles raisons vous êtes là. Comme vous je n'ai pas envie de voir revenir Decuyper et sa copine. » *(sic)*

Ils apportent un document cosigné par les cinq directeurs qui souhaitent conserver un climat de travail au service des personnes handicapées. Ce document dit quatre choses :

1. Il y a eu un excellent travail réalisé avec A. Drouhin et, ces deux dernières années, avec Philippe Vareilles. Cela a permis à l'APAJH de retrouver une sérénité et une crédibilité globalement positives. Le rajeunissement de l'équipe nous semble tout à fait central dans cette bonne évolution.

Philippe Vareilles a créé une dynamique qui place la plupart des établissements APAJH de l'Yonne parmi les plus performants du département et de la région. Avec lui nous avons pu décliner la politique nationale de l'APAJH qui est l'une des plus pertinentes à l'égard de la personne handicapée.

2. Le départ de Philippe Vareilles laisse présager des difficultés à venir qui nous inquiètent. Nous craignons que cette vacance soit mise à profit pour un retour en arrière... L'ancienne équipe, dont les dysfonctionnements ont été notifiés dans le rapport de l'IGASS demandé par A. Drouhin, semble souhaiter vouloir reprendre le pouvoir qu'elle a perdu depuis quatre ans.

3. Si cela devait se confirmer sous la forme suivante : un administrateur sur un registre obsolète susceptible de devenir secrétaire, ou susceptible de reprendre un ascendant au sein du C. A. et du bureau (grâce notamment à un vote qui isolerait les nouveaux administrateurs : Jean-Claude Petit, Bernard Millet, etc.), on peut exprimer les craintes et les hypothèses suivantes :

– des dysfonctionnements seraient à craindre car les vieilles idées, et une conception périmée de la personne handicapée comme du management d'équipe créeraient des problèmes sérieux (exemple : politique de transports

impliquant la persistance du déficit financier et un manque d'intégration des jeunes handicapés) ;

– l'image de marque de l'association (et à travers elle l'image de la ville d'Auxerre) n'aurait rien à y gagner. Elle est toujours bien pâle (le secteur médico-social français est un microcosme dans lequel tout se sait et il est difficile de gommer le passé).

Le risque de retrait du label APAJH n'est pas à exclure si les idées prônées se révèlent en contradiction avec les concepts essentiels de la fédération.

Certains anciens professionnels liés aux événements passés et douloureux persistent à vouloir être leaders et cela suscite en retour des « symptômes » (expression de l'IGASS) comme l'Association de défense des handicapés de l'Yonne. Notre stratégie vise à résoudre définitivement cet écueil et à redonner à l'association l'audience perdue ;

– bon nombre de personnes (administrateurs et cadres) qui fonctionnent correctement risqueraient de quitter l'association si les orientations définies par Philippe Vareilles ne sont pas maintenues et si les progrès de ces dernières années sont remis en cause.

Nul n'est irremplaçable mais d'une part, cela fait une déperdition d'énergie(s) que l'on peut sans doute éviter, et d'autre part leur départ sera le début de dysfonctionnements certains ;

– d'une manière générale, une certaine similitude avec une situation antérieure peut laisser supposer que les mêmes causes produiront les mêmes effets.

4. Conclusion. Nous souhaitons qu'en juin 1995 l'association puisse continuer à être dirigée par un président jeune, professionnel (entreprise de deux cent cinquante salariés), habitué à gérer les situations difficiles voire conflictuelles, pas impliqué dans l'histoire associative.

C'est signé de : M. Enrique Diaz, directeur du centre des Isles, M. Patrice Gérard, directeur du CAT de Mézilles, M. Philippe Jeanne, directeur de l'IME d'Auxerre, M. Bernard Libes, directeur du CAT d'Auxerre, M. Jacques Maurel, directeur administratif et financier, Mme Josette Pernain, directrice de l'IME de Vincelles.

Les directeurs passent en revue les moyens d'échapper au pire, mais sans trouver de solution viable. Jean-Pierre Soisson évoque la possibilité d'une reprise de l'APAJH de l'Yonne par la fédération. On ne s'attarde pas sur cette proposition : cela, en effet, ne peut se faire par voie associative et on n'imagine pas, à l'époque, qu'il puisse y avoir une intervention du préfet visant à suspendre Georges Decuyper.

Cette réunion de travail improvisée ne permet pas de trouver les moyens de s'opposer à ce dernier. Les directeurs font le bilan d'une période qui se termine et qui a été excellente ; chacun voudrait qu'elle se poursuive, dans l'intérêt des personnes handicapées, de leurs familles et des personnels de l'APAJH de l'Yonne. Mais il y a des appétits féroces et dévorants, qui réduisent à néant les ambitions les plus louables avant même leur concrétisation.

Le bruit court que Pierre Charrier fera partie du retour de la vieille garde (Georges et Pierre, inséparables). Il est infondé.

Pour le reste, tout est vrai, et les directeurs ont fait ce qui était prévisible : ils ont tenté de faire leur travail au milieu de difficultés incessantes et extrêmes. Citons deux exemples des obstacles qu'ils rencontrent dans leur mission :

– Refus d'acheter les téléphones cellulaires nécessaires pour assurer une intervention urgente en cas d'accident. Certains travailleurs handicapés utilisent en effet des tronçonneuses dans des régions boisées et désertes, non couvertes par les opérateurs mobiles. « Dépense somptuaire », leur est-il répondu [1].

– Refus d'accorder un poste d'assistante sociale, alors que la loi fait obligation pour tout établissement de plus de cent usagers d'en être pourvu. Heureusement, la DDASS l'impose. Cas rare où la tutelle oblige un gestionnaire d'établissement à accepter un poste supplémentaire !

1. Quelques années plus tard, ces téléphones seront offerts par France Telecom qui aura compris mieux que les gestionnaires de l'APAJH de l'Yonne la nécessité de l'équipement.

UN DYSFONCTIONNEMENT SIGNIFICATIF
DU MONDE DU HANDICAP : L'AFFAIRE ANNIE G.

Auxerre, hiver 1981. Annie G. sort de l'école. Il pleut, elle se dépêche de traverser une rue, mais elle n'a pas bien regardé : une voiture arrive, le conducteur la voit trop tard et la renverse. Annie, à terre, a mal au côté. Les pompiers arrivent, on l'emmène à l'hôpital. Là, on lui fait une radiographie du bassin, le médecin conclut : « Il y a une fracture. » Il s'étonne : « Vous êtes enceinte ? »

Annie est bouleversée, elle s'écroule et pleure.

« Vous ne le saviez pas ?

– Non.

– Ça n'est pas une bonne nouvelle pour vous ?

– ...

– Vous avez quel âge ?

– Seize ans. »

Annie n'a pas de fiancé, elle n'a pas d'ami avec lequel elle aurait des relations sexuelles. En revanche, elle dira à Christian Jambert que le concubin de sa nourrice, Émile Louis...

Annie G. est handicapée mentale et, à ce titre, elle fréquente « l'école de M. Charrier », l'IME d'Auxerre, depuis le 1er septembre 1977. « Elle arrivait d'un établissement pour débiles profonds [l'IME de Tonnerre] », écrit la psychologue de l'IME d'Auxerre le 1er février 1982. Précisons qu'à six ans Annie ne parlait pas, qu'à neuf ans son langage était encore incompréhensible, qu'elle était battue par ses parents et sous-alimentée, qu'elle n'a pas été scolarisée avant le 1er septembre 1977, date à laquelle elle a eu son premier cartable. Elle a alors douze ans.

Elle est née le 13 février 1965 à Villeneuve-sur-Yonne. Pupille de la DDASS de l'Yonne, elle est hébergée brièvement au foyer de l'enfance de Montmercy, puis elle est confiée à Gilberte Lemenorel dès 1977. Par la suite, elle travaillera au CAT d'Auxerre, dans la zone industrielle des Isles.

Lors des années qu'Annie G. passe à l'IME d'Auxerre, il est révélé, dans un compte rendu de réunion de synthèse [1] daté du 1er juin 1981, c'est-à-dire de quelques mois avant son accident et la découverte de sa grossesse :

Les occasions d'échanger avec la nourrice se font plus rares (fuite ?)... À noter, la découverte récente, lors des douches, de marques corporelles. Annie a été battue mais se refuse à en dire davantage... Que se passe-t-il réellement dans la famille ? Annie ne se plaint jamais, ne livre rien... Il semble indispensable d'obtenir des informations plus précises.

Que devient cette information, connue de toute l'équipe puisque sont présents à cette réunion les éducateurs, les éducateurs techniques, les instituteurs, la psychologue, le psychiatre et le directeur, Pierre Charrier ?

En effet, Annie est non seulement battue mais, le 19 juin 1983, elle décrit au gendarme Jambert les agressions sexuelles qu'elle a subies :

M. Louis m'obligeait à avoir des relations sexuelles avec lui [...]. *J'avais ensuite été entendue par le juge dans tous les endroits où M. Louis avait abusé de moi. Les autres filles qui étaient en nourrice chez Mme Lemenorel avaient été aussi victimes de M. Louis. Il y a une chose que je n'ai pas dite, c'est que le fils de Mme Lemenorel me faisait presque la même chose que M. Louis.* [...] *Il y a une chose que je veux vous dire, pour M. Louis, il m'emmenait dans la cabane du jardin à Seignelay, il me faisait ça, c'est-à-dire qu'il m'introduisait son sexe devant ou derrière mais souvent, avant, il m'attachait les mains derrière le dos, je peux même dire qu'il m'attachait les mains avec une ficelle qu'il prenait vers la cabane, je peux dire aussi que, des fois, il m'attachait sans me déshabiller puis, des fois, il m'attachait toute nue, puis il me faisait l'amour*

1. Voir Doc. 5.

[...]. *Ceci s'est passé bien des fois, j'ai même vu que quand il m'attachait il ne me paraissait pas normal, il avait la figure qui n'était pas pareille, il était blanc et des fois il transpirait beaucoup* [...]. *Il disait de ne pas le dire, qu'il dirait que ce n'était pas vrai.*

Émile Louis n'est pas condamné pour ces faits-là. Il se défend devant Christian Jambert :

Jamais je ne l'ai fait mettre toute nue [...]. *Annie avait dit à Mme Lemenorel que je l'avais fait déshabiller. Mme Lemenorel m'en avait parlé et, devant elle, j'avais demandé à la gamine de répéter ce qu'elle avait dit. Là, elle était revenue sur ses dires. Et je lui avais administré une paire de claques pour lui faire comprendre qu'elle ne devait pas mentir et raconter de telles sornettes.* [Une jeune handicapée mentale de seize ans peut-elle décrire un tel *modus operandi* sans l'avoir vécu ? Comment une jeune fille hautement fragile et influençable peut-elle résister à des violences physiques et morales, et au mensonge qui les recouvre ?] *J'ignore pourquoi elle a dit cela mais à mon avis c'est parce que cela devait la « mener » un peu. Je précise également que cette jeune fille est débile profonde et que sa sexualité s'éveillant cela a dû la pousser à raconter cette histoire.*

Émile Louis utilise pour sa défense un lieu commun encore vivace à l'époque, selon lequel les personnes handicapées mentales auraient une sexualité débridée [1]. La réa-

1. Les propos qui mettent en avant la sexualité des personnes handicapées ont des relents de conceptions racistes, antisémites et eugénistes. Dès le XIXe siècle, Francis Galton, cousin de Charles Darwin, « développe une idée destinée à un succès considérable : les couches sociales les moins douées se reproduisent plus vite que les groupes les plus doués, les élites étant moins fécondes que les humains dits inférieurs ». Au début du XXe siècle, Lewis Terman, spécialiste des tests psychométriques, écrit : « Le fait que chaque femme déficiente mentale est une prostituée potentielle, voilà un fait qui ne sera discuté par personne » (cité par Jean-Luc Lambert, *La Nouvelle Tentation eugénique*, éditions des Sentiers, 1997).

lité est radicalement opposée. Les personnes handicapées mentales ont en fait un besoin affectif particulièrement important, notamment dans le cas d'un abandon précoce, comme chez Annie. La lecture de ces manifestations affectives faite par l'environnement est cependant déterminante : si une adolescente, affecté d'un retard mental qui en fait une fillette avec un corps de femme, se précipite sur un homme pour l'embrasser, ce n'est certainement pas pour avoir avec lui des relations sexuelles... Mais l'individu en question interprète son geste selon les ressorts de son histoire personnelle, y compris les plus sombres. Si, face à l'enfant, l'adolescent ou le jeune adulte handicapé en quête d'une relation affective, l'adulte veut assouvir son besoin sexuel, il devient un agresseur. Le plus terrible, dans ce cas, est que la victime se sent coupable d'avoir provoqué les faits. Seule la justice, en rétablissant la vérité, peut lui permettre de surmonter le traumatisme.

Doit-on ajouter un autre commentaire ?

Oui, le témoignage d'une jeune fille. Également en nourrice chez Gilberte Lemenorel, élève de l'IME d'Auxerre, elle est la compagne de chambre d'Annie :

J'ai bien remarqué à plusieurs reprises que M. Louis avait une attitude différente avec Annie G. [...] *Quand nous étions seules avec lui, il jouait dans le car avec Annie, il chahutait, ce qu'il ne faisait pas avec moi. Il lui courait après dans le car, lui touchait les cuisses et parfois l'embrassait sur les lèvres* [...]. *Je pense qu'il venait voir Annie de temps en temps dans la chambre* [...].

On peut se demander, à la lumière de ce témoignage, qui est-ce que ça « mène » ? C'est bien une attitude et une sexualité spécifiques qui sont ici en cause, mais pas celles d'Annie G.

On ne sait pas ce que fait l'équipe de l'IME, notamment son directeur, Pierre Charrier, après avoir constaté les coups reçus par Annie. En revanche, on sait deux choses, essentielles et troublantes :

1. Nicole Charrier reçoit Émile Louis et Gilberte Lemenorel pendant l'été 1979. Elle écrit au juge Lopez le 12 février 1982 :

Quelque temps avant leur arrivée à Seignelay, M. Louis et Mme Lemenorel me demandèrent un rendez-vous urgent... Ils voulaient m'informer eux-mêmes de problèmes graves avant que je les apprenne par personne interposée [les enfants de Mme Lemenorel faisant courir des bruits] *plus particulièrement au sujet de M. Louis et d'Annie, ce dernier la faisant monter sur une échelle pour la sadomiser* [lapsus de Mme Charrier]. *Des passages à l'acte sur les petits furent évoqués*[1]*...*

Les « marques corporelles » constatées sur Annie G. en juin 1981 auraient dû, en toute logique, entraîner une mesure de protection de la part de Pierre Charrier. Il aurait même dû prendre une mesure dès les premières déclarations d'Annie, la mettre à l'abri, au bénéfice du doute. Mais, pas plus que dans les cas de « fugues », il ne fait quoi que ce soit pour Annie G., ni à la première alerte, ni à la seconde.

2. Nicole Charrier prend la défense d'Émile Louis dans le même courrier :

[...] M. Louis affirmait en pleurant que jamais il ne lui viendrait à l'idée de toucher à des enfants, il préférait les femmes. Quant à Annie, interrogée, elle nia catégoriquement tous ces faits, continuant à ne jamais se plaindre ni de son milieu, ni des enfants de la nourrice, de même que ceux de la DDASS [Rappelons les propos d'Émile Louis à Christian Jambert : « Je lui avais administré une paire de claques pour lui faire comprendre. »].

Nicole Charrier a oublié les traces de coups signalées sur Annie, elle ne se souvient pas non plus des motifs

1. Voir Doc. 7. Or, à cette époque (été 1979), Martine Renault n'a pas encore disparu. Sylviane Durand-Lesage est vivante. Qu'auraient fait les autorités si elles avaient connu ces faits ? Auraient-elles placé Émile Louis en détention ?

d'inculpation d'Émile Louis : son discours laudatif sur ce dernier n'est pas atténué par de tels souvenirs. Un professionnel de l'éducation ne devrait-il pas être systématiquement du côté de l'enfant handicapé ?

Dans l'affaire Charrier, Nicole ne prend pas davantage parti pour Nathalie P., pensionnaire de l'établissement dont elle est responsable.

Émile Louis est arrêté en décembre 1981, il est alors suspecté de l'assassinat de Sylviane Durand-Lesage.

Après avoir avoué aux gendarmes, en 1981, plusieurs attentats à la pudeur envers des jeunes enfants, Émile Louis se rétracte lors de son procès, en mars 1983 :

J'ai parlé parce que j'étais fatigué, je ne savais plus ce que je disais. C'est vrai que je lavais les enfants dans le bain, mais il ne s'est jamais rien passé de tout cela.

L'avocat des victimes précise à l'audience :

Les enfants ont toujours parlé avec précision, il s'est même attaqué à une débile légère [Annie G.].

Le procureur de l'époque signale qu'on a également découvert chez lui des trous dans une cloison permettant de voir la chambre des filles. Cette remarque portant sur un point de détail suscite une question : pourquoi la justice ne se donne-t-elle pas la peine d'enquêter sur les déclarations d'Annie G. ?

Quoi qu'il en soit, malgré les rétractations tardives d'Émile Louis, certains faits sont attestés et il est condamné à cinq ans de prison pour attentat à la pudeur sur mineures de moins de quinze ans.

À partir de décembre 1981, Annie est en arrêt maladie pour trois mois et demi. En fait, elle est envoyée au Centre hélio-marin de Pen Bron à La Turballe jusqu'à juin 1982. Elle reprend sa scolarité à l'IME d'Auxerre en septembre de la même année avec un placement au foyer de Montmercy.

A-t-elle subi entre-temps un avortement ou une fausse couche ?

Lors d'un bilan en février 1984, l'équipe de l'IME précise en tête de son rapport : « Placement nourricier puis placement au foyer de Montmercy, septembre 1982 à la suite d'un viol. »

Ainsi, il y a bien une intime conviction. En l'absence de procès pour viol, il est étonnant de lire encore ces mots en conclusion du même rapport : « comportement perturbé, régression et attitude inquiétante, Annie rencontre de plus en plus de difficultés malgré des efforts réels[1] ».

Pierre et Nicole Charrier ont-ils porté plainte dans l'affaire Annie G. ? Nicole Charrier, en fait, est témoin à décharge. La DDASS, elle, se porte partie civile aux côtés des victimes.

LES DYSFONCTIONNEMENTS DE L'APAJH DE L'YONNE

Après la dernière arrestation d'Émile Louis, le 12 décembre 2000, *Le Parisien* prend connaissance de la lettre que Nicole Charrier a adressée au juge d'instruction en 1982 au sujet de l'affaire Annie G. Son zèle n'est-il pas suspect ? Écrit-elle à la demande du juge ou de sa propre initiative ? Frédéric Vézard va plus loin encore lorsqu'il affirme dans les colonnes du quotidien :

Cette lettre a sans doute sauvé la mise à Émile Louis il y a vingt ans, lorsque celui qui vient d'avouer sept meurtres commis à cette époque était déjà suspecté d'assassinat, d'agressions sexuelles et d'enlèvements.

Ce courrier a été adressé le 12 février 1982 par Nicole Charrier, alors « éducatrice-chef » à l'Institut médico-éducatif d'Auxerre (Yonne), où étaient scolarisées la plupart des victimes d'Émile Louis, au juge Lopez-Torres.

Spontanément, Mme Charrier, qui dirige encore aujour-

1. Voir Doc. annexe 6.

d'hui[1] *un foyer pour adultes handicapés à Auxerre, a pris sa plume pour adresser au juge un vibrant plaidoyer en faveur du chauffeur de car. « M. Louis, toujours souriant, blaguait pour faciliter l'entrée en relation, il était très soucieux de plaire à la hiérarchie. » La suite du courrier, rétrospectivement, donne le frisson : « M. Louis se voulait très près, compréhensif, voire même éducatif et éducateur dans ses contacts avec nos adolescents (garçons et filles) qu'il prenait en amitié (réciprocité). Ceux-ci se confiaient à lui. Vécu comme un père, parfois un grand frère à qui l'on peut tout dire, il permettait les cigarettes en cachette à quatorze-quinze ans, ou les flirts... Employé à l'époque aux Rapides de Bourgogne, avec des horaires fluctuants, il se faisait un devoir d'assurer son transfert spécial, malgré les horaires peu compatibles. »*

À l'époque, le juge Lopez-Torres était chargé d'enquêter sur la mort de Sylviane Durand-Lesage, dont le cadavre a été retrouvé en juillet 1981 dans une étable isolée à Rouvray, mais aussi sur des agressions sexuelles commises sur des petites filles vivant dans la même maison qu'Émile Louis, chez la concubine de celui-ci, Mme Binoche [Gilberte Lemenorel]. Une enquête menée par le gendarme Christian Jambert avait permis d'accumuler des charges contre le chauffeur de car. Celui-ci était l'amant de Sylviane Durand-Lesage et un imperméable maculé de sang avait été retrouvé dans ses affaires de pêche. Daphnée et Nadia, deux des fillettes hébergées chez sa concubine, ont affirmé avoir été violées par lui. Elles ont expliqué qu'une troisième, Annie G., l'aurait également été mais, traumatisée, celle-ci refusait de parler. Un quatrième témoin, Jocelyne B., une jeune femme, a expliqué, selon le procès-verbal de synthèse rédigé en 1983 par Christian Jambert, qu'« Émile [lui] *attachait les mains dans le dos dans une cabane au moment des relations sexuelles » et qu'« il avait même tenté une fois de* [la] *tuer dans cette situation ».*

Le gendarme signale également au juge « cinq dispari-

1. Madame Charrier a été suspendue récemment.

tions suspectes, qui concernent toutes des jeunes femmes handicapées que connaissait Émile Louis ». Malgré cela, le chauffeur ne sera finalement condamné en 1983 que pour « agressions sexuelles sur mineures » à cinq ans d'emprisonnement et bénéficiera d'un non-lieu dans l'affaire Sylviane Lesage. Les disparues, elles, sont purement et simplement oubliées par la justice.

La lettre de Nicole Charrier a joué un rôle non négligeable dans l'issue de cette affaire [...]. *Contactée, Nicole Charrier a fait savoir par son secrétariat qu'elle n'avait « pas de commentaires à faire »* [1].

Nicole Charrier, avec cette lettre, prend une responsabilité dans la faible peine à laquelle Émile Louis est condamné. Elle devient en effet témoin de moralité du chauffeur de car et représente *a priori* un expert en matière de handicap.

Il faut souligner qu'elle témoigne également en appel au bénéfice d'Émile Louis. La peine de ce dernier est réduite à quatre ans en partie grâce à l'impression que Nicole Charrier laisse à la cour.

Quel aurait été le destin juridique d'Émile Louis si Nicole Charrier n'avait pas témoigné à son avantage et si, au contraire, elle avait témoigné au bénéfice des victimes en produisant le bilan du 1er juin 1981 : « [...] À noter, la découverte récente, lors des douches, de marques corporelles. Annie a été battue mais se refuse à en dire davantage... »

N'aurait-elle pas dû mentionner également les disparitions suspectes dont elle avait connaissance car, enfin, elle connaissait Madeleine Dejust, Christine Marlot, Chantal Gras et Bernadette Lemoine ?

Est-ce que cela aurait alors permis l'arrestation de leur criminel ?

Pourquoi Nicole Charrier écrit-elle au juge et témoigne-t-elle en faveur d'Émile Louis en 1982 ?

1. Frédéric Vézard, *Le Parisien*, 22 décembre 2000.

Émile Louis dit à Gadh Charbit du *Vrai Journal* sur Canal + : « Avec Mme Charrier j'étais très bien... » (28 janvier 2001).

Pourquoi continue-t-elle, en septembre 1998, à témoigner de la moralité d'Émile Louis, reprenant d'ailleurs une argumentation comparable au sujet de la sexualité des jeunes handicapées ? De Christine Marlot, elle dit en effet : « Sexuellement, elle était très désireuse, elle n'avait pas froid aux yeux. » De Bernadette Lemoine : « Je peux dire qu'elle avait "le feu aux fesses". » De Chantal Gras : « Elle était en manque d'affection et de sexualité [1]. » De Madeleine Dejust : « Elle avait besoin de sexualité. »

Ce que Nicole Charrier dit de ces orphelines, pauvres, abandonnées, fragiles, frappées, torturées est-il digne d'une éducatrice ? Est-ce là une analyse fine et pertinente ? Quel sens prend ce témoignage donné aux forces de gendarmerie ? Est-ce qu'il ne conforte pas le système de défense du principal suspect ?

Peut-on lui rendre la pareille sans être attaqué par son avocat ? On pourrait citer de nombreux témoignages parus dans la presse. On préfère citer ici les inspecteurs de l'IGASS qui, en termes administratifs, évoquent à son sujet « un comportement très libre, à la limite de la légèreté de mœurs ».

Voici ce que relate Émile Louis, dans la nuit du 12 au 13 décembre 2000 :

En choisissant une de ces filles je savais qu'elle ne refuserait pas de faire l'amour avec moi. Je savais qu'elles y avaient déjà été et qu'elles aimaient ça. Leur comportement dans mon bus et leurs discussions sur le sexe ne faisaient aucun doute sur une proposition de ma part. Ce n'était pas des filles qui étaient handicapées. Elles avaient simplement un retard scolaire. Elles n'étaient pas en

1. La psychologue de l'IME, en janvier 1977, a une opinion totalement différente : « Adolescente encore immature avec préoccupations hétérosexuelles naissantes propres à l'adolescence. » Chantal a alors dix-huit ans.

retard sur le sexe. Elles n'étaient toutes plus vierges. Je dois préciser que certaines d'entre elles m'ont aguiché, proposé de faire l'amour et même de quitter ma femme pour vivre avec elles.

Ainsi, ces filles, normalement conscientes, guidées par un désir incontrôlé, auraient décidé de l'assouvir avec un homme de l'âge de leur père ?

Une experte de l'éducation nous décrit les quatre jeunes filles disparues comme des personnes qui tentent le diable.

Que nous dit-elle au sujet d'Émile Louis ? A-t-il le « feu aux fesses » ? Est-il « en manque d'affection et de sexualité » ? A-t-il « besoin de sexualité » ? Est-il « sexuellement très désireux » ? A-t-il « froid aux yeux » ?

Non : « M. Louis est très jovial, très à l'écoute, très “papa gâteau”, acceptant de lever les interdits. Distribuant des cigarettes, des bonbons. Il était le grand confident de toutes les jeunes filles, sans exception. Il était prêt à donner la liberté et le bien-être à toutes sans aucune restriction. Les jeunes filles avaient une confiance totale et aveugle en lui, il n'y avait pas de connotation de sexualité devant moi. »

Si Émile Louis est au-dessus de tout soupçon, s'il n'y a pas de connotation de sexualité, n'est-il pas étrange que Nicole Charrier, lorsqu'elle parle de son comportement, n'évoque que des relations avec des jeunes filles ? Émile Louis n'est pas le confident des garçons ? Il n'échange pas avec eux des cigarettes et des bonbons ? Il ne leur raconte pas des histoires pour les faire rire, des histoires qu'on ne se raconte qu'entre garçons ?

Le fait qu'Émile Louis soit soutenu par des notables auxerrois renforce-t-il chez lui un sentiment d'impunité face à la justice ?

En 1998, Nicole Charrier indique aux gendarmes : « Je me souviens que M. Louis se targuait souvent d'avoir des relations privilégiées et particulières dans le milieu judiciaire. »

Elle prend d'ailleurs elle-même la défense d'Émile

Louis en 1998. En 1982, elle le soutient déjà. On constate dans son attitude la marque d'une préférence telle qu'elle engendre une grave anomalie de fonctionnement : elle n'hésite pas à lui confier beaucoup d'enfants, même un peu trop.

Ainsi, en novembre 1978, la DDASS s'étonne et s'inquiète. Le directeur départemental des affaires sanitaires et sociales écrit à Pierre Charrier :

La commission d'agrément des assistantes maternelles a eu à examiner les dossiers de Mme Lemenorel Gilberte et de Mme Louis Simone. L'examen des dossiers a fait ressortir que vous avez confié récemment d'une part à Mme Lemenorel un enfant, et d'autre part, à Mme Louis deux enfants, alors qu'elles ont déjà à leur domicile plusieurs enfants en garde. Il est regrettable que la personne chargée des placements [Nicole Charrier] *ne prenne pas contact avec le service social du secteur, ce qui permettrait d'éviter ces erreurs. En effet, il n'est pas possible à la commission d'agrément d'autoriser Mme Lemenorel et Mme Louis à recevoir plus d'enfants qu'elles n'en ont déjà en garde*[1]*.*

En 1978 Émile Louis est en instance de divorce, il se sépare de Simone Delagneau pour aller vivre avec Gilberte Lemenorel.

C'est aussi la pleine période des disparitions : une jeune fille, Jacqueline Weis, a disparu de chez Mme Louis et une autre, Sylviane Durand, a disparu de chez Gilberte Lemenorel[2].

Mme Louis et Mme Lemenorel sont deux nourrices de la DDASS[3] que les Charrier, qui prétendent aujourd'hui

---

1. Voir Doc. annexe 8.

2. C'est aussi la période où Annie G. est l'objet de violences sexuelles.

3. Rappelons que les assistantes maternelles sont rémunérées pour l'accueil de pensionnaires. Plus elles accueillent d'enfants, plus leurs revenus augmentent. Mais ceci devrait s'appliquer dans les limites du bon sens et de l'efficience.

n'avoir pas bien connu Émile Louis, choisissent de favoriser !

Qu'est-ce qui justifie ce traitement de faveur ? Pourquoi le directeur de la DDASS est-il contraint de rappeler que le placement d'un trop grand nombre de pensionnaires dans une famille peut leur être préjudiciable sur le plan éducatif et psychologique ?

Décidément, les Charrier ont les apparences contre eux ! Ils manquent de zèle quand il s'agit de rechercher les jeunes filles disparues mais font preuve d'un excès de zèle à l'égard des compagnes d'Émile Louis, comme de lui-même.

D'AUTRES INERTIES...

UNE RÉGION ET... QUELQUES PRÉDATEURS

La région d'Auxerre n'est pas particulièrement dangereuse – on irait peut-être même plus volontiers y vivre que dans d'autres, réputées pour le grand banditisme ou la mafia –, à condition toutefois de ne pas être pupille ou ancienne pupille de la DDASS, de ne pas être plus vulnérable que la moyenne et de ne pas avoir entre dix et vingt-cinq ans.

Une analyse des affaires répertoriées, qui n'est certainement pas encore exhaustive, laisse à penser que, dans l'Yonne, plusieurs criminels dangereux, ayant des travers très semblables, auraient pu assouvir leurs passions perverses dans l'impunité la plus totale grâce aux dysfonctionnements des institutions. Des dysfonctionnements qu'ils entretenaient parfois eux-mêmes, ou dont ils connaissaient les mécanismes. Certains de ces criminels se fréquentaient, tous respectaient le territoire des autres, sauf peut-être [1]...

---

1. Cette analyse n'est encore qu'une hypothèse qui, en l'état actuel des informations des auteurs, peut être confirmée ou infirmée par les événements à venir. Toutefois, elle a l'avantage de poser des questions que la justice devra vérifier.

EFFETS DES DYSFONCTIONNEMENTS

L'étude des dysfonctionnements des services de la DDASS, de l'APAJH de l'Yonne, de la justice, voire d'autres institutions comme la gendarmerie, pour partie mis en lumière par l'affaire des disparues d'Auxerre et par les enquêtes administratives qui ont suivi, n'a pas encore abouti. De nombreuses, trop nombreuses affaires concernant des jeunes femmes issues de la DDASS de l'Yonne, qui auraient dû se solder par une solution judiciaire, sont restées sans réponse.

Or, il ne s'agit pas que de coïncidences.

Une seule question se pose alors : pourquoi les trois mêmes institutions sont-elles systématiquement en cause dans des affaires criminelles graves, irrésolues, ou mal résolues ? Combien de criminels ont pu agir impunément ? Combien de victimes ?

Émile Louis a bénéficié de ce contexte particulier ? La justice dira, s'il y a lieu, le nombre de victimes qui peuvent lui être imputées.

Il est certain que le système local, pris dans sa globalité, est responsable de cet état de fait. Émile Louis connaît parfaitement son environnement, il en profite allègrement. Il connaît bien le milieu permissif de la petite bourgeoisie locale. Émile Louis observe, étudie, écoute.

Il sait sans doute, par exemple, que Pierre Charrier n'est pas au-dessus de tout soupçon : les jeunes filles qu'il transporte lui racontent le comportement de ce notable lorsqu'il leur rend visite dans les douches ou lorsqu'il s'enferme avec elles dans son bureau. Il sait que ce dernier ne tient pas trop à ce que l'on vienne y voir de plus près. Émile Louis profite de cette situation.

UNE AFFAIRE TROUBLANTE

Février 1970. Le corps d'une jeune fille de vingt et un ans est découvert par des enfants, gisant dans un terrain vague d'Auxerre. Ce cadavre est rapidement identifié, il s'agit de celui de Lucette Évain, une ancienne pupille de la DDASS. Les circonstances de sa mort ne sont pas élucidées. Sa vie a pourtant pris fin à quelques dizaines de mètres des locaux du *Nicky Bar* que fréquente Émile Louis. Lucette, qui venait d'effectuer un séjour dans un hôpital psychiatrique, vivait dans un foyer, elle était très isolée. Les enquêteurs constatent que son corps porte des marques de griffures au cou, elle a vraisemblablement essayé de se libérer de quelque chose qui l'étranglait. Précédemment, elle avait tenté de s'empoisonner, mais elle était restée traumatisée par cet épisode comme s'il lui avait été extérieur. À l'époque de cette découverte, il est déjà question de fugue, bien que les enquêteurs jugent le terrain vague où elle est retrouvée trop éloigné de son foyer pour que la jeune fille ait pu s'y rendre à pied. Qui l'y a conduite ?

Combien d'autres victimes encore inconnues ?

LES AFFAIRES OUBLIÉES

D'autres prédateurs bénéficient également du contexte local et de l'incapacité de certaines institutions à traiter les affaires de mœurs, en particulier celles relatives à des jeunes filles relevant de la DDASS ou déficientes mentales...

Entre les années 1965 et 1969, au service des Ponts et Chaussées d'Auxerre, des employés font passer des examens d'embauche bidon à des jeunes filles de la DDASS, le samedi, lorsque le reste du personnel est absent. Ils s'assurent auparavant qu'elles n'ont aucune famille. Elles sont évidemment reçues à l'examen, un emploi leur est proposé à Paris. Elle y sont accompagnées (mais arrivent-elles jamais ?) par une jeune femme blonde. L'affaire, découverte par des parents nourriciers, n'est pas ébruitée. Et rien n'est fait.

Les registres de l'IME d'Auxerre, que fréquentent certaines de ces jeunes filles, sont imprécis ; ils n'indiquent que très rarement dans quelles conditions les élèves quittent l'établissement. Ils ne comportent que les dates d'entrée et de sortie, sans qu'aucun motif soit précisé. Toutefois, deux fugues y sont déclarées, sans autre explication, par Pierre Charrier. Aucune décision de justice, aucune enquête, même interne, de la DDASS n'ont eu lieu à la connaissance des auteurs.

1979. Une jeune femme disparaît, le 10 janvier, du collège de Toucy où elle travaille ; elle s'appelle Élisabeth Fontaine. Son corps est retrouvé mais ses parents ne sauront jamais comment elle est morte. L'affaire est en effet classée sans que la police leur en indique les raisons [1].

1984. L'affaire d'Appoigny. Au moins trois jeunes filles (l'une d'elles reste introuvable à ce jour), peut-être quatre, voire davantage, toutes issues de la DDASS et confiées à des institutions locales, subissent des tortures et des sévices sexuels. Les clients des tortionnaires courent toujours ou ont été libérés.

Une liste à laquelle il faut ajouter des fugues, encore des fugues. Des jeunes filles que l'on retrouve après des mois, voire des années, ayant subi des violences sexuelles : Edwige, Marinette...

Pourquoi se sauvent-elles en si grand nombre des mêmes instituts ? On peut répertorier au moins vingt fugues suspectes de mineures – en dehors de celles des « disparues d'Auxerre » –, rien qu'à l'IME d'Auxerre, en quelques années et sous la même direction. Neuf ont été portées à la connaissance des autorités dans le cadre de l'affaire des disparues d'Auxerre.

Pourquoi ces jeunes filles partent-elles ? Que fuient-elles ? Ont-elles seulement été recherchées ? La liste est

1. L'ADHY réunit patiemment les témoignages fournis sur cette affaire. Tous font état d'enquêtes judiciaires traitées de manière peu sérieuse.

incomplète. Pourquoi personne ne pose-t-il de questions, ne demande-t-il à vérifier toutes les listes de disparues[1] ?

On observe également des cas de jeunes femmes qui ne reviennent pas. Qui, aujourd'hui, les recherche ? La justice ? La DDASS ? Quelles institutions ? Certaines étaient pourtant mineures, toutes étaient vulnérables.

Voici leurs noms :

- Jeannine Parent épouse Vain, ancienne pupille de la DDASS,
- Martine Menguy, disparue entre 1986 et 1987 sur le chemin de l'école à l'âge de seize ans,
- Isabelle Laville, disparue en 1987 sur le chemin du lycée à l'âge de dix-sept ans,
- Marie-Angèle Domece, disparue en 1988 sur le chemin de son foyer à l'âge de dix-neuf ans.

Quels sont donc les liens entre les services de la DDASS locale, les instituts, les foyers, les services de police ou de gendarmerie et ceux de la justice ? Qui assure la liaison, plus exactement qui fait obstacle ? Quelles sont les personnes que l'on retrouve partout ?

Citons encore :

1988. Deux toutes jeunes filles de la DDASS de l'Yonne sont récupérées à Pantin entre les mains d'un proxénète.

26 juin 1990. Une jeune femme, Émilie D., court sur la route entre Monéteau et Auxerre et dit avoir été kidnappée. Elle paraît affolée. Sa disparition de l'hôtel des Deux Gares à Auxerre, où elle réside habituellement, est signalée depuis quatre jours. Elle est connue pour sa fragilité mentale et ses penchants alcooliques. Un couple l'a amenée dans une vieille maison isolée, où un homme attendait.

Même période. Le corps d'une jeune Anglaise, Joanna Parish, est découvert à Monéteau. Puis une infirmière psychiatrique, Mme Bernard, qui a été en contact avec les

1. Récemment, l'ADHY a transmis les noms de nouvelles disparues à la justice, mais la réponse des autorités est toujours attendue.

victimes d'Appoigny et qui est retrouvée sans vie à son domicile. À cette époque, Claude Dunand est à nouveau libre, et nombre de ses anciens clients également. Ceux qui ont œuvré pour lui rendre sa liberté sont administrateurs de certains centres de l'APAJH de l'Yonne. Personne ne pose de questions, sauf les proches des victimes qui cherchent encore la vérité.

Plusieurs criminels cohabitent donc, ils chassent sur les mêmes terres, directement ou indirectement protégés par l'inertie des institutions : justice, gendarmerie, éducation spécialisée. Parfois ils ont pris du pouvoir en leur sein, d'autres fois ils ont tissé un véritable réseau de relations et de pressions qui leur garantit l'impunité. Par sécurité, le choix des victimes se porte sur des jeunes femmes presque invisibles. Alors, à la manière de Dutroux et de bien d'autres, ils se servent.

ET LA PROSTITUTION ORGANISÉE ?

« L'erreur que l'on commet est de ne pas prêter suffisamment attention aux structures et organisations criminelles qui se cachent derrière ces faits délictueux concrets. Certains de ces faits peuvent être banals, mais si l'on constate qu'ils sont commis de manière systématique dans plusieurs arrondissements judiciaires, ils peuvent être l'indice de la présence d'une organisation qui met en place des structures criminelles. Cette constatation a déjà été faite par la commission d'enquête parlementaire sur la traite des êtres humains à propos des réseaux mis en place par des proxénètes pour exploiter des femmes. Dans les enquêtes qui nous préoccupent [l'affaire Dutroux], on s'est focalisé, à diverses occasions, sur l'existence ou non d'un fait délictueux au lieu de s'intéresser à des comportements qui, considérés dans leur ensemble, pouvaient être révélateurs de la présence d'une organisation criminelle [1]. »

1. Rapport d'enquête parlementaire sur l'affaire Dutroux.

À Auxerre, existait-il une prostitution tout à fait particulière, celle de jeunes femmes « déficientes » pupilles de la DDASS ? Organisée ou tolérée par ceux-là mêmes qui étaient censés les protéger – instituts, familles d'accueil – ou par d'autres ?

Tout commence par le témoignage de A., prostituée à Paris. Il est intéressant parce qu'elle est une ancienne pupille de la DDASS de l'Yonne. Elle a fréquenté les mêmes instituts, parfois les mêmes familles d'accueil, que les disparues. Elle a été amie avec Jacqueline Weis.

Elle raconte à un journaliste que, lorsqu'elle se prostitue à Auxerre à la fin des années 70, elle côtoie sur le trottoir deux sœurs, Françoise et Bernadette, ainsi qu'une certaine Martine. Elles circulent toutes dans le secteur d'un grand magasin et font leurs passes dans les hôtels voisins. À un moment, elle partage même la chambre de l'une d'elles. A. refuse d'expliquer comment elle en est arrivée là, mais elle témoigne pour les autres : « Elles sont mes petites sœurs, j'ai traversé les mêmes galères, j'ai pu remarquer qu'elles portaient des traces de coups sur le visage. Un homme les surveillait et les obligeait à travailler, je crois qu'elles avaient peur... »

Le journaliste est stupéfait lorsqu'elle lui dit encore :

« Un directeur des instituts vient les saluer quand il se rend au magasin, il les appelle par leurs prénoms. Des membres du foyer savaient où elles se trouvaient... Ce qui est étonnant c'est qu'il y avait au moins onze filles handicapées sur le trottoir, toutes de la DDASS. Et personne n'y faisait attention ! »

Lorsque le journaliste montre à A. les photos des disparues, ces photos qu'un soir de 1995 des éducateurs ont osé remettre à Pierre Monnoir, dans la clandestinité, elle sanglote :

« C'est mes petites sœurs, on était logées à la même enseigne, on était proches les unes des autres, en particulier au foyer... Nous étions des proies. Quand je vois ça, je crois que je suis une miraculée... »

Plusieurs jeunes femmes, issues d'instituts médico-éducatifs, faisaient donc le trottoir. Elles étaient mineures ou tout juste majeures. Parmi elles, certaines des « disparues d'Auxerre ». Des témoins crédibles (il s'agit de proches) confirment les y avoir vues.

Auxerre est une petite ville, tout se sait. Cependant le silence règne.

Les policiers ont entendu parler de la prostitution occasionnelle de mineures au centre de la ville, à proximité du grand magasin. Mais, au sein du commissariat, pas de brigade des mineurs, personne ne fait donc de « procédure de racolage sur la voie publique ».

À l'IME d'Auxerre, il en va de même. Certains savent et se taisent. Dans le cas d'Edwige, on parle de fugues, on dit que c'est une affabulatrice. Émile Louis ne la tue pas. Un jour il s'arrête, lui offre un cadeau et lui dit qu'il a trouvé d'autres filles (Chantal, Madeleine ?).

Que devient-elle ? On l'aperçoit devant le magasin *Noveco* (on y aperçoit également Christine Marlot en compagnie d'un homme d'une quarantaine d'années, et d'autres jeunes filles qui ont également disparu). Sur son dossier, quelqu'un inscrit :

Actuellement Edwige entretient des relations avec une bande plus ou moins formelle d'hommes entre vingt et trente ans, qui l'exploitent. À son arrivée au foyer, Edwige semblait être une victime...

Edwige reprend ses fugues et entraîne à sa suite une compagne d'infortune, Marinette. Pierre Charrier les raye des registres avec une mention : « fugue ».

Combien d'autres comme elles ?

L'affaire des disparues d'Auxerre est cependant à distinguer de cette affaire de prostitution ; ce sont deux affaires différentes, même si elles peuvent, à certains égards, se croiser.

Les victimes de prédilection des tueurs en série sont les prostituées. Ce choix n'est pas anodin : il est souvent un gage d'impunité. Quand un tueur en série agit dans les milieux de la prostitution, les autorités prennent rarement le soin d'en avertir la population. Ce fut le cas ces dernières années à Paris. À l'inverse, lorsque Guy Georges sévit, la police alerte les habitants de l'Est parisien.

Prostituées, les jeunes filles étaient donc doublement vulnérables. Les victimes ont-elles été prélevées sur le trottoir ? À qui ira-t-on le reprocher ? Il est si facile à Émile Louis de leur faire croire qu'il va les aider. Par la suite, en 2001, fort de ce qu'il sait, il prétend qu'il y avait à Auxerre un réseau qui prostituait et éliminait des jeunes handicapées.

Or, il faut savoir que la rumeur, confirmée par certaines investigations journalistiques, rapporte que Françoise Lemoine travaille alors pour le proxénète le plus important de la région, M. B. Émile Louis prétend ne pas le connaître, or il fréquente son bar-restaurant et y amène son gendre. La fille de sa concubine y a même travaillé quelque temps. Émile Louis commet néanmoins une erreur : il enlève Françoise Lemoine. Monsieur B., en protecteur zélé, le prend mal, très mal, et profère des menaces contre le chauffeur de car, qui n'en fait qu'à sa tête et part avec Françoise. On ne la reverra plus. Entre-temps il aura proposé les services de la jeune fille à certains de ses collègues.

Face à cela, une institution judiciaire défaillante, un parquet qui fonctionne mal pendant près de vingt-cinq ans.

LES TRIBULATIONS EXTRAORDINAIRES D'UN PROCÈS-VERBAL

Le 19 décembre 2000, une semaine après les aveux d'Émile Louis, Alain Touret, député du Calvados, interpelle la ministre de la Justice Marylise Lebranchu au sujet de l'affaire des disparues d'Auxerre. Elle lui répond en annonçant une inspection générale des services judiciaires, dont elle s'engage à rendre le rapport public. Son objectif est de recueillir toutes les informations utiles sur les conditions dans lesquelles cette affaire a été traitée au plan judiciaire, d'identifier les dysfonctionnements et de proposer des mesures propres à éviter qu'ils ne se reproduisent à l'avenir.

Le 1er mars 2001, la ministre dénonce, lors d'une conférence de presse, le fonctionnement défectueux de l'institution judiciaire et ses négligences, lourdes de conséquences puisqu'elles ont permis à Émile Louis de se soustraire à la loi et de continuer à sévir pendant des années. Elle reconnaît dans la foulée que la responsabilité de l'État est engagée.

Le procédé est rare, à la hauteur d'une affaire judiciaire exceptionnelle.

Il est donc établi que, depuis vingt-cinq ans, le parquet du tribunal d'Auxerre n'a pas réussi à exploiter les éléments (pourtant réunis de longue date) sur les disparues et que les procureurs ont fait preuve pour le moins de passivité – à tel point que la faute de l'État est reconnue par la garde des Sceaux. Quelle est leur responsabilité vis-à-vis des crimes perpétrés après leur intervention – ou plutôt leur absence d'intervention ?

Après l'audition d'Émile Louis, le 28 décembre 1981, au sujet des trois affaires différentes – celle de Sylviane, celle des enfants confiés à sa concubine par la DDASS, où il se dénonce lui-même, et celle des disparues –, Christian Jambert établit un procès-verbal de synthèse et le remet au substitut du procureur, Daniel Stilinovic, le 26 juin 1984.

Ce dossier est classé sans suite. Comment et pourquoi ?

On sait aujourd'hui que plus de cinq années d'enquête ont été rayées d'un seul mot, un « NON » tracé en majuscules par une main inconnue sur un Post-it. Ce qui est incompréhensible, parce que les disparitions sont clairement suspectes, qu'un même homme, par ailleurs inculpé de meurtre et condamné pour attentat à la pudeur sur mineurs, est, de manière troublante, en relation avec toutes les jeunes filles avant qu'elles ne disparaissent et parce que Christian Jambert y précise que son enquête n'est pas terminée : il lui reste encore à entendre plusieurs témoins, parmi lesquels, certainement, Pierre Charrier qui, jusque-là, garant du silence de son institut, a refusé de le recevoir.

Daniel Stilinovic, qui vient d'être muté à Paris, demande au gendarme de lui transmettre ses conclusions avant son départ. Pourquoi ? Personne ne le sait. Lorsqu'il réceptionne le procès-verbal de synthèse de Christian Jambert, il ne lui reste que quelques heures à passer au sein du tribunal d'Auxerre. Il en prend connaissance dans l'urgence, puis le transmet au juge déjà chargé de la procédure relative au meurtre de Sylviane Durand. Il y ajoute un Post-it avec la mention suivante : « À joindre à l'information en cours sur l'homicide volontaire v. Sylviane Durand, me faire connaître s'il vous faut un supplétif. »

Pourquoi pose-t-il cette question, sachant qu'il ne sera plus là pour connaître la réponse ? Il dispose, d'ailleurs, d'autres moyens d'action : ouvrir une information, transmettre le dossier à son successeur ou à son supérieur, rencontrer le juge d'instruction. Il choisit d'adresser à ce dernier un mot laconique sur un Post-it qui risque à tout moment de se détacher et d'être perdu. Est-ce une façon de traiter une affaire dans laquelle on redoute l'existence de faits criminels graves ?

D'autres questions restent sans réponse.

C'est en effet à tort que le dossier est transmis au juge d'instruction, puisque l'affaire Sylviane Durand vient de faire l'objet d'un non-lieu. Comment se fait-il que le substitut ne soit pas au courant du classement de ce dossier, au moins par des bruits de couloir ou par Jambert, qui devait en avoir été informé ?

Daniel Stilinovic, mis en cause, se justifie dans les médias. Il indique que le travail du gendarme Jambert était excellent et l'avait convaincu de la nécessité de poursuivre les investigations. Si le dossier a fait l'objet d'un classement sans suite, c'est selon lui parce qu'il « y avait un traître au parquet d'Auxerre ». Il ne s'agit pas d'une erreur mais « d'une volonté délibérée de classer ce dossier [...] d'un acte malfaisant [1] ». Il en est d'autant plus convaincu que, selon lui, dans les couloirs du palais de justice, on

1. Éric Belahouel, *Le Nouveau Détective*, mars 2001.

parlait alors largement de cette affaire (et de son classement ?). Seul un membre du parquet a pu inscrire ce « NON » sur le dossier. Il précise que ce n'est pas le style de réponse du juge d'instruction qui motivait en principe ses décisions et confie aux journalistes : « On n'était que deux. » Il désigne ainsi, sans le nommer, René Meyer, alors procureur.

Daniel Stilinovic est pourtant mis en cause durement dans le rapport d'inspection des services judiciaires : il a mal aiguillé la procédure, il l'a traitée avec trop de précipitation. Il n'existe par ailleurs aucune preuve qu'il n'a pas lui-même inscrit la mention incriminée.

Cependant, si ce n'est pas lui, qui a intérêt à classer ce dossier et y a accès ?

Le rapport d'enquête des services judiciaires est également sévère à l'égard du procureur de la République en poste en 1984, René Meyer :

La procédure de 1984 a été matériellement classée sans suite sans avoir fait l'objet d'une décision en ce sens ; il s'agit là d'un dysfonctionnement dont la mission n'est en mesure, au stade actuel des investigations, d'expliquer la cause ni d'identifier le ou les auteurs mais qui s'est révélé lourd de conséquences puisqu'il est à l'origine de l'enlisement d'une enquête contenant des imputations précises auxquelles il avait été initialement prévu de donner suite.

L'inspection relève que le classement du dossier a été effectué selon une méthode inhabituelle, c'est-à-dire sans les mentions d'usage, et qu'il a été placé dans un lieu inadéquat. L'affaire a-t-elle en définitive véritablement été classée un jour ? À défaut de refaire le passé, peut-on savoir qui est responsable de ce gâchis ? Sur ce point, le rapport adopte la position suivante :

La responsabilité de cette situation paraît cependant pouvoir être attribuée au procureur de l'époque, d'abord en sa qualité de chef du parquet responsable du fonctionnement de celui-ci, ensuite pour ne pas s'être assuré du sort d'une enquête dont il connaissait l'existence, car il a gardé le souvenir de s'en être entretenu au moins à une reprise avec le gendarme. Sur ce point [...] *il avait demandé à l'enquêteur de continuer ses investigations. Il ne lui a pas adressé d'instructions écrites.*

Qu'est-ce qui prouve ce dernier fait ? Christian Jambert ne peut plus témoigner. Le procureur lui a-t-il seulement demandé par la suite où en était son enquête officieuse ?

Le procureur de la République de 1979 à 1986 est donc René Meyer. Est-il celui qui déjà, en décembre 1979, classe le dossier de l'enquête menée par Christian Jambert sur la disparition de Martine Renault ? Classer la seconde affaire est-il pour lui le moyen d'enterrer une première erreur ?

Comme Daniel Stilinovic, René Meyer prend le parti de répondre à la presse. Pour lui, il n'y avait pas d'éléments à charge contre Émile Louis, les recherches ne débouchaient sur rien, le procès-verbal ne contenait que des suppositions, et les doutes qui subsistaient justifiaient le classement effectué.

Les doutes ne justifiaient-ils pas, au contraire, une instruction approfondie (le procès-verbal porté à la connaissance du magistrat ne concernait qu'une enquête préliminaire, une sorte de pré-enquête) ?

Pour sa défense, René Meyer prétend qu'il ignorait l'existence de ces disparitions, la DDASS et l'APAJH n'ayant procédé à aucun signalement (ce qui souligne une fois de plus leur part de responsabilité). C'est faux : ces disparitions étaient clairement signalées dans les procès-verbaux de l'affaire Sylviane Durand – dossier dans lequel il sollicite lui-même une ordonnance de non-lieu au bénéfice d'Émile Louis. Il connaissait donc immanquablement les éléments de la procédure. Il lui suffisait dès lors d'ordonner une enquête au sein des institutions. D'autres disparitions auraient ainsi été mises en évidence, celle de Christine Marlot par exemple.

On peut légitimement se demander pourquoi René Meyer requiert un non-lieu dans l'affaire Sylviane Durand car, si une disparition n'est pas une infraction – autre argument justifiant, selon lui, le classement –, le meurtre en est bien une. En outre, à la même époque, l'affaire des tortionnaires d'Appoigny vient d'être révélée. À la lueur de ces nouveaux faits, le parquet n'aurait-il pas dû faire preuve de vigilance ?

En 1993, les dossiers enterrés resurgissent grâce à l'ADHY. Pierre Monnoir alerte le substitut du procureur, Bertrand Daillie, sur une affaire de sévices endurés par un jeune handicapé confié aux soins de l'APAJH de l'Yonne, et sur celle de quatre disparitions. Les informations succinctes[1] dont dispose Pierre Monnoir figurent dans un courrier qu'il adresse à ce magistrat : y apparaissent les noms de Chantal Gras, Christine Marlot, Madeleine Dejust et Bernadette Lemoine, qu'il connaît grâce à ses experts, en particulier à Roger Delautre.

Pierre Monnoir y fait également mention d'une enquête menée par la gendarmerie, sans préciser le nom de l'enquêteur ni la date de l'enquête, qu'il ignore.

Bernard Daillie entreprend des recherches mais ne trouve pas le dossier, et personne au tribunal ne lui parle du procès-verbal établi par Christian Jambert. Il interroge les services de l'Aide sociale à l'enfance de l'Yonne, sans résultat.

Le rapport établi par l'Inspection générale des services judiciaires précise à ce sujet, de manière tout à fait intéressante :

Une piste de recherches connue et exploitable n'a pas été utilisée [...] il était loisible au parquet de confier à la gendarmerie le soin de rechercher les précédents pouvant avoir un lien avec la disparition des quatre personnes dont il détenait l'identité complète ; la chance de retrouver alors, en consultant les fichiers voire en sollicitant la mémoire vivante, l'enquête établie par le gendarme apparaît sérieuse...

1. À l'époque, aucune famille ne s'est encore manifestée et n'a pu lui fournir d'éléments complémentaires.

Consulté après l'émission diffusée sur M6 le 21 janvier 2001, un ancien collègue de Jambert se souvient très bien de cette enquête : il aurait certainement pu être sollicité avec succès dès 1993, c'est-à-dire à une date où les crimes d'Émile Louis ne risquaient pas d'être prescrits.

Le rapport souligne également à juste titre que, lors de leurs mutations, les magistrats du parquet auraient dû transmettre des consignes à leurs successeurs : c'est ce qu'aurait dû faire Daniel Stilinovic. Les inspecteurs notent que les mêmes magistrats ont su procéder ainsi pour d'autres affaires.

À partir de 1995, les choses empirent.

L'APAJH de l'Yonne s'interroge ! C'est la seule fois. Son président, Philippe Vareilles, contacte le procureur de l'époque, Jacques Cazals. Il réagit aux déclarations de Pierre Monnoir sur RTL (la première action médiatique entreprise par ce dernier).

Philippe Vareilles transmet aux services du procureur approximativement la même liste que celle remise par Pierre Monnoir à Bertrand Daillie en 1993. Le courrier que lui adresse le procureur en retour est sans appel :

En réponse à votre courrier du 18 mai 1995, j'ai l'honneur de vous faire connaître que j'ai reçu les actes de naissance des cinq jeunes filles qui auraient été portées disparues après avoir transité par un établissement dépendant de votre association. À la lecture de ces documents, aucun élément susceptible de laisser penser à des indices d'infraction pénale n'apparaît [Depuis quand la consultation d'un acte de naissance suffit-elle à constater l'existence d'une infraction criminelle ?] *Dès lors, compte tenu également de l'ancienneté des faits prétendus, je ne dispose pas de la faculté d'ordonner une enquête pénale. En ce qui concerne la divulgation qui en a été faite par le vice-président de l'association* [l'ADHY], *il vous appartient d'apprécier les suites que vous voudrez donner* [Autrement dit, Pierre Monnoir peut être poursuivi pour avoir osé parler].

Le parquet persévère dans l'erreur, ou dans la faute...

En juin 1996, lorsque l'avocat des parties civiles contacte le parquet afin d'avoir accès au dossier d'instruction, il se voit répondre par courrier qu'aucun dossier n'existe mais qu'il a été classé en 1984, après une enquête de gendarmerie.

À cette date, le procureur connaît donc incontestablement la teneur du dossier, il l'a à sa disposition. Comment a-t-il réapparu ? La vérité sur ce point n'a pas encore pu être établie. Les inspecteurs désignés par la ministre de la Justice écrivent : « Le parquet n'a pris aucune initiative pour exploiter l'ensemble des éléments dont il disposait désormais. »

Ce qui pose problème. Comment un procureur peut-il s'opposer aux demandes des familles, alors qu'il a pris connaissance des résultats de l'enquête menée par Christian Jambert ? Il lui faut cinq mois pour déclarer que les plaintes sont trop sommaires et dénuées d'indices d'infraction pénale et pour demander au juge d'instruction d'entendre les parties civiles afin d'obtenir d'elles des précisions. Le pire c'est qu'elles l'apprennent par la presse. Les familles, convoquées rapidement par le juge, subissent une vraie pression. Elles sont dans l'incapacité de répondre aux attentes de la justice, ne disposant pas d'autres éléments à lui fournir. Le seul indice d'infraction dont elles disposent ? Le fait que sept jeunes filles qui avaient sensiblement le même profil ont disparu en des temps et des lieux similaires, et n'ont pas réapparu depuis vingt ans, malgré le battage médiatique qui a été fait. Cela devrait suffire ! Sept coïncidences improbables ? Les familles n'ont rien et se battent. À l'opposé, Jacques Cazals a connaissance de la procédure de Christian Jambert et ne fait rien[1].

Après l'arrestation d'Émile Louis, le procureur justifie

1. Et pour preuve, lorsque les gendarmes sollicitent auprès de lui la recherche des scellés du dossier Jambert, notamment la carte postale envoyée par Jacqueline Weis, il la trouve en quelques jours. Pourquoi le tout n'a-t-il pas été versé au dossier immédiatement ?

son attitude en disant qu'« il n'était pas sérieux de solliciter la justice vingt ans après les faits ». *Le Parisien* titre pourtant : « Les terribles ratages d'un procureur ». Ce qui n'est pas sérieux, c'est de dire que ce n'est pas sérieux !

Une fois les parties civiles entendues, Jacques Cazals s'oppose à l'ouverture de l'information et prend des réquisitions tendant à ce qu'il ne soit pas informé, au motif que les plaignants ne fournissent aucun élément laissant croire que les jeunes filles disparues ont été victimes d'une infraction pénale depuis un temps non prescrit (il met de côté la plainte déposée visant l'infraction de séquestration, laquelle ne peut être prescrite). En principe, de simples allégations suffisent à provoquer l'ouverture d'une information mais, malgré les indices privilégiés qu'il détient – et qui ont été dissimulés pendant des années aux parties civiles –, ce magistrat souhaite un élément supplémentaire pour instruire. L'avocat général de la chambre d'accusation de Paris soutient cependant l'action des parties civiles, en désavouant les réquisitions de Jacques Cazals et en ordonnant l'ouverture d'une instruction. La justice a perdu encore deux ans. Autant de gagné pour un criminel dangereux.

Ce qui est également très gênant, c'est que Jacques Cazals prend publiquement position contre les familles. Lorsqu'il se confie à *L'Yonne républicaine* le 23 mars 1997, il refuse d'établir un rapprochement entre les diverses disparitions : « Des rumeurs sans fondement circulent sur les prétendues raisons de leurs disparitions. » Dans le même journal, le 12 septembre 1997, il persiste et signe : « Le travail que vont effectuer les magistrats s'apparente davantage à une reconstitution historique qu'à une véritable œuvre judiciaire. Est-ce la vocation de la justice ? » Quelle vocation a donc ce procureur avec de telles affirmations ? S'efforce-t-il de donner raison à Goethe écrivant : « Mieux vaut une injustice qu'un désordre » ?

Anecdote significative : le procureur qui remplace Jacques Cazals à partir de 1999 n'apprend l'existence du procès-verbal qu'après l'arrestation d'Émile Louis, lorsque son prédécesseur lui indique enfin, par téléphone, où il se trouve : dans un petit meuble, dans un dossier intitulé APAJH. Le dossier aurait-il encore pu tomber dans l'oubli ?

En conclusion, le rapport de l'Inspection générale des services judiciaires précise que les manquements des procureurs peuvent entraîner des mesures disciplinaires et que la responsabilité de l'État, du fait du fonctionnement défectueux de ce service public, est susceptible d'être engagée (voir plus loin). Pour éviter tout dysfonctionnement à l'avenir, le rapport indique qu'il faut définir une méthode rigoureuse dans l'enregistrement des dossiers et dans la recherche des précédents. Il faut également favoriser les échanges entre les acteurs d'une procédure et, enfin, définir une procédure d'enquête judiciaire spécifique en cas de disparition. La conclusion du rapport est sans appel et se suffit à elle-même : « L'inefficacité de la justice dans l'appréhension et la conduite de cette affaire est donc patente, elle s'explique par une série de négligences pouvant s'analyser en une déficience institutionnelle. » À l'heure actuelle, il n'est pourtant pas encore certain que le procureur en place soit disposé à changer la politique du parquet : elle a longtemps refusé de recevoir les parties civiles ou leur représentant, malgré des demandes expresses. En outre, le juge d'instruction en charge du dossier a demandé sa mutation.

L'avenir dira ce qu'il en est.

QUID DE LA PRESCRIPTION ?

La ministre de la Justice, en annonçant qu'elle a ordonné l'enquête judiciaire dont il vient d'être question, déclare qu'elle « reste infiniment convaincue que les magistrats, enquêteurs, policiers, gendarmes seront d'accord avec nous pour que nous fassions cette enquête, pour que plus jamais dix ans après, quinze ans après des faits de cette atrocité, on puisse se retrouver obligé de parler de prescription ».

Grâce à ce fait divers et à l'écho qu'il a trouvé auprès

des médias, nombreux sont ceux qui apprennent l'existence de la prescription, une règle qui date de Napoléon et qui interdit de poursuivre un homme après un certain délai d'inaction, quand bien même son crime serait épouvantable. À cause de cette règle, le principe selon lequel « nul n'est censé ignorer la loi » sonne terriblement faux au moment où la justice se trouve dans une situation inédite, inconfortable et préoccupante : celle de devoir libérer un tueur en série.

Le mardi 19 décembre 2000, à l'Assemblée nationale, Alain Touret, député du Calvados, interroge la ministre de la Justice sur le « scandale judiciaire » que constitue la possible libération du meurtrier présumé Émile Louis en raison de la prescription.

Il souligne qu'en matière de stupéfiants la prescription est de trente ans et ajoute : « Est-il plus grave de consommer des stupéfiants que d'assassiner sept jeunes filles ? Est-il moins grave de se voir reprocher l'assassinat de jeunes filles qu'un délit d'abus sociaux ? Il faut remettre à plat tout notre système de prescription... »

La ministre répond qu'elle partage la douleur des familles et leur révolte à l'idée que ce crime puisse rester impuni. Elle a envisagé une réflexion de fond sur la prescription, qui doit cependant être menée dans un climat moins passionnel. Le débat est donc ouvert. Mais, dans l'affaire d'Auxerre, les crimes reprochés peuvent-ils vraiment demeurer impunis ?

Pour bénéficier de la prescription malgré sept meurtres avoués, Émile Louis compte sur le fait qu'aucun acte susceptible d'interrompre le cours de la prescription n'a été effectué entre juin 1984 et juin 1994. Or, l'avenir pourrait révéler le contraire.

Par ailleurs, ne faut-il pas attendre que tous les corps aient été retrouvés pour appliquer la prescription ? Ne faut-il pas d'abord être absolument certain que toutes ces jeunes filles sont mortes et que tous les meurtres sont attribuables à Émile Louis ?

Il faut, incontestablement, attendre la fin de l'enquête.

Se retrancher derrière le texte de la prescription, à ce stade de l'instruction, serait une échappatoire trop facile.

Avant d'appliquer ce texte, il convient de bien distinguer deux actes judiciaires : celui qui consiste à rendre la justice, et celui qui consiste à protéger la société d'un homme capable de crises incontrôlées de violence. Ce qui n'est pas forcément la même chose. Avant de libérer Émile Louis, il faudrait donc au moins vérifier préalablement qu'il ne relève pas d'un internement psychiatrique.

En marge de ce débat, les familles, elles, vivent l'horreur. Elles apprennent que le suspect vient d'avouer le meurtre des sept jeunes femmes puis que, compte tenu de l'ancienneté des faits et de la passivité de la justice, il est libérable. Elles ne peuvent pas comprendre. On leur promet ensuite de trouver des affaires non prescrites, plus récentes, afin d'éviter une mise en liberté : un ersatz de justice, en somme.

Pour Émile Louis, en revanche, la prescription n'est pas une découverte. Il n'a pas attendu les gendarmes pour connaître cette précieuse disposition. Il n'a cessé d'en parler aux médias depuis 1997 : « Au bout de dix ans, il y a prescription. »

Il bénéficie en outre de conseils éclairés, *via* la presse. Dans un article de *L'Yonne républicaine*, paru le 12 septembre 1997, dont Émile Louis a forcément eu connaissance puisqu'il y témoigne, Jacques Cazals, procureur de la République, explique : « Si le meurtrier de ces femmes, si meurtrier il y a, se présente devant moi et déclare qu'il les a tuées par exemple en 1982, je n'aurai aucun moyen pour le poursuivre. »

Émile Louis s'attendait depuis longtemps à être interrogé. Il s'y est préparé de longue date. Il pourrait tout nier. Ce n'est pas ce qu'il fait : il avoue les sept meurtres, par défi, par vantardise vis-à-vis de la justice, des gendarmes, des autres criminels, des victimes, il est convaincu que personne ne peut rien contre lui, que son impunité perdurera. Il revient d'ailleurs sur ses aveux au moment où il comprend qu'ils ne lui permettront pas de retrouver la liberté. Mais des corps ont été découverts.

Marylise Lebranchu, à la tribune de l'Assemblée nationale, précise encore qu'« il n'est pas normal que l'enquête sur les jeunes filles disparues se soit arrêtée alors même qu'un certain nombre de faits auraient pu être découverts ». En effet, la justice a eu, de multiples fois, la possibilité d'agir et d'éviter l'acquisition de la prescription. Elle ne l'a pas fait. Pourquoi les familles des disparues se verraient-elles refuser la justice alors même que les procédures d'usage n'ont pas été respectées par les institutions ?

Dans *L'Yonne républicaine*, Ludovic Berger écrit : « Est-ce cela que les enfants doivent apprendre [...], qu'un crime peut être effacé d'un coup d'éponge ? Quelle valeur donne-t-on à la vie, quelle valeur donne-t-on aux enfants ? Doit-on leur faire croire que la douleur des proches d'une victime disparaît tout aussi miraculeusement que la culpabilité du criminel ? [...] au nom de cette humanité il était juste d'abolir la peine de mort, en ce même nom il serait juste d'abolir la prescription pour crime[1]. »

Aujourd'hui, si la règle de la prescription n'est pas remise en cause, elle tient compte de la difficulté à découvrir certains faits. C'est le cas en matière d'abus de biens sociaux où la loi fixe le point de départ de la prescription à la date où la découverte de l'infraction est rendue possible, et non au jour où elle est commise, ce qui appelle le commentaire suivant du *Canard enchaîné*, le 20 décembre 2000 :

Sont-ils sots, en revanche, les hommes politiques qui n'ont assassiné aucune jeune fille ! Quels ânes, ces industriels qui n'ont violé personne et ont commis l'irréparable : financer des partis sur les fonds de leurs entreprises ! Dans dix ans, vingt ans, jusqu'à la fin des temps, ces abus de biens sociaux pourront être poursuivis et sanctionnés. Ainsi en décide la justice. Pour un abus de biens sociaux, le délai de prescription part du jour où quelqu'un a pu en avoir connaissance. Pour un assassinat, il part du jour où il a été commis. Allez comprendre...

---

1. *L'Yonne républicaine*, 28 décembre 2000.

D'autant qu'aujourd'hui les méthodes de police scientifiques évoluent tellement vite que des preuves peuvent être mises en évidence des années après les faits [1].

En mars 2001, les familles de la partie civile ont donc décidé de déposer auprès de la ministre de la Justice une pétition de plus de huit mille signatures, dans le but de demander une modification de la loi sur ce point.

En conclusion, il n'est pas inutile de souligner ce qu'Émile Louis n'a jamais cessé de rappeler et que lui aurait dit un magistrat d'Auxerre : « Pas de cadavre, pas de crime. » C'est exactement la logique appliquée par les magistrats dans cette affaire. Il existe pourtant des précédents, des condamnations sans que les corps des victimes aient été retrouvés.

Émile Louis a su mettre à profit un contexte local particulièrement favorable. Parfaitement adapté à son milieu, il connaît le fonctionnement de la DDASS, à cause de son enfance mais aussi grâce à sa femme et à sa maîtresse, il connaît le fonctionnement des instituts et de leurs dirigeants, il connaît les jeunes qu'il transporte, il connaît également, depuis son adolescence, le fonctionnement de la justice d'une petite ville de province, il transporte les élèves gendarmes. Et puis, il s'en est tiré tant de fois : « J'avais été inquiété... Je n'ai pas été poursuivi... Il n'y a jamais rien eu contre moi, que la rumeur publique... »

QUATRE ENQUÊTES ADMINISTRATIVES SIMULTANÉES [2]

Le 12 décembre 2000, Émile Louis passe aux aveux. Dès lors, le choc médiatique se répercute jusqu'au sein des administrations et quatre enquêtes administratives sont ordonnées.

1. Ce qui est anormal, c'est qu'en matière civile, la prescription est parfois de trente ans.

2. L'existence même de ces enquêtes démontre que d'autres personnes se posent les mêmes questions que les auteurs, au point de mener une enquête officielle.

L'affaire des disparues de l'Yonne, au début de l'année 2001, c'est donc : une enquête sur les services de l'APAJH, réalisée par l'IGASS sur demande du ministre des Affaires sociales, une enquête sur les services judiciaires et les dysfonctionnements du tribunal de grande instance d'Auxerre, réalisée par l'Inspection générale des services judiciaires, une enquête interne à la gendarmerie nationale sur ses dysfonctionnements dans cette affaire, et une enquête financière sur l'APAJH de l'Yonne.

Qu'est-ce qui conduit les ministères à réagir de cette façon, particulièrement rapide et adaptée ?

Les médias, informés des dysfonctionnements locaux, se scandalisent de l'attitude adoptée par la justice, notamment par les divers procureurs qui se sont succédé, mais également du silence imposé par les responsables des institutions médico-éducatives concernées. Cinq jours après l'arrestation d'Émile Louis, Ségolène Royal se déplace à la préfecture d'Auxerre et fait part à Pierre Monnoir de son souhait de briser la loi du silence qui règne au plan local pour déterminer les responsabilités de chacun. Des enquêteurs sont désignés dès le lendemain.

Comme nous l'avons vu, le 19 décembre 2000, la garde des Sceaux déclare à l'Assemblée nationale qu'une inspection des services judiciaires est ordonnée afin de comprendre comment la prescription a pu être atteinte sans que les magistrats aient réagi pour interrompre son cours. L'enquête doit également rechercher l'existence d'éventuels actes interruptifs de prescription.

Ces deux premières enquêtes ont déjà donné des résultats concrets. La gendarmerie recherche également ses propres dysfonctionnements, notamment ceux qui concernent l'action de l'adjudant-chef Christian Jambert. En avril 2001, les résultats de son enquête ne sont toujours pas connus, pas plus que ceux relatifs à l'enquête financière sur l'APAJH de l'Yonne.

Sur ce dernier point, malgré les assurances réitérées du président, la gestion est mise en cause et le conseil d'administration auxerrois renvoyé sur le banc de touche. L'Inspection générale des services judiciaires prend en main les huit établissements, de février jusqu'à septembre 2001. Dans le même temps, elle doit établir un rapport définitif sur le passé et le présent de cette association. Des mesures à caractère national sont décidées : « Aujourd'hui, il y a des procédures claires qui existent dans l'Éducation nationale, je suis en train de les étendre dans les institutions qui accueillent des enfants, puisque les enfants placés à l'Aide sociale à l'enfance, qui ont été retirés à leurs parents, sont encore des proies beaucoup plus faciles. Je veux donc que l'on soit extrêmement vigilant sur cette question-là. Il faut que tous les adultes sachent regarder et sachent percevoir un message de désarroi et de grande souffrance [1]. »

À propos de l'enquête sur les services judiciaires, la ministre indique : « Les faits sont scandaleux [...], d'autant plus que des enfants et des personnes fragiles ont souffert dans l'indifférence et n'ont même pas eu droit à la justice [...]. Le monde de la justice se sent touché et responsable. Il est clair que le dysfonctionnement institutionnel constaté est susceptible d'engager la responsabilité de l'État. » Ce qui signifie que les familles de victimes pourront demander des indemnités.

Malgré la réception d'éléments à charge dès 1981, le parquet d'Auxerre n'a pas inquiété Émile Louis, souligne le rapport.

La ministre saisit le Conseil supérieur de la magistrature pour l'examen d'éventuelles sanctions disciplinaires contre au moins quatre magistrats : René Meyer, procureur d'Auxerre en 1984, son substitut d'alors, Daniel Stilinovic, un substitut de 1993, Bertrand Daillie, et le procureur de 1996, Jacques Cazals. Plus important, elle fait une proposition de loi pour la création d'une procédure de recherche des causes de disparition destinée à intervenir sans qu'aucune prescription puisse être appliquée. Elle faciliterait la recherche de la vérité en matière de disparition quel que soit le délai écoulé. Le ministère de la Justice envisage également de procéder à une refonte du système d'enre-

1. Ségolène Royal sur France 2, *Les Quatre Vérités – Télématin*, 2 mars 2001.

gistrement des dossiers en matière pénale, c'est-à-dire de la manière dont on garde trace d'un dossier et des décisions qui s'y rapportent. En dernier lieu, comme cette affaire pose la question de la remise en liberté d'un tueur en série en raison de la prescription de ses crimes, le ministère de la Justice entend instaurer un débat sur la modification de cette réglementation.

LES MÉDIAS

Nous sommes habitués à supporter l'insupportable que nous proposent souvent les médias.

Tout a commencé par des photos, celles que réclame la télévision. Les photos des disparues. Celles qui figurent sur les dossiers enfouis dans les archives de l'IME d'Auxerre.

Le microcosme totalitaire est broyé par la roue démocratique, notamment grâce à l'éclairage médiatique. Les gardiens du silence sont en déroute.

Les médias s'intéressent à ces jeunes filles qui ne sont plus invisibles. Elles cessent d'être seulement des noms écrits sur des dossiers, des noms rayés par une main qui ne se veut ni responsable ni coupable.

LES MÉDIAS OU LA STRATÉGIE DE L'INFORMATION

La victime est souvent un otage des médias, utilisée malgré elle pour attirer l'attention du public. Dans l'affaire présente, les victimes ont au contraire choisi et souhaité le débat médiatique, en réponse aux violences exercées sur elles, et afin qu'il ne reste pas des sept jeunes filles disparues « que de sombres clichés, des portraits au format des photos d'identité, le souvenir de sept vies, allers et retours de foyers en familles d'accueil, dans une région où les nourrices de l'Yonne recueillent, depuis plus d'un siècle, les enfants abandonnés des régions plus riches[1]... »

L'appel aux médias a été un appel au peuple au nom de qui la justice est rendue. Il était bien sûr nécessaire quand les juges renâclaient à faire leur travail, frôlant le déni de justice et même le déni de leur mission. Dans son « J'accuse », Émile Zola montrait déjà la voie.

Il faut parfois, malheureusement, forcer la main à la justice, user d'une certaine forme de violence vis-à-vis d'elle lorsqu'elle n'agit pas.

Or, pendant presque vingt-cinq ans, elle a laissé libre(s) de continuer à agir celui ou ceux qui ont assassiné des jeunes filles[2].

Étant donné le nombre d'affaires sordides qui, localement, concernent des déficients, des orphelins, des mineurs depuis les années 70, les stratégies d'information, qui font connaître l'indicible et dénoncent les dysfonctionnements des institutions, ont seules permis d'avancer.

Toutes les études sur l'utilisation des médias démontrent d'ailleurs qu'il s'agit bien d'un pouvoir puissant : alors avoir recours à eux crée une sorte de pré-audience, qui se tiendrait sur la place publique.

Dans notre affaire, tout commence par une intervention du vice-président de l'ADHY sur les ondes de RTL dans l'émission *Les auditeurs ont la parole*, où il précise que, malgré un rapport extrêmement dur des services de l'IGASS en 1993 et malgré l'existence, constatée judiciairement, d'affaires de mœurs impliquant certains responsables locaux d'institutions pour handicapés et d'établissements scolaires, les autorités judiciaires ne souhaitent toujours pas entendre la parole des victimes.

L'affaire des disparitions, rappelée à cette occasion, a pris, lentement mais sûrement, une importance considérable en s'inscrivant dans la mémoire des personnes.

---

1. Christophe Deloire, *Le Point*, novembre 1999.

2. Le doute n'est plus permis aujourd'hui : deux d'entre elles, au moins, ont été assassinées.

COMME UNE SORTE DE PRÉAUDIENCE MÉDIATIQUE

Une partie de la presse rend compte régulièrement des réquisitions prises par le procureur ou des ordonnances du juge d'instruction, avant même qu'elles ne soient notifiées aux parties civiles ou à leur conseil. Elles sont cependant fort souvent défavorables aux parties civiles qui, de fait, sont accusées aux yeux de tous d'avoir eu recours trop tardivement à la justice. Dans ce cas, l'action des médias prolonge celle des magistrats.

Si les magistrats peuvent remettre à la presse des communiqués en vue de leur diffusion dans le but de faire avancer les recherches (signalements, photographies, appels à témoins, etc.) selon les articles 38, 39 bis et ter de la loi du 29 juillet 1881, les conférences de presse tenues par un juge d'instruction ou un procureur, particulièrement dans des affaires criminelles qui passionnent l'opinion publique, doivent être prohibées. (À cet égard, il est troublant de constater que certains articles portent même le titre suivant : « Confidences d'un magistrat d'Auxerre » [1]*).*

C'est par la presse que les parties civiles ont appris, de manière extrêmement brutale et violente :

– que le procureur de la République avait rendu des réquisitions de non informé,

– que l'état d'avancement de l'enquête était tel ou tel ; elles ont notamment appris par ce biais l'existence de la piste de la prostitution,

– plus grave encore, que le procureur avait soutenu dans les médias que la prescription était acquise. Position qui peut être discutée, puisqu'il n'est pas encore certain qu'elle soit acquise.

Ainsi le procureur agit-il dans cette affaire comme si les parties civiles étaient en réalité les coupables – coupables

1. *Le Sénonais libéré*, 12 septembre 1997.

pour n'avoir pas été en mesure d'agir dans les délais –, soutenant ses quasi-réquisitions sur la place publique, mais assurant dans le même temps les vrais coupables de leur impunité. De même, Émile Louis a pu largement s'exprimer, et de manière contradictoire, dans les médias. D'ailleurs, sauf erreur, il n'a jamais refusé de le faire. Chaque partie a donc été en mesure de s'exprimer sur la place publique.

UN SYSTÈME TOTALITAIRE RÊVE DE SILENCE

Dans la mesure où les magistrats n'hésitent pas à communiquer des éléments d'information relevant du secret de l'instruction, les médias ou les parties civiles elles-mêmes sont-ils admis à les relayer ? Le principe de la liberté d'expression, comme celui du secret des sources d'information, se heurtent au risque d'une accusation de recel de violation du secret de l'instruction ou du secret professionnel.

La liberté d'expression est un principe qui découle au moins de deux normes supérieures. Tout d'abord de la Constitution, en particulier de l'article 11 de la Déclaration des droits de l'homme et du paragraphe 1 de l'article 10 de la Convention européenne des droits de l'homme. Ensuite, de la jurisprudence de la Cour européenne des droits de l'homme, qui a toujours accordé la plus grande protection à la liberté de la presse, précisant que la liberté d'expression constitue l'un des fondements essentiels d'une société démocratique[1].

Cependant, un journaliste peut être poursuivi pour recel de violation du secret de l'instruction, ce qui risque de l'empêcher de jouer son rôle de chien de garde public, rôle infiniment précieux pour les parties civiles, puisqu'il les aide à combattre les réticences de la justice. Dans l'affaire

1. 23 septembre 1994 JERSILD / Danemark publié aux chroniques de jurisprudence JCP édition générale, 18 novembre 1998, p. 2014.

des disparues d'Auxerre, l'action des médias a été plus que déterminante, grâce aux rapprochements opérés avec l'affaire Dutroux (lorsque les parties civiles belges rencontrent, sur le plateau de l'émission *Perdu de vue* de TF1, les parties civiles des disparues), grâce aussi au fait qu'ils n'ont cessé de souligner l'urgence qu'il y avait à instruire (notamment lors du décès de témoins essentiels à l'instruction).

Mais lorsque la parole surgit, elle bouleverse les êtres comme les systèmes.

Chacun fait le procès des médias, mais les médias, en démocratie, permettent aux plus faibles de prendre la parole et de rompre le silence imposé par les notables. Dans cette affaire, les médias ont rendu publiquement justice aux victimes avant que la justice ne le fasse elle-même.

Pierre Monnoir rappelle régulièrement ce rôle fondamental des journalistes. Il le fait notamment dans *Ouest France*, le 8 février 2001, désignant les médias comme les « garants du fonctionnement de la démocratie ».

Pierre Monnoir n'est pas un spécialiste de la presse ; il parvient néanmoins à communiquer parfaitement ses idées et ses sentiments à l'ensemble des radios, des journaux et des télévisions. Est-ce parce qu'il est toujours authentique ? Sa pensée n'est ni déformée, ni corrompue.

Pierre Charrier, quant à lui, ne donne que de rares interviews. Il les accorde de préférence à Hubert Besson, journaliste à *L'Yonne républicaine*, dont il connaît le père.

Il affirme n'être impliqué en rien dans l'affaire Émile Louis, n'avoir entretenu aucun lien amical avec le chauffeur de car. Il dit de lui : « Je suis tombé des nues lorsque j'ai appris qu'il avait commis des meurtres. C'est un odieux personnage qui a trompé son monde, un homme à la personnalité double[1]. »

Il ajoute : « Je partage la douleur des familles des victimes. Moi, ce qui m'a animé, c'est de créer une œuvre de vie et non l'inverse... »

1. *L'Yonne républicaine*, 13 janvier 2001.

Le procureur général voit Pierre Charrier animé d'une autre motivation lorsque, le 30 mars 1992, il requiert :

La mise en accusation de Charrier et son renvoi devant la cour d'assises de l'Yonne, pour avoir, à Auxerre, de septembre 1988 à septembre 1989, par violence, contrainte ou surprise, commis des actes de pénétration sexuelle constitutifs de viols en la personne de Nathalie P., avec cette circonstance que celle-ci était particulièrement vulnérable en raison d'une déficience mentale, et avec cette autre circonstance qu'en sa qualité de secrétaire général de l'APAJH qui gérait un foyer de handicapés mentaux dont Nathalie P. était pensionnaire, il avait autorité sur elle, crimes prévus et punis par l'article 332 [...].

Quelle est la véritable nature de tous ceux qui entourent les disparitions ? Les médias nous aident-ils à voir l'envers du décor ? Grâce à eux, voyons-nous en Émile Louis un meurtrier ? Un suspect ? Un innocent ?

L'envers du décor est parfois visible et dit l'essentiel. Ainsi en va-t-il pour le président de l'APAJH, ami intime des Charrier, Georges Decuyper, qui se dévoile lorsqu'il s'adresse à la presse.

En 1996, il répond à Stéphane Munka : « Si on me dit que des gens ont disparu, je réponds : pourquoi pas ? Après tout, qu'est-ce que ça peut bien me faire si des gens ont décidé de vivre leur vie ? La seule chose qui m'intéresse c'est de conserver le secret. »

Le 6 décembre 1999, il écrit à la revue *Déclic – Famille et handicap* qui a consacré quelques lignes aux jeunes handicapées disparues à Auxerre : « Ma critique va se faire plus brutale à propos de l'encart que vous avez cru devoir consacrer aux disparues d'Auxerre. Quel intérêt y avez-vous trouvé ? Était-il si difficile pour Mme D. [rédactrice de l'article] de détecter à qui elle avait affaire quant à son informateur [Georges Decuyper fait allusion ici à Pierre Monnoir] ? N'aurait-il pas été indispensable de vérifier ses informations auprès des associations mises en cause ? L'expression reprise, "mettre fin à la morale de clan", est proche de la diffamation. Était-il nécessaire de jeter l'opprobre sur une ville, voire sur certaines associations, en accordant tant d'importance à une "affaire" dont la justice s'occupe, affaire qui n'a plus sa place que dans certaines publications de bas étage [...]. En tout cas, la place démesurée faite aux déclarations de ce personnage aurait pu être utilement utilisée, je crois que Mme D. s'est trompée de publication. Ceci ne me donne pas l'envie de m'abonner à *Déclic.* »

Georges Decuyper ne renonce pas à une attitude de dénégation aussi constante que violente. Pour quelles raisons ?

Lors de l'interview réalisée par Gadh Charbit du *Vrai Journal* et diffusée sur Canal + le 28 janvier 2001, Georges Decuyper est aux côtés de Nicole Charrier, comme à son habitude. Son avocat est également présent. L'accord passé avec la chaîne précise que Nicole Charrier et Georges Decuyper acceptent l'interview de Gadh Charbit sous réserve qu'ils pourront visionner le reportage avant sa diffusion, toujours en présence de leur avocat.

Lors de l'interview réalisée pour France Culture, intitulée « Les silences de l'Yonne » et diffusée le même jour, la question suivante est posée à Nicole Charrier : « Sur de nombreux dossiers de ces jeunes filles, il a été dit qu'elles avaient fugué. Qui, à l'époque, a classé ces dossiers comme fugues ? » On entend ensuite un silence. Un grand silence. La responsable de l'émission explique que Georges Decuyper, présent, vient de faire signe à Nicole Charrier de ne pas répondre. Celle-ci ne répond donc pas.

Silence. Ne pas laisser de trace. C'est le B.A.-BA. Qu'aurait titré la presse si elle avait su que, le mercredi 14 mars 2001, à quatorze heures trente, Georges Decuyper gare sa Mercedes noire devant deux grands fûts métalliques, installés pour l'occasion au bout du parking du siège de l'association ? Il ouvre le coffre, remplit les bidons de documents divers et y met le feu. Un employé de l'IME d'Auxerre surprend la scène et prévient la DDASS. L'un des adjoints de Claude Lagarrigue, Paul Noraz, répond. Il est interloqué : « Ça, c'est pas bien, c'est pas bien... » Il prend sa voiture, se hâte jusqu'à l'autodafé et récupère ce qu'il peut au milieu des cendres. S'agit-il de documents anodins ? Alors pourquoi ne pas laisser faire le service d'entretien ? N'est-il pas pour le moins maladroit de brûler des documents alors qu'une inspection et une instruction judiciaire sont en cours ?

Dans cette affaire, les médias ont assumé leur mission, qui est de combattre le silence organisé par un système et par quelques individus. L'éthique n'est possible que lorsque est rétablie la possibilité de parole. Or, l'éthique est essentielle, fondamentale, dans une démarche éducative et médicale dédiée aux personnes handicapées. C'est leur santé et leur éducation qui doivent être au centre des préoccupations associatives. À défaut, on risque bel et bien de tremper dans le crime.

En définitive, le public juge. En mai 1998, un lecteur dijonnais écrit pour commenter le point de vue adopté par *L'Yonne républicaine* dans l'affaire des disparues. Il intitule son courrier : « Il y a des jours où je voudrais être belge ».

En week-end dans l'Yonne, je saute sur les quotidiens régionaux de la dernière quinzaine et, dans celui du vendredi 24 avril 1998, que vois-je dans l'édito du jour ? « Triste histoire belge » : pauvres Belges traumatisés par l'histoire Dutroux qui a mis en lumière l'incompétence de leur gendarmerie et de leur justice... Non, ce n'est pas un mauvais rêve ! Un Auxerrois, de surcroît rédacteur en chef de L'Yonne républicaine, *critique les institutions belges suite à l'évasion de Dutroux alors que, comme chacun sait, l'enquête a quand même permis l'arrestation de ce dernier et d'enrayer des réseaux pédophiles mais, le plus beau : le pays entier est mobilisé et se mobilise encore. Or, en France, qu'en est-il ? Et plus particulièrement à Auxerre, ville de quarante mille âmes où, entre 1975 et 1980, disparaissent quelque sept jeunes filles (peut-être davantage) dans l'indifférence totale ? Les enquêtes n'ont abouti à rien, les bourreaux courent toujours, sûrement des êtres exceptionnels pour jouir de tant de protection ?*

CONCLUSION

C'est une histoire dans la tradition des fables et des contes populaires. Tout commence avec une jeune fille, pauvre et orpheline. Cosette, par exemple. Ici, nous avons plusieurs Cosette. Des Cosette très naïves, fragiles, dépourvues de défenses. Nous avons également les Thénardier qui exploitent les Cosette. Thénardier abuse d'elles et en tue quelques-unes, il les enterre et se constitue un cimetière à lui, comme d'autres font des collections de papillons ou d'étoiles de mer. Et Jean Valjean ? Il est là. Il y en a même plusieurs. Mais ce sont des Jean Valjean spéciaux. Ils ne secourent pas les Cosette. Ils jouissent, au contraire, des malheurs des orphelines. Ils empêchent que les voisins, les proches, posent trop de questions à propos des Cosette et des Thénardier :

Les Thénardier sont des gens très bien, nous des notables, et les autres, elles sont parties on ne sait où et tant pis pour elles[1] *!*

Cosette, née dans la misère, est entourée de misérables : certains la violent, la tuent, d'autres la regardent mourir. C'est une histoire digne, aussi, du marquis de Sade. De Cosette à Justine, de Hugo à Sade, on retrouve la figure de ceux qui laissent les bourreaux accomplir leurs méfaits sans rien dire.

1. *Les Misérables*, Victor Hugo.

Dans *Les Misérables*, la Thénardier, en fureur, déclare à son mari :

Donner des poupées de quarante francs à une chienne que je donnerais, moi, pour quarante sous ! Encore un peu il lui dirait votre majesté comme à la duchesse de Berry ?

Les orphelines ne valent pas grand-chose. Dubourg le dit à Justine :

Assurément, c'est l'usage dans beaucoup de pays, c'était la coutume des Grecs ; c'est celle des Chinois : là, les enfants malheureux s'exposent ou se mettent à mort. À quoi bon laisser vivre des créatures qui, ne pouvant plus compter sur le secours de leurs parents ou parce qu'ils en sont privés ou parce qu'ils n'en sont pas reconnus, ne servent plus dès lors qu'à surcharger l'État d'une denrée dont il a déjà trop ? Les bâtards, les orphelins, les enfants mal conformés devraient être condamnés à mort dès leur naissance...

Plus près de nous, en 1920, treize ans avant la prise du pouvoir par Hitler, Binding, professeur de droit et de philosophie, et Hoche, professeur de médecine, ont publié un livre intitulé *La Permission de détruire les vies sans valeur*, dans lequel ils demandaient le pouvoir de mettre à mort les « idiots incurables », les « malformés sévères » et les « incurables [1] ».

L'affaire des disparues de l'Yonne est le résultat de la rencontre d'une personnalité, d'un environnement local (les gardiens du mensonge auxerrois) et d'une barbarie : la mise à mort du plus faible.

La veuve et l'orphelin sont, dans l'imaginaire collectif, protégés et secourus par de preux chevaliers. Ici, la veuve et l'orphelin sont torturés et étouffés par leurs cris : « Elle, je te garantis que je l'ai fait souffrir. »

---

1. Jean-Luc Lambert, *La Nouvelle Tentation eugénique*, éditions des Sentiers, 1997.

Conclusion

La barbarie est encore présente dans la civilisation moderne : les hommes ne sortent pas de la barbarie originelle, ils cheminent avec elle.

C'est d'ailleurs la part de l'humain que ces individus ont voulu détruire chez les jeunes femmes de l'Yonne.

Une personne handicapée mentale possède une qualité que n'ont pas les protagonistes de cette affaire : la transparence. Elles ne dissimulent pas ce qu'elles sont et ce qu'elles désirent. Or, dans un monde où existent des prédateurs, si vous montrez ce que vous êtes et si vous exposez vos fragilités, vous courez le risque d'être volé, violé, assassiné. C'est ce qui arrive ici.

Les prédateurs icaunais, connus et inconnus, suspects ou non, ne se ressemblent pas mais ils ont le même désir d'un pouvoir exercé sans contrôle par le fort sur le faible. La gravité de leurs actes et leur mépris pour l'humanité sont identiques. Ils ne sont ni associés ni opposés. Ils sont la même chose, qui s'exprime sous des formes différentes. Si réseau il y a dans cette affaire, il est pour le moins de l'ordre de la barbarie masquée et partagée.

Il y a la jouissance des barbares, celle de Dutroux – qui creuse sa cave, creuse des tombes, viole ses victimes –, et celle des clients de Dutroux, qui achètent des victimes, les siennes, les leurs. L'argent circule comme le sang.

Il y a la jouissance des barbares, de celui qui viole et tue des fillettes fragiles, et le silence de ses protecteurs, vivants, impavides, tandis qu'une pelle mécanique continue de chercher, aveugle.

Ce sont des histoires de jeunes filles mortes, de valets emprisonnés et de maîtres invisibles.

Voilà où s'enracine le réel d'aujourd'hui. Mais la condition humaine est telle que l'on construit également des projets sans victimes. Parmi ceux-ci, il y a la nécessité de penser et de créer enfin un accompagnement digne des jeunes citoyens icaunais, ceux que l'on dit handicapés, et qui sont tellement vivants...

Auxerre, le 8 avril 2001.

ANNEXES

Sur les fac-similés qui suivent,
certains noms ont volontairement été effacés
par les auteurs de ce livre
pour des raisons de respect de la vie privée.

Document 1

L'affaire des disparues d'Auxerre au jour le jour

23 janvier 1977	Disparition de Christine Marlot. Elle a 15 ans et demi. Elle est de la DDASS et fréquente l'IME d'Auxerre.
4 avril 1977	Disparition de Jacqueline Weis à la gare d'Auxerre où Émile Louis vient de la déposer. Elle a 18 ans. Elle est de la DDASS et a été placée en nourrice chez les Louis.
21 avril 1977	Disparition de Chantal Gras à Villefargeau. Émile Louis est aperçu non loin du lieu de la disparition. Elle vient d'avoir 18 ans. Elle est de la DDASS et fréquente l'IME d'Auxerre.
27 ou 28 juillet 1977	Disparition de Madeleine Dejust. Émile Louis devait la ramener à Villefargeau chez sa nourrice. Aucun des deux ne rentre ce soir-là. Elle vient d'avoir 22 ans. Elle est de la DDASS. Après avoir fréquenté l'IME d'Auxerre, elle est placée au CAT d'Auxerre (également géré par l'APAJH de l'Yonne).
Premier trimestre 1978	Disparition de Bernadette Lemoine, après qu'elle a rejoint sa sœur qui, elle aussi, fréquente Émile Louis. Ce dernier aurait été le dernier à la voir. Elle vient d'avoir 20 ans et laisse un fils. Elle est de la DDASS et fréquente l'IME d'Auxerre.
1977 ou 1978	Disparition de Françoise Lemoine. Elle est alors la maîtresse d'Émile Louis. Elle a 30 ans et laisse une fille. Elle est de la DDASS.

26 septembre 1979	Disparition de Martine Renault. Elle quitte, seule, le foyer où elle est placée. Émile Louis est sur les lieux, avec sa voiture personnelle. Elle a 16 ans. Elle est de la DDASS. Une enquête est ouverte, le gendarme Christian Jambert en est chargé.
4 décembre 1979	Classement de cette enquête par les services du procureur.
20 février 1981	Disparition de Sylviane Durand, épouse Lesage, alors qu'elle doit se rendre à Paris pour quelques jours en compagnie de son amant. Émile Louis, en congé, est aperçu sur les lieux du crime. Elle a 22 ans et laisse une fille. Elle est de la DDASS et a été placée en nourrice chez la concubine d'Émile Louis.
5 juillet 1981	Découverte d'un cadavre dans une cabane à Rouvray.
18 décembre 1981	Identification du cadavre : il s'agit de Sylviane Durand-Lesage.
28 décembre 1981	Émile Louis est arrêté par Christian Jambert. Il est inculpé d'homicide volontaire sur la personne de Sylviane. Lors de sa garde à vue, Émile Louis avoue divers agissements de nature sexuelle sur les filles confiées en nourrice à sa concubine.
14 décembre 1983	Émile Louis est condamné par la cour d'appel de Paris à quatre ans de prison ferme pour attentat à la pudeur sur les filles confiées à sa concubine.
20 janvier 1984	L'affaire d'Appoigny éclate. On retrouve deux jeunes femmes de la DDASS qui ont été séquestrées et suppliciées par des « clients » dans un pavillon du village d'Appoigny...

Février 1984	Émile Louis est libéré. Il quitte rapidement l'Yonne pour le Var.
4 mai 1984	L'affaire du meurtre de Sylviane Durand-Lesage fait l'objet d'un non-lieu.
26 juin 1984	Le dossier d'enquête, établi par Christian Jambert le 23 juin 1984 sur les disparitions, fait l'objet d'un classement sans suite.
Septembre 1989	Émile Louis est à nouveau arrêté pour attentat à la pudeur sur des enfants qui ont été confiés par la DDASS à sa concubine.
4 octobre 1989	Arrestation de Pierre Charrier, ex-directeur de l'IME d'Auxerre, accusé de viol.
23 novembre 1989	Condamnation d'Émile Louis dans le Var pour attentat à la pudeur sur des mineurs.
Octobre 1991	Condamnation du tortionnaire d'Appoigny, Claude Dunand.
1992	Condamnation de Pierre Charrier à six ans de prison pour attentat à la pudeur avec violences. Création de l'ADHY. Remise en liberté d'Émile Louis dans le Var.
22 mars 1995	Première intervention médiatique de Pierre Monnoir, président de l'ADHY, sur RTL.
25 mars 1996	Émission *Perdu de vue* : pour la première fois, les photos de jeunes filles disparues sont diffusées à la télévision.
29 avril 1996	Au cours de la seconde émission *Perdu de vue*, Pierre Monnoir lance un « appel à avocat » pour permettre aux familles des disparues de se constituer parties civiles.
3 juillet 1996	Dix plaintes sont déposées à Auxerre.

Août 1996	Le juge ordonne les consignations des sommes destinées à garantir le sérieux des demandes et à prévenir les éventuelles amendes si le dossier n'aboutissait pas. Un choix doit être effectué : le montant des consignations demandé est élevé et les parties civiles ont peu de moyens. Seules deux consignations sont réglées.
18 et 20 novembre 1996	Les familles sont entendues par le juge, sur demande du procureur. Il leur faut justifier leur plainte.
Février 1997	Ordonnance de refus d'informer : la justice refuse d'instruire sur cette affaire.
7 mai 1997	La chambre d'accusation de Paris ordonne aux juges d'instruire.
4 août 1997	Christian Jambert se suicide.
4 octobre 1997	Premières fouilles à Seignelay.
Mai 1999	La fille d'Émile Louis remet aux enquêteurs divers vêtements qu'elle a retrouvés dans le garage de leur ancien domicile.
Août 1999	Accident et décès de l'ex-concubine d'Émile Louis, Gilberte Lemenorel.
18 novembre 1999	Des fouilles ont lieu sur l'emplacement du cabanon où a été retrouvé le corps de Sylviane.
Février ou mars 2000	Décès de la première épouse d'Émile Louis. Sa fille dénonce tous les agissements supposés de son père aux enquêteurs, parmi lesquels le crime auquel elle aurait assisté étant enfant.
Avril 2000	Recrutement de l'enquêteur privé Jean-François Abgrall.
10 mai 2000	Fouilles à Vallan.

6 juillet 2000	Visionnage par les familles d'un fichier issu du CD-ROM pornographique contenant des centaines de photos d'enfants à la gendarmerie d'Auxerre.
5 octobre 2000	Prélèvements d'ADN sur les familles des disparues.
12 décembre 2000	Arrestation d'Émile Louis, à Draguignan, à 18 heures. Début de la garde à vue. À partir de 23 heures, il commence à avouer des meurtres.
13 décembre 2000	Émile Louis a avoué les sept meurtres.
14 décembre 2000	Émile Louis est transféré à Auxerre. Il indique les lieux où il a enterré les corps. À la fin de sa garde à vue, il est placé en détention provisoire et mis en examen pour l'enlèvement et la séquestration des sept jeunes filles disparues. Les fouilles commencent.
15 décembre 2000	La justice et la DDASS sont mises en cause.
16 décembre 2000	L'ADHY réunit les familles.
18 décembre 2000	Un premier squelette est mis au jour. Ségolène Royal rencontre le représentant des familles et demande une enquête sur les institutions locales.
19 décembre 2000	Marylise Lebranchu est interpellée à l'Assemblée nationale. Elle ordonne une inspection des services judiciaires.
21 décembre 2000	Une première plainte est déposée à Draguignan. Les faits ne sont pas prescrits.
4 janvier 2001	Un deuxième squelette est retrouvé, ainsi que de nombreux vêtements.

Janvier 2001	Face à l'attitude du comité de l'APAJH de l'Yonne, le président de la fédération des APAJH, Fernand Tournan, et son conseil d'administration, décident la radiation définitive dudit comité.
16 janvier 2001	Il se rétracte pour les meurtres.
14 février 2001	Émile Louis est mis en examen dans le Var pour viols et actes de barbarie.
22 février 2001	Par décision du ministre, est nommé pour une durée de six mois un administrateur, Claude Lagarrigue, issu de l'IGASS. Un arrêté du préfet de l'Yonne prononce la fermeture administrative des huit établissements placés jusque-là sous l'autorité de l'APAJH de l'Yonne.
1er mars 2001	Le rapport de l'Inspection générale des services judiciaires est rendu public. Il met en évidence les dysfonctionnements des services du parquet. Ce même jour, Émile Louis est entendu. Il met en cause l'ancien directeur de l'IME, Pierre Charrier. Il parle aussi d'un réseau de prostitution.
13 avril 2001	Les corps sont identifiés, il s'agit de ceux de Jacqueline Weis et de Madeleine Dejust.

Document 2
Émile Louis, chronologie

Dates	Événements certains
26 janvier 1934	Naissance à Auxerre.
Février 1934	Il est abandonné par sa mère et confié par la DDASS à la famille Cammier.
1948	Émile Louis met le feu à une grange, il fait l'objet de soins psychiatriques.
1950-51	Il s'engage dans la marine pour trois ans et part pour la guerre d'Indochine.
23 octobre 1954	Mariage à Rouvray avec Simone Delagneau.
1956	Naissance de Maryline.
1957	Naissance de Fabrice.
1959	Naissance de Manoëlle.
1961	Naissance de Fabien.
De 1960 à 1967	Il travaille pour la SNCF. D'abord à Avallon. Puis à Saint-Florentin.
1970	La famille s'installe au château de Villefargeau, les époux Louis en sont les gardiens.
1971	Émile Louis devient gardien de nuit aux Rapides de Bourgogne et passe son permis de chauffeur.
1976	Il entame une relation avec Mme Lemenorel.
1978	Il quitte définitivement son épouse pour vivre avec Mme Lemenorel.
12 novembre 79	Il divorce.
1980	Il devient chauffeur des transports urbains de la ville d'Auxerre pour le compte des Rapides de Bourgogne.
20 février 1981	Émile Louis est en congé, il part pêcher à Rouvray.

28 décembre 1981	Il est arrêté et inculpé pour le meurtre de Sylviane Durand-Lesage et pour viols sur mineurs.
14 décembre 1983	Il est condamné par la Cour d'appel de Paris à quatre ans fermes pour attentat à la pudeur sur mineurs.
De 1984 à 1989	Libéré en février 1984, il effectue divers emplois dans divers lieux du Var de camping en camping. Il s'occupe d'un aveugle, transporte des enfants, effectue des ramonages et divers autres travaux...
24 août 1989	Il est soupçonné du meurtre d'un enfant ; innocenté, il est néanmoins arrêté pour attentat à la pudeur sur des enfants dont il assurait occasionnellement la garde.
23 novembre 1989	Il est condamné à cinq ans fermes accompagnés de trois ans de mise à l'épreuve et envoyé en détention en Corse.
Avril 1992	Il est libéré.
30 juin 1992	Il épouse Chantal Paradis.
De 1993 à 1996	Il travaille pour une société de pompes funèbres à Draguignan.
12 et 13 décembre 2000	Il est placé en garde à vue et avoue les sept meurtres des disparues.
14 décembre 2000	Il est ramené sur les lieux supposés des crimes, et montre les endroits où il a enterré les corps.
16 janvier 2001	Il se rétracte.
16 février 2001	Il est mis en examen dans le Var pour divers viols, actes de torture et de barbarie. Il passerait aux aveux.
1er mars 2001	Il met en cause d'autres personnes, dont Pierre Charrier.

Document 3. – *Procès-verbal de synthèse du gendarme Christian Jambert en date du 23 juin 1984*

COMPAGNIE
: AUXERRE (Yonne)

BRIGADE
: AUXERRE RECHERCHES

ictime : (supposées)...
LEMOINE Françoise
LEMOINE Bernadette
DEJUST Madeleine
xxxxxxxxxxxxxxxxxxx
WEIS Jacqueline
GRAS Chantal
RENAULT Martine
(mineure au moment des faits)

PIECE N° 1043 / 1

GENDARMERIE NATIONALE

PROCEDURE D'ENQUETE PRELIMINAIRE

PROCES-VERBAL DE SYNTHESE

L'an mil neuf cent quatre-vingt - quatre,

le vingt-deux Juin,

Nous, JAMBERT Christian, Adjudant à la Brigade des Recherches d'AUXERRE (Yonne),
officier de police judiciaire,

Vu les articles 16 à 19 et 75 à 78 du Code de procédure pénale.

Rapportons les opérations suivantes que nous avons effectuées agissant en uniforme et conformément aux ordres de nos chefs.

I - EXPOSE DES FAITS -

Le 26/09/1979, la mineure RENAULT Martine, 14 ans, pupille de la D.A.S.S placée à la Maison d'Enfants de "Montsauche" commune de St-GEORGES/BAULCHES (89) disparaît. Tout d'abord, cette affaire est considérée comme une fugue de la part de cette jeune fille. Mais, bientôt, les recherches effectuées à l'occasion de cette ""fugue de mineure"" permettent de découvrir des éléments très suspects qui amènent le Gradé saisi à cette époque (M.D.L.Chef JAMBERT) à effectuer un P.V de ""disparition suspecte"". (N° 1793/1979- B.T-AUXERRE, adressé au Parquet compétent le 15/10/1980. Les recherches effectuées n'amènent pas la découverte de la jeune fille qui ne sera jamais revue, malgré les investigations sous forme active et qu'elle soit inscrite au Fichier des personnes recherchées. Une personne dont le comportement attire l'attention des enquêteurs est même entendue, il s'agit d'une certain LOUIS Emile, chauffeur de car, demeurant à VILLEFARGEAU à l'époque et qui a été vu vers le foyer d'où est sortie furtivement cette mineure. Entendu alors, l'intéressé dit qu'il ""cherchait son chien

Puis, en enquête d'environnement permet également d'établir que LOUIS Emile a été "inquiété" plusieurs fois et même déjà interpellé par le Commissariat de Police d'AUXERRE pour des faits plus ou similaires et surtout sur des problèmes de "moeurs". Il sera mis hors de "cause" à chaque fois.

Le 05/07/1981, les restes d'un corps humain sont découverts sous 30 cm de fumier dans une cabane servant d'abri à bestiaux sur le territoire de la commune de ROUVRAY (89). Bien vite, les enquêteurs déterminent qu'il s'agit du cadavre d'une femme. Cette affaire fera l'objet du P.V 695/1981, B.T de LIGNY LE CHATEL. L'enquête oriente les enquêteurs pour l'identification du corps vers le problème précité (RENAULT Martine). Il va s'avérer en fait, qu'il s'agit du cadavre d'une nommée DURAND Sylviane. Une information sera ouverte pour HOMICIDE VOLONTAIRE. Là encore, il est déterminé que cette femme était une relation de LOUIS Emile. Ce dernier sera arrêté et inculpé cette affaire est toujours à l'"instruction" au Parquet d'AUXERRE.

.. / ..

PIECE 1 Feuillet 2

Avant d'agir en vertu des différentes réquisitions effectuées pour les Juges d'Instruction saisis pour l'affaire du "cadavre de ROUVRAY", les enquêteurs avaient remarqué un élément troublant. En effet, plusieurs autres femmes disparues dans la région d'AUXERRE ou plus particulièrement de VILLEFARGEAU, non seulement étaient de la D.A.S.S comme la jeune RENAULT.M et DURAND Sylviane mais en plus avaient un physique plus ou moins commun, particulièrement avec DURAND Sylviane. Des recherches préliminaires seront effectuées sur leurs disparitions qui restent encore des plus suspectes. Là encore, il est établi que ces femmes avaient des relations avec LOUIS Emile.

Devant cet état de faits, et hors les investigations dans le cadre de l'affaire DURAND Sylviane, LOUIS Emile n'est pas entendu pour ne pas empiéter sur l'instruction ouverte.

Toutefois, ces femmes sont recherchées activement à l'échelon national par l'intermédiaire des unités de recherches, aussi bien aux listes électorales que aux différentes Caisses de Sécurité Sociale ou allocations familiales; aucune ne sera découverte.

Etant toutes de la D.A.S.S et majeures au moment de leur disparition (sauf RENAUL.M) des recherches dans l'intérêt des Familles seront demandées par des membres de leurs familles légitimes ou naturelles, elles s'avéreront également infructueuses. Puis, en de nombreuses reprises, des articles de recherches seront insérés dans le journal l'Yonne Républicaine (les intéressées ayant disparues sur AUXERRE). Là encore non seulement aucune nouvelle d'elles n'a été obtenue, mais aucune personne de leur entourage dit les avoir revues.

Devant cette situation, nous avons pu déterminer lors d'investigations, après avoir informé Mr le Substitut du Procureur de la République à AUXERRE (Mr STLINOVIC), donc, que les femmes suivantes sont disparues :

RENAULT Martine, 19/02/63 à AUXERRE, disparue comme déjà indiqué en 1979.

LEMOINE Françoise, 01/12/48 à CHABLIS (89), disparue début 1975, alors qu'elle occupait apparemment une chambre louée par LOUIS Emile au "NIKI-BAR" à AUXERRE.

LEMOINE Bernadette, 22/11/58 à TONNERRE (89), disparue en 1977: aurait été vue en compagnie de LOUIS Emile ou l'aurait fréquenté avant sa disparition à AUXERRE ou sa région.

DEJUST Madeleine, 01/10/55 à St-ROMAIN LE PREU (89), disparue en juillet 1977, entre AUXERRE et VILLEFARGEAU alors qu'elle devait prendre le car normalement conduit par LOUIS Emile.

WEIS Jacqueline, 07/08/52 à ESCH sur ALZETTE (Luxembourg), disparue à AUXERRE le 04/04/1977 alors qu'elle était placée chez les époux LOUIS Emile à VILLEFARGEAU. Ce dernier, sensé emmener cette jeune femme à la gare d'AUXERRE pour qu'elle se rende à AVALLON par le train, fait savoir à son épouse au retour qu'elle aurait "louper" le train et qu'il aurait laissé WEIS J. à la gare. Il ne fournira jamais d'autre explication et cette jeune fille ne sera jamais revue.

GRAS Chantal, 19/01/59 à PARIS-14ème, disparait subitement le 22/04/1977 en revenant de l'école. Elle part sans autre préparation dès son retour de l'école de chez sa nourrice à VILLEFARGEAU pour se diriger vers AUXERRE à pied, elle ne sera jamais revue et n'a pas été vue dans le village. Le soir vers 21 H, LOUIS E. est aperçu par le frère nourricier de la jeune fille alors qu'il se dirige également vers AUXERRE avec sa voiture.

Dès les investigations effectuées lors de la découverte du cadavre de DURAND Sylviane, les personnes susnommées ont été inscrites au Fichier des personnes [illegible]

Notre [illegible]
et à mesure du déroulement de l'enquête.

II - ENQUETE -

Monsieur le Substitut du Procureur de la République d'AUXERRE (Mr STILINOVIC), donc informé des faits ci-dessus nous a prescrit d'affectuer une enquête et d'établir un P.V de renseignements judiciaires.

A plusieurs reprises toutes les unités de Recherches de la Gendarmerie ont été ont été saisies de vérifications portant sur les femmes précitées, aucune trace d'existence de l'une d'elles n'a été détectée. Les recherches ont porté également dans les milieux de la prostitution aussi bien par l'intermédiaire d'organismes de Police que de Gendarmerie; là encore aucune des susnommées n'a été connue ou découverte.

Toutefois, il est à remarquer que lors de l'arrestation de LOUIS Emile le 28/12/1981 dans le cadre de l'affaire du cadavre de DURAND Sylviane. L'intéressé avait reconnu aux enquêteurs dans une enquête préliminaires parallèle avoir un comportement bizarre et avoir eu des attouchements de nature sexuelle sur les filles de la D.A.S.S. confiée à sa concubine de l'époque (Mme BINOCHES Gilberte). Les fillettes n'avaient que 8 ans et, de plus l'intéressé avait également eu des rapports complets avec une autre fille de moins de 15 ans confié également à Mme BINOCHES. Ces affaires ont fait l'objet du P.V 1949/1981 de notre unité et a été jugée depuis. Ces faits confirment le comportement anormal de LOUIS Emile qui s'est toujours trouvé dans l'environnement immédiat des femmes disparues souvent presqu'en sa présence. Mis à part la disparition de RENAULT Martine mineure, les autres n'avaient jamais officiellement signalées et étaient en plus pratiquement inconnues des services publics. Cet état de faits est tout à fait similaire avec la disparition de DURAND Sylviane qui n'avait pas été non plus signalée, son mari était en prison et, c'est justement pendant cette période qu'elle avait été vue à plusieurs reprises avec LOUIS E. C'est justement cette fréquentation de LOUIS E. qui a permis d'identifier le corps de DURAND S. et de découvrir la disparition des 6 autres femmes qui se trouvaient donc dans l'environnement de cet homme, après avoir été "ses maîtresses".

Plusieurs personnes avaient été entendues dans l'enquête pour l'affaire DURAND Sylviane au sujet des disparitions des autres susnommées avant l'identification de cette dernière. Leurs auditions ont été adressées au Juge d'Instruction d'AUXERRE dans le cadre de l'information. Il s'agissait de :

-DELAGNEAU Simone, ex-épouse LOUIS- PATAILLE Jean- THIBAULT Gérard- GUGNOLLE Christian (Maire de VILLEMARGEAU)- BONEFILLE Roger- MERAT Marcel- MICHAT Jacqueline- LEGER Madeleine ép LEMOI (actuellement décédée)- BINOCHE Gilberte (concubine de LOUIS.E).
De nombruees personnes seront entendues verbalement pour la présente affaire, elles confirmeront la disparition des susnommées.

.../...

PIECE 1- Feuillet 6

Quant aux autres, Mme DELAGNEAU, div LOUIS dit que LEMOINE Bernadette était venue chez elle avec son époux GAY-PARA, ils cherchaient son mari. Puis ensuite, alors que celui-ci vivait déjà avec Mme LEMENOREL, GAY-PARA s'est présenté à nouveau chez Mme LOUIS en disant que son mari savait où était sa femme. Lors de la disparition de RENAULT Martine, LOUIS.E s'était présenté vers son ex-épouse et lui avait demandé de dire qu'il était avec elle l'après midi de la disparition de cette jeune fille. Puis, il a demandé à nouveau une nouvelle fois de dire cet état de fait cette fois-ci en pleurant. La déclarante trouve cela ""étrange"" si bien que lors de la disparition de DEJUST Madeleine, elle s'est rendue aux "RAPIDES DE BOURGUOGNE" pour avoir des explications de son ex-époux. Il lui a dit que celle-ci était partie parceque Mr SULCOT couchait avec elle.??.

Devant l'orientation de l'enquête et, LOUIS Emile etant cité pratiquement par toutes les personnes entendues, étant de plus impliqué, voir inculpé dans l'affaire de la découverte du cadavre de DURAND Sylviane, nous n'avons non seulement pas voulu faire d'investigations le concernant; mais avons cessé les auditions officielles par écrit des autres personnes vues ensuite. Mr le Substitut, informé de cette orientation de nos investigations, nous prescrit d'établir un ""RENSEIGNEMENT JUDICIAIRE"".et de transmettre au Parquet le dossier.

Les personnes suivantes seront ensuite contactées et entendue verbalement :

- Mme FRIZON Odette, 21, rue Sous-Murs - AUXERRE. Elle a connu une Françoise (LEMOINE) qui travaillait avec elle chez DAVIGNON elle mangeait avec elle les "midi" . Elle fréquentait un chauffeur des "RAPIDES DE BOURGUOGNE" , nommé LOUIS, il venait la cher cher les soirs et parfois la ramenait les matins. Elle avait une chambre dans un café et avait une fille chez ses parents.

- Mr DAVIGNON Paul, abattoirs d'AUXERRE. A employé LEMOINE Françoise en Décembre 1974 et Janvier 1975. Est partie subitement subitement. Lui a demandé de lui adresser sa paie restant due chez ses anciens parents nourriciers vers VEZELAY. Il avait remarqué que l'écriture et la composition de la lettre ne ressemblaient pas à la personnalité de LEMOINE.F.

- LEMOINE Ginette, ép PLUMEL, entrée 2, porte 4, H.L.M Bd de Montmain à CHABLIS. Se souvient que sa mère lui avait dit que sa soeur Françoise venait souvent à CHABLIS en compagnie d'un chauffeur de car des RAPIDES DE BOUGUOGNE, un certain LOUIS Michel. N'a jamais revu Françoise ou son autre soeur Bernadette qui ont pourtant toutes les deux des enfants, celà est étrange, les enfants ont été abandonnés ainsi.

- LEMOINE Paulette, 14, rue V. HUGO à CHABLIS. N'a jamais revu ses soeurs Françoise et Bernadette depuis plusieurs années. A appris que Françoise aurair vécu avec LOUIS Michel, chauffeur de car au RAPIDES DE BOUGUOGNE. A également appris par une personne dont elle ne se souvient pas, que ses soeurs Françoise et Bernadette auraient vécu ensemble dans la même chambre louée par LOUIS qui les fréquentait.

- GAY-PARA J-Pierre, 8, allée de Champlin, les Vauviers à AUXERRE. LEMOINE Bernadette était son épouse. Elle a disparu en 1977, environ 6 mois après la naissance de leur fils Xavier. Il pense qu'elle a du partir avec un certain DUBOIS Lionel avec qui elle aurait vécu. Il ne l'a jamais revue. Il avait remarqué qu'un chauffeur de car, LOUIS, sortait avec elle et lui donnait de l'argent en disant qu'il était son cousin. Elle a du ""aller avec"" mais il semble qu'elle avait vécu avec ce DUBOIS avant de disparaître.

... / ..

Les personnes suivantes ont été entendue officiellement :

– GUYOT Gisèle, ép VATANT (pièce 2), Elle se souvient qu'un chauffeur de car, "DE BOURGUOGNE" (RAPIDES), avait amené il y a quelques années une nommée LEMOINE Françoise aux Ets DAVIGNON pour qu'elle travaille. Elle logeait dans une chambre vers les "RAPIDES DE BOURGUOGNE". LOUIS que la déclarante reconnait sur photos amenait LEMOINE.F au travail, puis un matin elle n'est pas venue au travail, sans prévenir, ils ne l'ont jamais revue.

– GUIMARD Annie, ép BOYER (pièce 3), elle se souvient de la disparition de RENAULT Martine, élève au "S.ES" de la "Noue" à AUXERRE. Les jours précédant sa disparition, cette élève avait confié à des camarades comme à elle, qu'elle devait rejoindre sa mère qu'elle ne connaissait pas avec un chauffeur de car. Elle ne fabulait pas et semblait avoir dit la vérité.

– METHRY Mauricette, ép BULCOURT (pièce 4), au mois de Juillet 1977, DEJUST Madeleine qui était placée chez elle, est partie le matin vers 07 H à bord de la voiture de Mr LOUIS chauffeur de car (chose normale hors période scolaire). Elle n'avait emmené aucune affaire supplémentaire et rien dit de spécial. Elle devait normalement revenir le soir comme d'habitude vers 19 ou 19 H 30 à bord donc de la voiture de Mr LOUIS. Mais, elle n'est pas revenue. La déclarante et son époux l'ont cherchée infructueusement. Cette "fugue" avait été signalée à la Gendarmerie et à la D.A.S.S. mais la jeune DEJUST était majeure et, rien ne permettait des recherches officielles. Justement ce soir-là, LOUIS E. ne s'est pas présenté comme prévu à la gare routière pour emmener les autres clients. Son épouse contactée par les époux BULCOURT ne savait pas où était son mari qui n'était pas rentré non plus. Mme BULCOURT ne nous apprend rien d'autre sur cette disparition, mais précise que le comportement de LOUIS E. était bizarre ; d'autant plus que une autre jeune fille de 17 ans, placée à VILLEFARGEAU également, Chantal (GRAS), qui prenait également le car ou montait dans la voiture de LOUIS E. dans les mêmes conditions de DEJUST M. a disparu dans les mêmes circonstances en revenant un soir de l'école. La déclarante termine en précisant que depuis que LOUIS E. n'est plus chauffeur de car à VILLEFARGEAU, il n'y a plus de disparition.

– PREAU Renée, veuve MAUDIER, (pièce 5); confirme la disparition de GRAS Chantal qui était en nourrice chez elle, en 1977, dans les mêmes conditions que DEJUST Madeleine, elle est partie sans emmener d'affaires. Elle était majeure, aucune autre mesure n'a été prise. D'après Mme MAUDIER, elle a du partir avec quelqu'un qu'elle connaissait. En ce moment là, Mr LOUIS rendait visite à Mr MAUDIER qui était malade. Cette jeune femme n'a jamais été revue.

– POTEAU Monique, ép GRABOWSKI, (pièce 6), était tenancière d'un bar-hôtel le "NIKI-BAR" à AUXERRE. Elle connaissait LEMOINE Françoise, elle lui fut présentée par LOUIS.E pour femme de ménage. Ce dernier récupéra les affaires de LEMOINE.F qui n'est pas revenue dans sa chambre, il disait savoir où était cette femme.

– SUIRE Daniel, directeur-adjoint du "S.E.S" où RENAULT.M était élève, (pièce 7) : Martine avait une légère déficience intellectuelle, pas capable d'organiser une fugue. Elle avait confié à une surveillante (Mme GUIMAR, ép BOYER, P. 3) le Mardi (veille de sa disparition) que le lendemain, elle allait voir sa mère avec le chauffeur du car scolaire qui devait l'emmener.

– CASSEDANE Nadine, ép HENAULT, (pièce 8), elles étaient avec RENAULT.M dans la même section. Elle ne lui avait rien confié. Mais, Martine était dévergondée et n'aurait pas hésité à aller à un rendez-vous avec un homme marié.

... / ...

- GAILLARD Isabelle, nourrice officielle de GRAS Chantal (pièce 9), cette jeune fille était sérieuse et n'avait pas envie de fuguer. Elle était confiée la semaine à Mme MAUDIER, celle-ci a expliqué la disparition de Chantal. La vraie mère de Chantal venait la voir chez Mme MAUDIER, c'est Mr LOUIS.E, chauffeur de car qui l'emmenait. Chantal parlait fréquemment de LOUIS.E à ses parents nourriciers, elle était intime avec lui????. Lors de sa disparition, Chantal était majeure. Toutes les affaires de cette dernière ont été ramenées par les époux MAUDIER avec Mr LOUIS.E. Cette disparition de Chantal n'est pas normale. Après avoir fait le point avec son concubin, la déclarante dit qu'ils ont conclu et pensé que LOUIS.E n'était pas étranger "à cette disparition ????.

Nota : A l'issue de sa déclaration, Mme GAILLARD nous a exhibé la veste-gilet qui appartenait à GRAS Chantal, et remise par LOUIS.E lui-même lorsqu'il a ramené les affaires en compagnie des époux MAUDIER.

Entendue à nouveau verbalement, Mme veuve MAUDIER maintient formellement que toutes les affaires de Chantal étaient dans des sacs ou cartons, qu'aucun vêtement ne se trouvait en vrac ainsi dans la voiture à LOUIS. Ce détail lui a paru étrange. Il est à noter également que cette dernière personne n'a jamais été spontanée à chacune de nos visites et semble être nettement gênée par notre enquête. Elle était amie au temps du vivant de son époux, comme lui, avec Mr LOUIS.E.

- MARCEAU Gaston, frère nourricier de LEMOINE Françoise, (pièce 10), celle-ci fréquentait leur famille comme une vraie, elle revenait chez eux de temps en temps. La dernière fois, elle est arrivée sans retenir le taxi, elle semblait se cacher, elle venait de quitter un emploi aux abattoirs d'Auxerre dans une triperie (Ets DAVIGNON). On sentait qu'elle se cachait de quelqu'un. Elle est restée environ un mois. Puis sa mère naturelle (décédée actuellement) est arrivée accompagnée de LOUIS E., ils venaient la chercher; mais elle ne voulait pas les suivre ???. elle avait peur de cet homme ???. Elle n'est montée dans la voiture de LOUIS E. pour partir sur insistance de ce dernier. Elle n'est jamais revenue, pourtant elle venait les voir, même avec sa fille. L'impression de cette famille nourricière est qu'elle semblait fuir ce chauffeur de car. (LOUIS E.)

- MICHAT Jacqueline, directrice de la Maison d'Enfants d'où est partie RENAULT Martine avant de disparaître, (pièce 11), Elle a quitté cet établissement sans aucun motif. Il ne s'agissait pas d'une fugue, mais d'une disparition étrange. Elle avait dit la veille au "S.E.S" qu'elle fréquentait qu'elle allait voir sa mère (qu'elle ne connaissait pas) avec Mr LOUIS. Justement, des garçons de la Maison d'Enfants qui jouaient dans le bois à proximité ont rencontré Mr LOUIS.E, il disait chercher son chien. Le départ de RENAULT.M était prémédité avec la complicité d'une autre personne, elle ne cessait de parler de Mr LOUIS. Le passage de ce dernier à ce moment là vers le foyer est troublant?????.

DELAGNEAU Simone, ex-épouse LOUIS, (pièce 12) WEIS Jacqueline a disparu alors qu'elle était placée chez elle par la D.A.S.S. C'est son ex-époux LOUIS E. le dernier à l'avoir vue. Il l'a emmenée à la gare d'AUXERRE depuis VILLEFARGEAU où ils habitent pour qu'elle prenne le train pour se rendre à AVALLON. En effet, la jeune fille avait trouvé un emploi en cette dernière ville et normalement s'était rendue avec LOUIS.E la semaine d'avant voir ses futurs employeurs. Mais, Mme DELAGNEAU a appris ensuite qu'ils ne s'étaient jamais présentés comme ils l'avaient indiqué. En revenant d'AUXERRE, LOUIS.E a dit à son épouse que WEIS.J avait raté son train, mais qu'il l'avait laissée à la gare. Une carte postale de la ville d'AVALLON, mais postée à AUXERRE est arrivée chez eux le lendemain, elle semblait avoir été bien écrite par la jeune fille. Elle était légèrement attardée mentale et, il fallait la surveiller. La D.A.S.S au courant avait dit qu'elle ...//...

PIECE 1- Feuillet 7

- THIBAULT Gérard, 7, rue Cochois AUXERRE. Etait placé en même temps que GRAS Chantal chez Mme MAUDIER à VILLEFARGEAU. Avait vu Chantal un Mercredi soir avant sa disparition dans la voiture de LOUIS E. Avait déjà déposé pour l'affaire du cadavre de ROUVRAY. Chantal est partie en rentrant de l'école. Il a même été surpris de voir passer LOUIS.E justement ce soir là vers 21 H avec sa voiture, il se dirigeait vers AUXERRE, même direction prise par Chantal.

- LANCE Olivier, 8, allée de la Colémine, 4ème, appartement éducatif à AUXERRE, Se trouvait à la Maison de l'Enfance à "Montmercçy", mais ne se souvient pas tellement du passage de LOUIS.E le jour de la disparition de RENAULT.M. Etait trop jeune (11 ans) dit se souvenir de rien.

III- <u>CLOTURE</u> -

De l'enquête effectuée, il ressort que malgré les recherches actives, les femmes objet de l'enquête sont bien disparues. Elles étaient toutes anciennes pupilles de la D.A.S.S. Elles n'ont absolument jamais été revues. Toutes ont tout abandonné en laissant leurs affaires, voire même leurs enfants (pour les sœurs LEMOINE) alors qu'elles s'en occupaient encore. Quant aux quatre autres, elles ont disparu pratiquement de VILLEFARGEAU. Il est certain que pour les six connues officiellement, elles se trouvaient toutes dans l'environnement de LOUIS Emile. Ces circonstances sont étranges, d'autant plus que la découverte du cadavre de DURAND Sylviane, disparue donc dans des conditions identiques aux autres, a amené une fois de plus les enquêteurs vers LOUIS E.

Nous faisons parvenir, selon les instructions reçues la présente procédure établie en deux exemplaires, directement à Mr le Procureur de la République à AUXERRE.

FAIT ET CLOS à AUXERRE, le 23 Juin 1984[1]
L'O.P.J.

1. Un certain nombre d'éléments établis dans ce document seront complétés ou précisés par la suite de l'enquête. Ainsi, la disparition de Françoise Lemoine, datée ici de 1975, a plus certainement eu lieu après 1976.

Document 4. – *Courrier d'Émile Louis adressé à Gisèle Gras, mère de Chantal Gras*

Auxerre le 19-9-76.

Monsieur Louis Emile
5 Rue Camille Desmoulins
89000 Auxerre.

Ma chérie Amie.

Je me permet de venir bavarder un petit instant avec vous, j'espère que cela ne vous ennuiera pas de trop. j'ai eu votre adresse par votre fille et je lui avait dit que je vous enverai un petit mot surtout que cela reste entre nous, ca ne regarde personne et encore moins Madame Maucher.

Je vous ai attendue à la gare l'autre jour et je n'ai pas vu de Gisèle, j'ai pensé que vous aviez prolongé votre sejour à Perreuse Quand vous viendrez la prochaine fois vous me dirait à quelle heure que vous arrivez à la gare de Laroche Migennes, j'irai vous chercher tout seul pour faire avec vous plus ample connaissance, car dans le fond je ne sais pas grand chose de vous, à part que je vous trouve bien gentille et sympathique, Votre petite Chantal est toujours aussi gentille, et elle vient avec moi dans le car jusque au bout de mon circuit et je la ramene avec moi à 18h15 le soir, je lui fait prendre ces responsabilités, car cest la plus agée de toutes ces camarades, elle est responsable de la discipline à l'interieur de mon car, et toute qu'elle prend beaucoup à Coeur.

J'espere ma chère Gisele que vous ne vous ennuyez pas de trop.

Recevez d'un Ami ses amitiés sinceres et Bonne santé + courage. Emile

Document 5. – Compte rendu de synthèse qui permet d'établir régulièrement le bilan éducatif et médical de chacun des élèves de l'IME

SYNTHESE DU 1er JUIN 1981

SENTS : Mmes B — B — C — M — B — C — L — D
Mrs P — L — CHARRIER — P — B

PEJON Jocelyne :
Problèmes familiaux, actuellement, climat de tension, nombreuses agressions ...; la soeur aînée est partie. Y a t-il des répercussions, ici, dans le travail et le comportement de Jocelyne ?
Dans le groupe, elle n'exprime rien sur cette vie familiale.

CLASSE : Bon travail déjà l'an passé qui ne nécessitait pas de redoublement. Bon niveau scolaire dans le groupe, RAS sur le plan du comportement.

ATELIER REPASSAGE :
Gros progrès, le doublement a été bénéfique sur le plan professionnel. Se montre motivée, débrouillarde, capable d'initiatives, bon élément.

Cuisine :
des efforts, davantage de soin, mieux organisée. Trop lente, perd beaucoup de temps par peur de ne pas y arriver.

Travaux manuels :
Une des meilleures cette année, le changement de groupe lui a été très bénéfique, Jocelyne s'affirme davantage cette année.

Education physique :
Jocelyne depuis quelques temps décroche beaucoup plus vite devant les difficultés, moins persévérante.

CONCLUSION :
Evolution satisfaisante, des acquisitions scolaires et des progrès en atelier laissant envisager un passage en 2ème année.

G. Annie
Vie familiale :

Sa famille d'accueil habite maintenant [illegible]. Les occasions d'échanger avec la nourrice se font plus rares, (... fuite ?)?..
A noter la découverte récente, lors des douches de marques corporelles, Annie a été battue, mais se refuse à en dire davantage... Que se passe-t-il réellement dans la famille ?
Annie ne se plaint jamais, ne livre rien,... il semble indispensable d'obtenir des informations plus précises.

VIE SCOLAIRE :

Document 6. – L'équipe qui, en 1981, suppose qu'Annie G. est victime de sévices au sein de sa famille d'accueil, acquiert en 1984 la certitude que la jeune fille a également été victime d'un viol. Or, ce crime reste impuni.

G. Annie

Née le 13.02.1965

Bilan établi le 20.02.1984

Annie est pupille de l'A.S.E. Yonne (placement par ordonnance de Monsieur le Juge des Enfants depuis le 17.01.1973).
Placement nourricier puis placement au Foyer de Montmercy (septembre 1982) à la suite d'un viol.
Annie a 2 soeurs plus jeunes.
Enfance malheureuse : mauvais traitements - sous alimentation à 9 ans - langage incompréhensible.
Atteinte d'un strabisme (a effectué des séances orthoptiques) - Balancement

Année 81-82 :
Présente à l'établissement seulement le 1er trimestre.
Accidentée à sa sortie de l'école, hospitalisée.
N'a pas repris ses cours, éclata alors l'affaire LOUIS.
A été placée au Centre hélio Marin de Pen Bron à la Turbale, jusqu'à la fin de l'année scolaire.
A la suite de cette longue absence réintégrée en septembre 1982.

Année 82-83 : Double sa 2ème année
De nouveau dans l'établissement avec placement au Foyer de Montmercy
Comportement pertubé, régression et attitude inquiétante, Annie rencontre de plus en plus de difficultés malgré des efforts réels.

Document 7. *– Courrier de Nicole Charrier adressé au juge d'instruction, attestant de la bonne moralité d'Émile Louis*

INSTITUT MÉDICO-ÉDUCATIF D'AUXERRE

Avenue de Grottery, 89000 AUXERRE

TÉLÉPHONE (86) 52.42.77 C.C.P. Dijon 1 774-52 W C. Bancaire B.P.Y. Auxerre 000 19 170 835

AUXERRE, le 12.02.82

Madame CHARRIER Nicole
Educatrice Chef
I.M.E. d'AUXERRE

à

Monsieur le Juge

Monsieur le Juge,

J'ai connu Monsieur LOUIS il y a 8 ans environ : il effectuait le transpo scolaire des enfants résidant au Foyer de MONTMERCY, dirigé par Melle MICHAT, durant les vacances scolaires, alors quéil'établissement fonctionnait.

Ouvert, coopérant, se décrivant comme ancien pupille de la DASS ce qui lu permettait d'affirmer qu'il pouvait comprendre et soutenir les jeunes qu'il véhiculait.

M. LOUIS, toujours souriant, blaguait pour faciliter l'entrée en relation, il était très soucieux de plaire à la "hiérarchie".

Il se voulait très "près", compréhensif, voire même éducatif et "éducateur" dans ses contacts avec nos adolescents (garçons et filles) qu'il prenait en amitié (réciprocité), ceux-ci se confiaient à lui.

Vécu comme un "père" parfois un "grand frère" à qui l'on peut tout dire; il permettait les cigarettes en cachette à 14-15 ans ou les flirts ...

Quand je rendrais visite à son ex-femme à VILLEFARGEAU (assistante maternelle) dans la cadre de mon travail, il était parfois présent et participait a discussions concernant les jeunes.

Employé à l'époque aux Rapides de Bourgogne avec des horaires fluctuants, il se faisait un "devoir" d'assurer son transfert "spécial" malgré ses horaire peu compatibles.

Quand il quitta sa femme pour vivre chez Mme LEMENOREL (née BINOCHE) il m'en a informé officiellement (jouant le jeu de l'honnêteté) me précisant qu'i procèderait au partage légal de ses biens car "il n'avait rien mais absolument rien à se reprocher".

Il accompagna fréquemment Mme LEMENOREL lors de mes convocations pour fai le point sur Annie G .

Tous les deux tenaient à renvoyer une image positive de parents nourricie prêts à tenter l'impossible pour qu'Annie progresse.

.../...

—— ASSOCIATION DE PLACEMENT ET D'AIDE POUR JEUNES HANDICAPES – SECTION DE L'YONNE, 9, RUE DAMPIERRE, 89000 AUXERRE ——

Jamais ils ne l'ont présentée de façon négative, mettant en avant ses progrès, l'arrêt de ses balancements, sa politesse, sa serviabilité, sa gentillesse, sc courage, le fait qu'elle ne les quittait jamais, sortait avec eux, s'occupant à des travaux manuels.

Quand Annie a eu son accident, ils tinrent à ce que la version exacte soi donnée et que les fautes n'incombent pas à l'adolescente sous prétexte :

1/ Qu'elle était pupille,
2/ Qu'elle fréquentait un établissement spécialisé

Ils l'accompagnèrent au Centre Hospitalier d'AUXERRE, ils nous en ont prévenu... Au bout de quelques jours, Annie GOULT boitant de plus en plus, ils sollicitèrent le concours de leur médecin traitant qui demanda des radios complémentaires.

Pourtant quelque temps avant leur arrivée à SEIGNELAY, M. LOUIS et Mme LEMENOREL me demandèrent un rendez-vous "urgent"... Ils voulaient m'informer eux-mêmes de problèmes graves avant que je les apprenne par personnes interposées...

Ils arrivèrent un matin, tristes et furieux, exposant clairement la situation.
- Les propres enfants de Mme LEMENOREL acceptant mal la séparation de leurs parents faisaient courir des bruits... plus particulièrement au sujet de M. LOUIS et d'Annie, ce dernier la faisant monter sur une échelle pour la sodomiser...
Des passages à l'actes sur les "petits" furent évoqués.

Afin de démontrer le côté calomnieux de ces propos rendez vous fut pris chez le Docteur Mr[illegible] de CHEVANNES en vue d'une expertise médicale.
Annie fut consultée par le Dr N[illegible], gynécologue à AUXERRE.

Mme LEMENOREL contenait mal sa colère, sa peine, son chagrin, face à des accusations qu'elle jugeait fausses et monstreuses.

M. LOUIS affirmait en pleurant que jamais il ne lui viendrait à l'idée de toucher à des enfants, il préférait des femmes.

Quant à Annie interrogée, elle nia catégoriquement tous ces faits, continuant à ne jamais se plaindre ni de son milieu ni des enfants de la nourrice, de même que ceux de la DASS.

Document 8. – *Courrier des services de la DDASS adressé à Pierre Charrier, directeur de l'IME*

DÉPARTEMENT DE L'YONNE
AFFAIRES
DIRECTION de l'ACTION
SANITAIRES et SOCIALES

NG/NM

Auxerre, le 23 NOVEMBRE 1978
Téléphone (86) 51.31.23
11 bis, Rue du 4-Septembre

Le Directeur Départemental des Affaires Sanitaires et Sociales

à

Monsieur CHARRIER
Directeur de l'Institut Médico-Educatif
Avenue de Grattery

89000 AUXERRE

Monsieur le Directeur,

La commission d'agrément des assistantes maternelles a eu à examiner les dossiers de :

- Madame LEMENOREL Gilberte
  La Villotte
  CHEVANNES

et de :

- Madame LOUIS Simone
  route de la Villotte
  VILLEFARGEAU.

L'examen des dossiers a fait ressortir que vous aviez confié récemment d'une part à Madame LEMENOREL, un enfant (C.C.), d'autre part à Madame LOUIS 2 enfants (J.E. et M.O.), alors qu'elles ont déjà à leur domicile plusieurs enfants en garde.

Il est regrettable que la personne chargée des placements ne prenne pas contact avec le service social de secteur, ce qui permettrait d'éviter ces erreurs.

En effet, il n'est pas possible à la commission d'agrément, d'autoriser Madame LEMENOREL et Madame LOUIS, à recevoir plus d'enfants qu'elles n'en ont déjà en garde.

Madame LEMENOREL et Madame LOUIS sont averties par le même courrier de la décision de la commission.

Les parents devront rechercher, avec l'aide du service social, d'autres placements en faveur de leurs enfants.

Veuillez agréer, Monsieur le Directeur, l'expression de mes sentiments distingués.

LE DIRECTEUR DEPARTEMENTAL DES AFFAIRES
SANITAIRES ET SOCIALES

Document 9. – *Note interne de Pierre Charrier, directeur de l'IME, à son personnel, dans laquelle il fait état de problèmes privés*

Monsieur CHARRIER P.
Avenue de Crajery
AUXERRE -

et

Madame T
3, rue Ste Geneviève

AUXERRE -

AUXERRE LE 7 JUIN 1975

LETTRE PERSONNELLE

Madame T et Monsieur CHARRIER solidairement se permettent de vous écrire pour attirer votre attention afin que chacun puisse prendre ses responsabilités d'adulte dans une période difficile que connaît l'IME.
Si nous le faisons c'est parce-que nous sommes déterminés et que la pire des choses à notre sens serait que l'équivoque actuelle soit maintenue.
Il faut donc que les choses soient claires et chacun est en droit de savoir:

1°) que les problèmes familiaux que connaissent la famille CHARRIER ont été transposés sur le plan de l'Institut médico-éducatif par la volonté ou l'inconscience de Madame CHARRIER.(d'ailleur certains et certaines d'entre vous étaient bien au courant avant Monsieur CHARRIER)

2°) Madame CHARRIER avait reçu pour mission d'accompagner durant sa formation Madame T (éducatrice en formation en cours d'emploi). Devant l'absence de travail, le directeur comptable devant l'école d'éducateur de la formation entreprise sur le terrain de stage a été dans l'obligation de prendre lui même cette formation en charge.

3°) afin de se déculpabiliser Madame CHARRIER s'efforce de faire porter les responsabilités de sa mésentente familiale sur Madame T et Monsieur CHARRIER, n'hésitant pas à utiliser la calomnie et à associer un certain nombre de personnes de l'établissement.
On va même jusqu'à exercer certaines pressions et intervenir ou faire intervenir à l'extérieur de l'établissement dans la vie privée ce qui est contraire aux droits et porte une atteinte à la liberté des individus.

Devant une telle situation que certains entretiennent à plaisir nous avons pensé qu'il serait incorrect de ne pas vous donner notre point de vue.

Ceci étant dit, nous tenons solennellement et fermement à vous dire que quelque soient les conséquences nous agirons si une telle situation se poursuit.

Nous avons conscience, en agissant de la sorte, que nous contribuer-ons pour notre part à éclaircir le problème et à favoriser une atmosphère de travail qui est notre raison d'être.

P. CHARRIER M. T.

P.S. Cette lettre est adressée à chacun des membres du personnel de l'IME ainsi qu'au Président de l'association.

Document 10. – *Note de Roger Delautre, directeur de l'IME, adressée à Nicole Charrier, directrice du foyer Guette-Soleil*

Madame la Directrice
Foyer rue Haute Moquette

Madame,

Suite à la réunion du mercredi 10 mars au Siège, je tiens à vous rappeler que les Personnels et les Résidents du Foyer n'ont jamais été interdits à l'IME. à l'occasion de la fête des Elèves.
Cette mesure ne concernait que vous, et je la maintiens, me considérant responsable de la sérénité de l'ensemble des Personnels de l'établissement que je dirige.

Delautre

Document 11. – *Extrait du rapport d'expertise psychiatrique d'Émile Louis, établi en 1989 et adressé anonymement à l'ADHY*

[...]

II ELEMENTS BIOGRAPHIQUES

L'inculpé est né le 26 Janvier 1934 à AUXERRE (89). Il y aurait vécu jusqu'en 1984.

Emile LOUIS aurait été abandonné à la naissance et placé par la D.D.A.S.S. en nourrice dès la petite enfance.

Sa mère nourricière, Madame CAMMIER serait décédée en 1973 à l'age de 80ans. Selon le sujet, il s'agissait d'une femme très autoritaire et quelque peu abusive. "Elle voulait nous garder enfant" précise -t-il. Malgré cela, l'inculpé se serait bien entendu avec sa nourrice. Celle-ci n'aurait pas souffert d'ennui de santé avant sa vieillesse.

Son père nourricier, Monsieur CAMMIER léon serait décédé en 1972 à l'age de 81ans. Il aurait été artisan maçon et aurait assuré à sa famille une vie financièrement aisée. Le sujet aurait eu une relation satisfaisante avec son père nourricier. Celui-ci aurait joui d'une bonne santé jusqu'à sa vieillesse.

Emile LOUIS aurait vécu son enfance parmi cinq autres enfants dont trois étaient les enfants CAMMIER et les deux autres des enfants confiés par la D.D.A.S.S.

[...]

L'inculpé ne possèderait aucun renseignement sur sa petite enfance.

La sociabilité d'Emile LOUIS aurait été perturbée par ses conditions de naissance. Les autres écoliers l'auraient appelé le "batard". Le sujet dit en avoir beaucoup souffert. Il ajoute qu'on lui tapait dessus sans arrêt mais qu'il ne ripostait pas parce que plus faible que les autres.

La scolarité de l'inculpé aurait été médiocre. Il aurait quitté l'école à 14ans après avoir échoué au certificat d'études primaires.

La puberté serait apparue tardivement vers 16ans. Il n'en garderait que peu de souvenir. Il dit avoir été content de devenir adulte mais une certaine inhibition l'aurait apparement gênée dans ses relations avec les femmes. Son premier flirt n'aurait eu lieu qu'à son retour d'Indochine à 19ans. Il aurait eu lieu avec sa future épouse avec laquelle il aurait eu son premier rapport sexuel à 20ans.

Le sujet aurait épousé à l'age de 20ans une dénommée Simone de 18 mois plus jeune que lui. Elle gardait, elle aussi,des enfants confiés par la D.D.A.S.S. Selon l'inculpé, Simone était douce mais aussi "mère-poule". Simone se serait révélée frigide et le sujet n'aurait eu qu'une vie sexuelle pauvre.

De cette union seraient nés quatre enfants. L'ainée, Maryline, actuellement agée de 33ans serait mariée à un inspecteur des douanes en Corse. Le second, Fabrice, actuellement agé de 32ans, serait laborantin dans l'Yonne. L'entente avec le père serait mauvaise depuis le divorce. La 3ème, Manoelle, actuellement agée de 30ans serait au chomage dans l'Yonne. Le dernier, Fabien, actuellement agé de 28ans serait employé dans l'informatique et vivrait dans l'Yonne.

L'entente conjugale aurait été a peu près satisfaisante jusqu'en 1978. Une collègue de travail aurait "provoqué" le sujet. Cette amie nommée Gilberte, agée de un an de plus, après avoir "entortillé" Emile aurait déclenché le divorce en provoquant un scandale. Le divorce aurait eu lieu à l'amiable en 1979 .Emile et Gilberte auraient vécu 4ans ensemble. Fait curieux, selon l'inculpé, Gilberte recueillait également des enfants confiés par la D.D.A.S.S. Le sujet affirme également que Gilberte cachait un éthylisme important. Elle aurait été la cause de tous les ennuis du sujet. Il ajoute: "Je n'ai jamais su dire non. Depuis toujours, on abuse de ma gentillesse".

Au point de vue professionnel; Emile LOUIS aurait d'abord été apprenti maçon chez son père nourricier de 14 à 17ans.

Pour fuir un milieu qu'il jugeait trop pesant, Emile LOUIS se serait engagé dans la marine à 17ans. Après une campagne en Indochine pendant laquelle il aurait vu beaucoup de scènes de torture qui l'aurait marqué profondement, le sujet aurait terminé ses 3ans d'engagement à bord d'un destroyer d'escorte sur les côtes algériennes.

De l'age de 20 à 23ans, l'inculpé aurait été ouvrier dans une usine d'armement.

De 23ans à 30, le sujet aurait travaillé à la S.N.C.F. D'homme d'équipe il aurait terminé aiguilleur avant de démissionner pour raison financière (mutation à Fontainebleau dans une région trop chère selon lui). Il aurait ensuite travaillé dans une usine de garniture de frein pendant 3ans. Son épouse aurait alors trouvé une place de gardiennage et Emile LOUIS aurait démissionné pour la suivre. A cette époque, il aurait passé le permis "transport en commun" et serait devenu chauffeur receveur de 35ans à 50ans.

A l'age de 50ans, le sujet a été incarcéré pendant 27 mois pour attentat à la pudeur sur mineur de 15ans. Il nie encore actuellement avoir eu des attouchements avec les enfants confiés par la D.D.A.S.S. à son amie Gilberte. [...] il fallait que je m'occupe des 5 gosses, leur faire à manger, les laver... L'ainée était un peu débile. Elle s'était cassée la hanche et devait rester couchée. Ma concubine ne voulait pas s'en occuper. On m'a mis ça sur le dos. Beaucoup de jalousie. Le petit ami de la fille de ma concubine m'a trainé au tribunal. La fille de ma concubine avait peur que sa mère me donne tout".

A sa sortie de prison, Emile LOUIS serait venu directement s'installer dans le Var. Il aurait acheté à crédit un mobil-home et quelques travaux non déclarés viendraient compléter une allocation de 3000F par mois.

[...]

2 - Sa version des faits

"Je ne comprends pas moi même. Les gosses... c'étaient des petits vicieux. La fille montait toujours et disait "regarde mon petit trou". Le garçon se masturbait toujours. Quand j'étais couché l'après-midi, ils rentraient par la cuisine, retiraient le drap, se mettaient sur moi... m'ouvrait la raie des fesses... me tiraient le sexe".

[...]

[...]

"J'avais une revue porno dans mon attaché-case. Les mômes fouillaient partout et se régalaient la dessus. Ils passaient au téléphone sur le minitel rose".

Lorsque je lui demande pourquoi il se serait laissé faire,il répond: "Je criais... je gueulais... mais ils savaient que je n'avais pas de force de caractère".

Quand je lui fais remarquer qu'il prenait un risque énorme compte tenu de son passé, il déclare: "Je ne m'en rendais pas compte... Je n'y pensais pas. J'ai menacé de le dire aux parents mais ils m'ont supplié".

A ma question concernant son sexe rasé par les enfants il précise: "Ils étaient montés sur moi avec des rasoirs. Ils me tenaient et m'ont même tailladé la jambe".

Devant mon étonnement devant le fait qu'il ne se serait pas défendu, il ajoute: "J'avais donné une taloche... le gar m'a envoyé un coup dans les testicules... je m'étais évanoui".

Lorsque je lui demande ce qu'il a ressenti il répond: "Je n'ai rien ressenti... qu'est-ce que je pouvais faire d'autre que me laisser faire?".

[...]

Il évoque spontanément une absence totale de désir sexuel depuis 1981. Il dit avoir une maladie à un testicule et le précise de la façon suivante: "J'ai été opéré d'un hydrocèle en 1949. Le testicule est toujours resté gros et douloureux. Je veux me les faire enlever... Quand on a plus de rapport ça finit par pourrir. Un ami se les est fait enlever. Je souffre trop... Qu'on m'enlève au moins un testicule mais je préfèrerai les deux".

[...]

TABLE DES MATIÈRES

Composition P.C.A.
44400 - Rezé

Impression réalisée sur CAMERON par

BRODARD & TAUPIN
GROUPE CPI

La Flèche

pour le compte des Éditions Ramsay
en mai 2001

Imprimé en France
Dépôt légal : mai 2001
N° d'impression : 7664
ISBN : 2-84114-536-0